大学生へのメッセージ

遠く望んで道を拓こう

岡部光明
Okabe Mitsuaki

慶應義塾大学出版会

序文

大学は三つの重要な機能を持っています。第一は、人間の知的フロンティアを拡大すること、すなわち研究です。第二は、人間社会に蓄積された高度の知識や技能、さらには価値観を現世代から次世代に引き継ぐこと、すなわち高等教育です。そして第三は、近年強調されるようになったことですが、地域社会や産業あるいは政府と連携を強めることによって直接寄与すること、すなわち社会貢献です。

日本の大学をみると、例えば多くの社会科学分野において学問の極度の細分化と専門化が進行する一方、学生の基礎学力が一般に低下するにもかかわらずその対応が遅延するなど、大学が本来の機能を果たすうえで多くの問題が発生しています。また、少子化に伴って定員割れの私立大学が続出するなど、制度面でも問題が次第に深刻化しています。これらに対して根本的な対応をしなければ、日本の大学は上記三つの機能を果たせなくなる懸念が大きく、また国際的にみても次第に魅力を失うことは必至です。日本の次の世代に禍根を残さぬよう、これらの問題に対して行政面および大学関係者による真摯な対応がいま強く求められていると思います。

本書は、大学の三つの側面のうち教育面を中心として取り上げ、それに関して著者が最も重要だと考え、そして実践してきたことを「大学生へのメッセージ」というかたちをとって述べたものです。

そもそも教育は、教員が生身の人間（学生）を相手に行う活動です。したがって、単に知識を伝授する（教える）だけではなく、学生個人の人格の形成に対して直接的な役割をもっています。また、学生ひとりひとりが持って生まれた人生の役割を見つけ引き出すうえでも、大学教員は学生に決定的な影響を与えます。このため、どの時代においても、また制度がどう変化しても、大学は教育面での任務こそがその究極的な役割であると著者は考えています。研究面では各種の研究所が大学と同様の機能を果たすことができます。しかし、高等教育面で大学に代替する組織はないわけです。

著者はこの二〇年間、アメリカの大学を皮切りにオーストラリアならびに日本の大学の教壇に立つ経験を重ねるにつれてそうした認識を深めるとともに、それに沿って大学教員の任務を果たそうと努力してきました。こうした折り、約二年前に勤務先が変更したこと（一四年間勤めた慶應義塾大学総合政策学部から明治学院大学国際学部への移籍）によって、新しい環境と新しい同僚から大きな刺激を受けつつ従来の理解をさらに深める幸運に恵まれました。本書はその結果を報告する意味も兼ねて刊行するものです。

本書の構成と主張

本書には、著者がその任務を実践する色々な場面において執筆した原稿のうち、比較的一般性のある各種の文章、すなわち一部の学術論文、雑誌論文、講演記録、セミナー発表、随想、挨拶文、冊子序文、インターネット誌への寄稿等を収録しました。このため、一見雑多な印象を与える面があると思いますが、むしろ発表時の臨場感を維持するほうがふさわしいと考え、あえて文体の統一等はしませんでした。文章のスタイルを越えて底流にある著者の考え方を読み取っていただけることを期待しています。

第一部「学問のあり方と取り組み方」は、やや硬質の論文を主体としていますが、社会科学系の学問を中心に従来みられる幾つかの大きな問題点を指摘するとともに、それにどう対応すべきかについて著者の意見を述べました。すなわち（一）例えば経済学では人間行動に関して非常に単純な前提を置くことによって理論的な厳密さとエレガンスが追求されてきたものの、それは現実の社会問題への処方箋を書くうえで相当誤謬を犯す場合があったこと、（二）社会科学が人間社会を対象とする学問である以上、人間の行動動機は多面的であることを忘れてはならないこと、（三）各種の問題に対応するうえでは、総合政策学や国際学といった学際的な新しい学問領域や学際的な共同研究が有効であること、（四）大学教育の本質は知識の伝授というよりも永続性のある知的スキルを学生に習得させること、あるいは教養の涵養にあること、などを主張しています。

第二部「大学教育についての私論」では、著者の大学教員としての体験だけでなく、学生時代からの経験をも踏まえつつ大学教育にとって本当に大切なことは何かを考察しました。そして（一）教員がその分野のプロフェッショナルである場合にこそ学生は多くのことを学ぶことができる、（二）したがって教員自身がそれにふさわしい向上心を持っていることが教育上も不可欠である、(三) 教育とは究極的に「教養」を身につけること、そしてそれは日本語力、向上心、インテグリティ (誠実さ) の三つを習得することである、といったことを述べました。

第三部「明治学院大学への着任と教育実践」では、著者が二年前に明治学院大学国際学部に着任して以来、そこで行ってきた教育実践とその感想の一部を記載しました。ここでは (一) いずれの大学でも学生は教員が考えるよりもはるかに大きな勉学意欲と能力をもっていること、(二) それを引き出すうえで教員は大きな責任を持っており、真摯に取り組めばそれには大きな見返りがあること、などの感想を記載しました。また、大学教育のカリキュラム面での内容に含まれることではありませんが (三) 人間が直面することすべてには最もふさわしい時があるので、そのことを知りそして行動すべきこと、(四) 人間にとっての本当の喜びは「もらう喜び」から「与える喜び」にあることが理解できるよう学生諸君が成長してほしいこと、なども述べました。

第四部「慶應義塾大学ＳＦＣ (湘南藤沢キャンパス) を去るに際して」では、日本の大学改革の先頭を切ると評価されてきた前任校の特徴を回想するとともに、かつての同僚の皆さんへの謝辞を記しました。すなわちＳＦＣは、履修カリキュラムの自由度が非常に高いこと、教員と学生の間の距離が心理的にも物理的にも近いこと、その結果、教員と学生が共同して成長できるユニークなコミュニティを形成していること、などの点です。

第五部「大学生と大学院生へのメッセージ」では、学生諸君に対するかなり多様なメッセージを収録しました。そこでは、学生や研究者にとっていまや必須の発表ツールとなったスライド（パワーポイント）を効果的に使うためのおきてを提示したほか、研究活動における三つのアドバイス（継続は力なり、量は質に転化する、すべてのことには時がある）などを述べました。また、著者が担当していた研究会（ゼミナール）の卒業生の結婚に際して、紋切り型ではない著者なりに心を込めて贈った祝辞も参考までにここに含めました。

最後の第六部「卒業生からもらったメッセージ」は、以上と全く異なり、著者の研究会ないしゼミナールを卒業した学生諸君によって書かれた著者あての各種メッセージを執筆者の了解を得た上で六つ収録しました。こうしたフィードバックを含めることにしたのは、以上述べた著者の考え方や教育実践が学生諸君の目にどう映り、どう評価されてきたかを示す一つの材料になるのではないかという思いからです。ここでは、学生時代に著者の下で学んだことが社会に出てからとても役に立っているという感想が多くの卒業生から述べられています。本書の著者は、そのことをたいへんありがたく思うとともに、学生諸君のそうしたコメントによって非常に勇気づけられています。

大学において学ぶべきこととして以上要約したようなことを大学生諸君へのメッセージとして述べたい——それが本書刊行の直接の意図であり、書名に込めた意味です。ただ、その裏を返していえば、一人の大学教員の教育に関する考え方を論じたものでもあります。このため本書は、学生諸君に向けての書物であると同時に、大学教員に向けた教育論としてもお読みいただけるかと思います。さらには、教育に関心のある社会人の方々にも共感していただける点を少なからず含んでいると期待しています。

また、上記で要約した本書の内容を別の角度からながめることもできます。すなわち本書では、すぐ役立つものを追うよりも将来長期にわたって役立つものを学ぶことが大切であること、目先の知人の数を増やすことよりも永続的な友人関係ないし人間関係を形成することの方がより大切であること、などを示唆しています。さらに、人間をみる場合、単に合理性や自己利益といった分かり易い尺度だけでその行動を理解するのではなく、行動動機には多面性があることを理解する必要があること、そのため単一の学問分野の視点に基づく理解よりも学際的視点からの研究と理解が必要であること、そして自分ないし自国のことを直接みるだけでなく世界に目を開くとともにそこに映った自分ないし自国の姿を理解することも有用な理解方法であること、なども同時に主張しています。そして、目に見えることだけでなく目に見えない様々なことに心の目を開くことも大学生の時代に学ぶべきことがらに属する、という考え方を提示しています。

これらのことが示唆しているのは「目線を揚げて」ものごとをみる必要がある、ということです。本書の副題を「遠く望んで道を拓こう」としたのはこのような趣旨によるものです。なお、この主張は、明治学院の校歌（明治学院の第一回卒業生である詩人であり小説家である島崎藤村が作詞）にある表現、「もろともに遠く望みておのがじし道を開かむ」から示唆を受けたものです。著者が奉職する大学の歴史からこうした示唆と恩恵を受けられたことをとてもありがたく思います。

謝　辞

著者の最近約二年間における教育活動をこのようなかたちでとりまとめることができたのは、多くの方々からご示唆や貴重なご意見をいただいたおかげです。まず明治学院大学においては、同僚諸氏とくに阿部望（ヨーロッパ経済論）、原武史（日本政治思想史）、柴田有（宗教哲学）、竹尾茂樹（比較文化論）、孫占坤（国際法）、高原孝生（国際政治学）の各教授は、著者が色々な機会に発表した文章に対して種々のコメントやご示唆を賜りました。そして司馬純詩（明治学院宗教部長、国際学部教授）、小西宗子（明治学院宗教部）の両氏は、著者が同大学のチャペルで奨励のことばを述べるという予想もしなかった機会を与えてくださいました（本書第三部六章および七章）。

また、前任校の慶應義塾大学ＳＦＣにおいて同僚の諸氏からいただいた知恵や励ましは、引き続き著者の宝になっています。とくに香川敏幸教授は、著者の移籍後も大学院で共同授業を継続担当する機会を与えて下さり、それを通じて多くのご示唆と励ましを下さいました。國領二郎教授は、総合政策学の共同研究を推進する過程で多くのご教示を賜わり、それが移籍後も著者の研究に大きく役立つことになりました。そして榊原清則教授（湘南藤沢学会ジャーナル刊行委員長）は有益なコメントを下さいました。

さらに、川端久雄氏（M&A専門誌『MARR』編集長）は、著者の企業に関する考え方を自由に展開して発表することを勧めてくださり、その場をあたえてくださいました（第一部四章）。そして、著者と同郷の五〇年以上にわたる友人の橋本康男氏（株式会社ハシセン会長）ならびに東かがわ市商工会の黒田俊英会長は、著者の教育論をまとめて講演会で発表する機会を設けてくださいました（第二部二章）。

高橋佳子氏（TL人間学）は何ごとにつけ「試練は呼びかけ」と捉える必要があること、そして問題に対しては自分が変わる以外になく自分が変われば周囲も変わることをご教示くださり、人生を透徹したまなざしで見るお手本を示してくださいました。

前任の慶應義塾大学における著者の研究会卒業生の小蒿秀臣、鷹岡澄子、高松良光、関晋也の四君は「岡部研究会卒業生による文集」に掲載されたエッセーをここに転載することを快諾してくださいました（第六部一章〜四章）。また、明治学院大学における岡部ゼミナール本年度卒業生の中里祐太君は、私あての私的メールを講演会で引用することを了解してくださり（第二部二章の末尾部分）、杉山智映、麦島玲香の両君は、私あての私的メールの転載を了承してくださいました（第六部五章〜六章）。

本書の出版に際しては、慶應義塾大学出版会の田谷良一社長から暖かいご配慮と貴重なアドバイスをいただき、また奥田詠二氏は書籍制作のプロとしての見事な技量と熱意を持って取り組んでくださいました。

論文や書物を書く場合であれ、講演をする場合であれ、それらが単に興味深い話あるいは良く理解できる話にとどまっていてはならず、何かこころに響くものを含んでいなければばならない——こういう厳しい尺度を著者に提示して著者の行動を見守ってくれたのは、わが妻、美智子です。本書に何らかの取り柄があるとすれば、そのアドバイスのおかげです。ありがとう。

二〇〇九年八月

岡部　光明

大学生へのメッセージ◆目次

第三部　明治学院大学への着任と教育実践　253

わたしたちは見えるものではなく、見えないものに目を注ぎます。見えるものは過ぎ去りますが、見えないものは永遠に存続するからです。

（『新約聖書』「コリントの信徒への手紙二」四章一八節）

第一部　学問のあり方と取り組み方

一　国際学の発展——学際研究の悩みと強み——

概　要

　国際学という学問領域は比較的長い歴史を持つが、大学の学部名としてその名称を最初に掲げて教育と研究に取り組んだのは明治学院大学である。本章では国際学に焦点を合わせ、その意義、変遷、構成要素、学部教育のあり方、類似した性格を持つ総合政策学との対比、今後の課題などにつき、明治学院大学の経験を踏まえつつ多面的に考察した。その結果（一）国際学は当初、国際的諸問題の学際的研究を意図していたが、その後、モノ、カネ、ヒト、情報などのグローバル化の進展に伴ってグローバル・スタディの色彩が加わっている、（二）国際学の一つの柱は地域研究であり、それは学際性を要請するので学部教育としても大きな意味を持つ、（三）今後は学内外で共同研究を一層推進するとともに、国際学の確立、普及、拡大に対して明治学院大学国際学部に期待される役割が大きい、などを述べた。

国際学という名称を持つ学問領域が創設されたのは、必ずしも新しいことではない[1]。しかし、大学の学部レベルにおいて日本で最初に「国際学部」という名称の学部を創設し、その研究と教育を目指したのは明治学院大学である（一九八六年）。同学部の卒業証書には「学士（国際学）の学位を授与する」と記載されている。

果たして「国際学」とはどのような学問なのか。なぜそのような学問が学部レベルで必要になったのか。従来の国際領域を扱う学問分野（例えば国際関係論）とどう異なるのか。それは新しい学問分野の確立を意図したものか、それとも既存学問分野を応用する試みなのか。国際学はどのような要素によって成立しているのか。社会科学の分野では他にも類似の動き（例えば総合政策学）があるがそれらと共通点はあるのか。そのような新しい研究とその教育を学部のレベルで行うことが果たして可能なのか。社会環境や国際環境さらには技術進歩など近年状況変化が著しいが、当初の考え方は変化してきているのか。それとも幾つかの基本的要素は不変であると理解できるのか。今後の課題としてどのようなことがあるのか。

これらは当然の疑問であり、国際学部はそれらの点を明確にすること（少なくともそれらに答えるべく努力すること）が求められている。本章は国際学に関するこうした基本的な課題に対して一つの見方を提示することを意図している。筆者は学外から明治学院大学の国際学部に着任してまだ二年足らずしか経過しておらず、これらの点について同僚諸氏との議論から多くの示唆を得たが、本章は学部としての「公式見解」を表明するものではむろんなく、純粋に著者個人の理解、研究成果ならびに見解を提示するものである。今後の議論にとってこれが一つのたたき台となることを期待している。

以下、第一節「明治学院大学が目指した国際学、その意義の変化」では、まず国際学部が創設された時点における国際学の考え方を回顧する。次いで、その後グローバリゼーションがどのように進行してきたかを統計的に検証し、その結果、国際学の重点がどのように変化してきたかを明らかにする。第二節「国際学と総合政策学の類似性」では、国際学とほぼ時を同じくして誕生し、その後全国の大学に広まった点や、学際的研究という点で国際学に類似する「総合政策学」を取り上げ、これら二つの新しい学問領域における類似性、特徴、その理由を明らかにする。第三節「国際学を構成する主要要素」では、国際学にとって一つの大きな柱である地域研究を取り上げ、その多面性を議論するとともに、そこにみられる特徴を通して国際学の性格を浮き彫りにする。第四節「国際学に関する学部教育のあり方」では、明治学院大学国際学部における教育の特徴と評価を述べるとともに、構想中の新学科を紹介する。なお、学部教育の核心をなす教養教育のあり方については別に論じる（本書第一部二章を参照）。最後の第五節「国際学の今後の課題」では、国際学の今後の課題をいくつか指摘する。付論一～三では、本文で述べた幾つかの論点をやや厳密なモデル分析によって提示する。

一　明治学院大学が目指した国際学、その意義の変化

大学では、いうまでもなく研究と教育が一体化している必要がある。またその点を大きな特徴とするユニークな社会的存在こそが大学である。ここでは、便宜上まず研究を

中心に考えよう（教育は第四節で論じる）。そもそも国際学という「学」はどのような学問であるのか。これは国際学という学問分野の誕生にまで遡って議論すべきテーマであるが、ここでは明治学院大学国際学部『国際学研究』創刊号（一九八七）に掲載されている学部創設の初年度に行われた有力教授による座談会（都留ほか 一九八七）を一つの手がかりとしてそれを考察したい。その記録を読めば創設時の意気込みが生き生きと伝わってくる。

（二）当初描かれた国際学のイメージ

その座談会では、国際学の様々な側面が興味深く論じられているが、都留重人教授は三つの研究領域があるという見方を提示している。すなわち（A）主権国家の国境を越えて他の主権国家または地域との間に生ずる問題にディファイナブル［definable. 定義可能］な形で生ずる関係についてのスタティックないしはダイナミックな（歴史的であると同時に将来の展望を含む）研究、（B）地球規模の問題についての研究、（C）歴史的な形成過程を経た民族文化の伝播・相互交流を通じて現出する吸収・変容・総合の実態についての研究、この三つである。

このうち（B）は、その対象として様々な新しい問題（例えば地球環境問題）が登場しており、多様な接近が必要とされる研究である。一方（C）は端的にいえば文化研究であり、地域研究を一つの重要な領域として含む研究である。これに対して（A）は、伝統的な国際関係論あるいは政治と経済の接点に位置する研究とでもいうべき領域である。言い換えれば、一時点における国家と国家の間の関係（水平的関係）、およびそうした関係が変化するありさま（通時的変化あるいは垂直的関係）の両方を対象とする研究である、と理解できる。国際学がカバーすべきこの側面は、座談会参加者の意識に共通する側面であり、国際学の一つの代表的な研究領域といえる。事実、学部設立から一〇年を経過した時点においても、当時の国際学部長（阿満利麿教授）によれば「国際学とは国家をはじめ民族や諸『共同体』間の関係を重層的に解明しようとする学問領域」（阿満 一九九七、序文）とされ、この視点が重視され、継承されている。

この側面は、論者においてこうした共通性がうかがわれるほか、後述するように諸条件の変化に伴って視点の変化が近年強く求められている面でもある。このため、本稿では以下、国際学のこの面をもっぱら取り上げることにしたい（このほか（C）に関連する地域研究を第三節で取り上げる）。もっぱらこの面を念頭において国際学の概念を顧みると、次の三つの特徴を指摘できよう。

第一に、学部創設時にみられた議論を越えるような具体的定義はその後も見あたらず、また学部として統一的な定義をする意図もなかったとみられることである。現に、国際学部一〇周年記念『国際学研究』において学部長は「国際学とは、どのような学問かについて学部発足当初から様々な議論があり、その後現在［創設一〇年後］にいたっても格別の定義が生まれたわけでない」と述べるとともに、「狭隘で静的な定義はなじまず、むしろ研究者の豊かな個性に支えられて展開する学問領域だといったほうがあたっているであろう」（阿満　一九九七、序文）という性格付けをしている点にそのことが表れている。

第二に、当時の国際学は、上述した都留教授による定義（A）でも明らかなとおり、国（nation）[2]と国（nation）との間（inter）の関係を主として取り上げる点において、まさに“inter-national”な（国家間の）研究を中心とするものであったことである。こうした認識を基礎としていたのは、初代国際学部長（福田歓一教授）が指摘するとおり「先進国と後進国とを問わず、主権国家という一九世紀的な枠組みの支配はまだ非常に強［かったので］主権国家を当然の前提」（都留ほか 一九八七）とすることが現実的かつ必要であったからといえる。

第三に、当時は国際学を上記のように規定していたにもかかわらず、そうした認識は現実を的確に理解するうえで大きな限界があるので、新たな視点、すなわち民族や国家を超越した「グローバル」という視点を導入する必要性が強く意識されていたことである。これは当時の国際学部教員の大多数が抱く共通認識であった。

例えば、初代学部長は「国際学など主権国家というものを前提したような呼び方をしておりますけれども、主権国家の観念がどこまで妥当性をもつか。（中略）主権国家そのものが相対化されざるを得ないという状況がすでに始まっている」という認識を示している。また坂本義和教授は「国際学ということば自身に私は違和感をもつ。国際学ということばは、やっぱりステート・セントリック（state-centric）な概念であり、国家の視点からの発想に立脚し、国家と国家のあいだの関係をみていくという傾向がどこかにあ［る。（中略）しかし］もう伝統的な主権国家システムではうまく問題が処理できなくなってきており、国家はそれほど強い枠組みとして考えられにくい条件が生まれている」（都留ほか 一九八七）として認識を改める必要性を強調している。さらに宮崎義一教授は「多くの問題は国家中心の古い枠組みを超えて新しいパラダイム［思考の枠組み］での対応が必要となっており、［国際学は］international なレベルを越えて transnational society に関する研究であることを明示す［べき］」（都留ほか 一九八七）として国際学の概念自体の変更を主張している。その後、司馬純詩教授（一九九八）も、inter-national（国家間）という概念の有用性が低下していることを指摘するとともに「大きな変化のなかでは『民族と国家を超越した視点』で学部の存在を見直すべき」とまで述べている。

このように国際学のあり方にすでに疑問が投げかけられていた背景には、一方で第三世界における多数の独立国誕生、ＥＣのような超国家的な統合進展、主権国家内部における民族的あるいは地域的な運動の高まり、企業活動の国際化（多国籍企業の増加）などの事情があったことが指摘できる。そして他方では、南北問題、難民問題、絶対的貧困問題、累積債務問題、環境破壊問題など、従来にない新しい問題が相次いで発生していたことが、認識の変化をすでに要請していた。

以上のように、国際学は当初からすでに新しい方向へ発展する芽を内包していたわけであり、それが後述するように国際学の新しい展開をもたらすことになった。その変化を具体的にみる前に、そうした状況を生みだした大きくかつ急速な、そして不可逆的な環境変化、すなわち「グローバリゼーション」の進展の姿を統計的に確認しておこう。

(二) グローバリゼーションの統計的検証

ここでは、いわゆるグローバリゼーション(人間の各側面における活動が国境を越えて活発化すること)が近年どの程度進展してきたかを統計データによって検証しておきたい。以下、モノ、カネ、ヒト、情報の四つの側面を順次取り上げる。

まず、モノのグローバル化に関連する指標として「財およびサービスの貿易額の対GDP比率」をみると(図表一)、OECD加盟国全体(先進三〇ヵ国)では一九九三年の一六・九%から二〇〇六年には二六・三%となっている。これは、経済規模の拡大テ

図表１　モノのグローバル化：財およびサービスの貿易額の対 GDP 比率（%）

	1993年	2006年
日本	8.1	15.5
アメリカ	10.4	14.1
EU（15）	25.7	38.3
OECD（30）	16.9	26.3

（注）OECD（2008）、65ページの表に基づき著者作成。

ンポを大きく上回ってグローバル化が進展したことを示している。国ないし地域別にみると、もともと対外取引依存度が高いうえ域内統合化を急速に進めたＥＵ（一五ヵ国）におけるグローバル化が顕著であり、また対外取引依存度が比較的低いアメリカや日本でも、その度合いを高める傾向が明確にうかがわれる。

次に、カネのグローバル化を示す一つの指標といえる「国際直接投資残高」をみると（図表二）、ＯＥＣＤ全体の対外直接投資残高は一九九〇年の一・七兆米ドルから二〇〇五年の八・八兆米ドルへと一五年間で実に五・一倍にもなっており、また対内直接投資残高もそれぞれ一・二兆米ドル、七・二兆米ドルとこの間に五・六倍になっている。こうした数字は、カネが国境を越えて移動する傾向が強まってきたことを如実に示している。国別には、ドイツなどＥＵ域内国におけ

図表2　カネのグローバル化：国際直接投資残高（百億米ドル）

	対外直接投資残高			対内直接投資残高		
	1990年（A）	2005年（B）	（B/A）	1990年（A）	2005年（B）	（B/A）
日本	20.1	38.6	1.9	0.9	10.0	11.1
ドイツ	13.0	80.1	6.1	7.4	66.0	8.9
アメリカ	61.6	245.3	3.9	50.5	187.4	3.7
OECD(30)	171.4	884.3	5.1	129.1	723.3	5.6

（注）OECD（2008）、81ページの表に基づき著者作成。

る国際資金移動の活発化が目立っており、またアメリカでもその傾向が明らかである。ただ、日本の場合、対外、対内とも直接投資残高が増加傾向にある点で他国と同様の傾向が認められるので例外ではないものの、その規模が非常に小さいことが特徴的である。とくに対内直接投資は、最近増加しているとはいえ、国際比較した場合、その残高が極端に小さいことが目立っている[3]。

第三に、ヒトのグローバル化をみるため「総人口に占める外国生まれ人口の比率」をみると（図表三）、もともと移民人口の多いオーストラリアでは、一九九五年の二三・〇%から二〇〇五年の二三・八%へとさらに増加している（つまり国民のおよそ四人にひとりが外国生まれとなっている）[4]ほか、欧州のドイツ、スウェーデン、そしてアメリカでもその比率が増加、いずれも外国生まれが一〇%を越

図表3　ヒトのグローバル化：総人口に占める外国生まれ人口の比率（%）

	1995年	2005年
オーストラリア	23.0	23.8
ドイツ	11.5	12.9
スウェーデン	10.5	12.4
アメリカ	9.3	12.9
日本	..	..

（注）OECD（2008）、25ページの表に基づき著者作成。なお、同表では日本について該当統計が利用可能でない扱いとなっている。

える状況になっている。この間、日本ではその比率が極端に少ないとみられ、この点で全く例外的な状況にある（各国比較において該当統計が利用可能でないとの扱われ方がなされている）。

第四に、情報のグローバル化をみるうえで利用可能なふさわしい統計を見つけるのは困難であるが、ここでは情報の一つである技術に着目し「技術料の対外支払額・受取額の対GDP比率」をもってそのグローバル化状況をみることにする（図表四）。すると、OECD全体（二二ヵ国）では、一九九一年の、〇・二七%から二〇〇三年の〇・四六%へと急増しており、情報のグローバル化が進んでいることがわかる。国ないし地域別には、従来からその比率が高いEU（一三ヵ国）がさらに上昇を示しているほか、日本やアメリカ

図表4　情報のグローバル化：技術料の対外支払額・受取額の対 GDP 比率（%）

	1991年	2003年
日本	0.08	0.21
アメリカ	0.18	0.31
EU（13）	0.46	0.76
OECD（22）	0.27	0.46

（注）OECD（2005）、139ページの表に基づき著者作成。

でも高い上昇テンポがみられる。

以上をまとめると、グローバル化に関して次の二点を指摘できる。第一に、モノ、カネ、ヒト、情報のグローバル化は、ここおよそ一〇－一五年の間において確実にそして顕著に進行してきていることである。第二に、日本の場合、モノ、情報については、概ね主要国と同様のグローバル化を示していることである。その一方、カネの一つの側面（対内直接投資）は、近年確かにグローバル化の傾向を見せているものの、その水準（残高）自体なお目立って低位にあり、またヒトのグローバル化の点ではいわば隔離された状況（主要国のうちで依然として例外的な状況）にあるなど、幾つかの領域ではグローバル化が進んでいるとはいえないことである。後者のような状況がなぜ生じているのか、それをどう評価すべきか、今後どういう方向を目指すべきなのか、そのための公共政策の役割は何か。これらは、国際学ないし比較研究において重要な研究テーマであるといえる。

(三) 状況変化に伴う国際学の新展開――インターナショナル・スタディからグローバル・スタディへ

上記のようなグローバル化をもたらした要因を考えよう。

第一には、各種技術の革新を指摘できる。すなわち、情報通信技術（ＩＴ）の革新がもたらした地球を包み込む情報通信網としてのインターネットの発展、情報通信コストの劇的低下（図表五）、そして金融技術の発達による金融取引の多様化と取引量の急拡大、などである。これらは、いずれも国境の意味を乏しくするとともに、空間的、時間的に地球を狭いものにしている。

第二の要因は、市場経済の浸透である。一九八〇年代末以降、中央集権的な国家体制が多くの国で崩壊した一方、東アジア諸国等における経済発展がみられ、その結果、市場経済システムはこれらの地域においても浸透し同システムへの依存が地球規模で急拡

図表5　情報通信コストの低下状況

	ニューヨークからロンドンへの3分間の電話代（2000年米ドル価格表示）	コンピュータおよびその周辺機器の価格の対GDPデフレーター対比（2000年=100）
1960年	60.42	186,900
1970	41.61	19,998
1980	6.32	2,793
1990	4.37	727
2000	0.40	100

（注）Masson（2001）表2。

大した。これがモノやカネのグローバル化を加速させたことは明らかである。

第三の要因は、一九八〇年代後半から継続的に進められた規制の撤廃である。各種取引における規制撤廃は国境を越えた経済取引を急拡大させる要因の一つであった。

そして第四の要因として、インターネットの発達を背景に英語が実質的に国際共通語（lingua franca）として使われる度合いが高まったこともグローバル化を促進する一つの要因になっている、といえよう。従来は、主たる国際言語として英語およびフランス語が大きな地位を占めていたが、次第に英語の影響力が高まった。その結果、情報面でのグローバル化が一段と進んできたといえる。

このような各側面におけるグローバル化により、各

図表６　「国際化」「グローバル化」に関する学術資料の数（年平均、件）

	国際化	グローバル化
1970-79年	1399	1143
1980-89	2310	1846
1990-99	3399	3297
2000-08	2827	3401

（注）インターネット上で利用可能な学術資料を検索するソフトウエア「Google Scholar」を用い、キーワードとして「国際化」あるいは「グローバル化」と年（「1970」など）を用いて検出された学術資料の件数。留意点は論文末の註５を参照。
（出典）著者作成。

種の新しい問題が国をまたがって発生するとともに、その種類も多様化、複雑化してきた。このため、国際学が従来対象としていた研究領域や研究の意義ないし狙いも大きく変わることとなった。このような変化は、幾つかの面に現れている。例えば、学術資料に現れる「国際化」という言葉と「グローバル化」という言葉を対比すると（図表六）、「一九七〇－一九八九」に関しては国際化の方がグローバル化よりも多かった。しかし、その後「一九九〇－一九九九」には両者が概ね等しくなり、以後は国際化が減少する一方、グローバル化は増加を続けている。この結果「二〇〇〇－二〇〇八」については後者がより多くなっている。(5)

上記のような概念ないし実体の変化は、むろん一時点を境にして白から黒への変化というかたちで現れる性質のものではなく、継続した動きの結果として生じるものである。このため、あくまで一つの期間を大きく捉えそれを別の期間と比べた場合に両者が対比できるというべきことがらである。例えば、民間部門が国境を越えて相互に依存する動きや企業の多国籍化の動きは確かに一九七〇－八〇年代にも存在した。しかし、ここで指摘したいのは、そうした動きが近年は加速し、より一般化したという点である。こうした大きな流れとその含意は、図表七および図表八のようにまとめることができよう。

研究視点および研究対象の変化

第一に、研究視点および研究対象が変化したことである。従来の国際学では「国家と国家の間における課題」を研究するというのが中心的視点であったと捉えることができる（図表八の上方の一）。しかし、近年においては、上述したとおりモノ、カネ、ヒト、情報の移動が急拡大（グローバル化）したため、企業、個人、各種民間組織（NPO／NGO）といった民間レベルでの国境を越えた接触ないし活動が活発化した（図表八の

図表７　国際問題の研究における視点と手法そして国際言語の変化

	1980年代ごろまで	現代
国境を越えた移動性	・カネ、ヒト、情報の移動は比較的限定的	・カネ、ヒト、情報の移動が急拡大
行動権限を持つ主体	・国家、公的国際機関	・民間国際組織（NPO/NGO）* や超国籍企業も重要化
研究の視点	・「国家と国家の間における課題」の研究	・「国民国家を超えた地球規模の視点」が重要化。世界の多元化。
	・一国・一地域の単独理解	・比較分析の重要性（日本研究の重要化を含む）
	・対立・闘争の理解（隠れた政策意識）	・平和・共生・協働の理念（明示的な政策意識）
学問分野の名称	・国際関係論（international relations; international studies）	・グローバル研究（global studies）
研究に関連する学問	・国際政治学が中心	・国際政治学のほか、国際経済学、社会学、文化研究を含めた総合的理解の必要性。学際研究。
研究と行動の関係	・研究者は専ら研究に専念。一方、政策行動は専ら政府、公的国際機関	・研究者と行動主体の連携が強化、一体化、共同作業化 **
主たる国際言語	・英語、フランス語	・英語が事実上の共通語（lingua franca）として拡大

* 例えば、ICANN、ダボス会議、グリーンピースなど。
** 大学教育においても行動重視（国際交流等）の必要性が増大。例えば、海外派遣実習（インターン）、外国留学生との交流の活発化・組織化など。
（注）司馬（1998）ほか各種情報をもとにして著者が作成。

下方の二)。

このことは二つの点で大きな意味を持つ。一つは、従来にない各種の新しい問題(例えば地球温暖化の問題、絶対的貧困の問題、インターネット管理の問題等)が発生ないし深刻化してきたため、従来のように一国・一地域を単独に理解するのではなく、世界規模・地球規模の視点から問題を理解する必要が生じていることである。(6) 自然科学においては、すでに地球を対象とする地球科学(earth sciences)が成立しているが、社会科学の領域においても、地球科学(例えば地球全体の気候システムや生態系の研究)と連携するなどして世界学の構築が必要となっている(竹内 二〇〇七、十一ページ)。いま一つは、そうした問題に対する対応において、従来は国家および国内外の公的機関が中心となっていたのに対して、近年は民間国際組織(NPO/NGO)や超国籍企業など政府や公的機関以外の各種組織等の役割が重要化していることである。

こうした対応をするうえで新しい役割を持つ非政府組織の例を三つ挙げておこう。第一の例としては、インターネット上のドメイン名(URLなど住所表示)などを管理するために一九九八年に設立された国際的な民間非営利組織「ICANN」(アイキャン)

図表８　国際学からグローバル学への発展

1．国際学

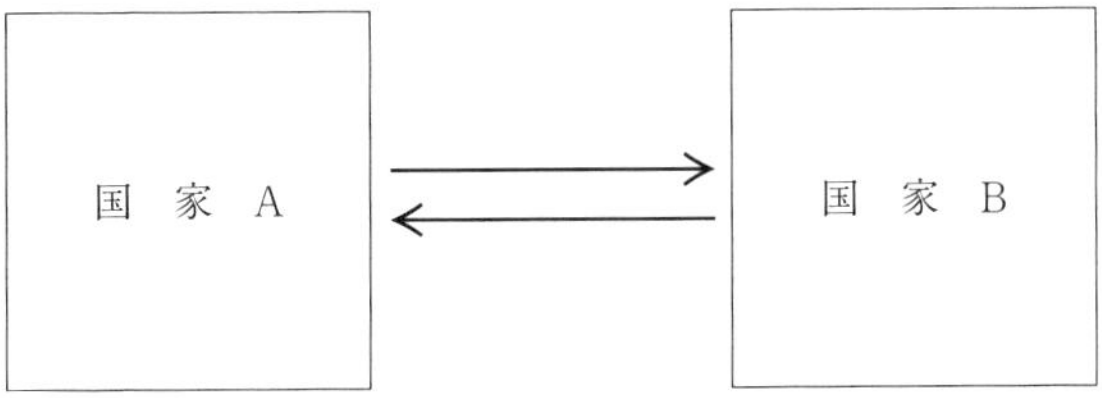

2．グローバル学（トランスナショナル学）

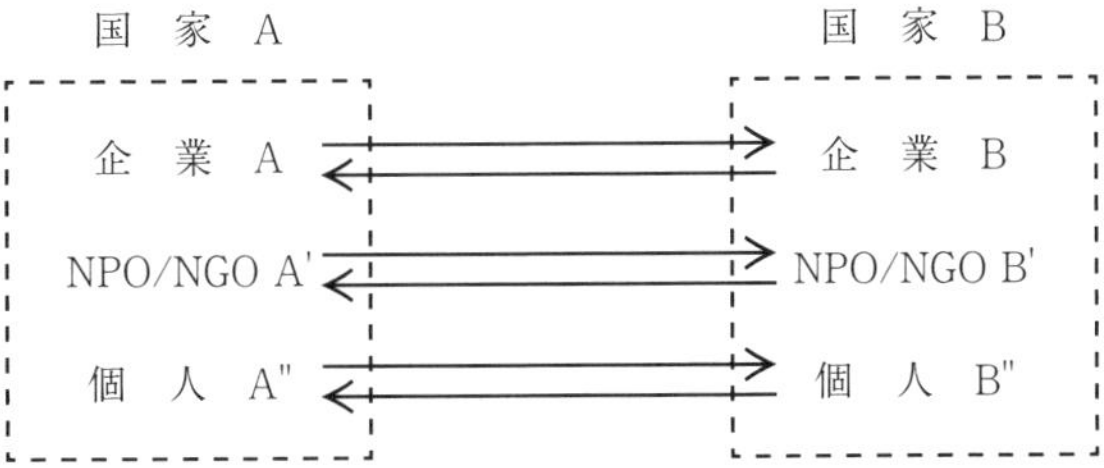

（注）著者作成。

がある[7]。この組織が行う勧告に国際条約のような強制力はない。しかし、その遵守が大きな公益であるゆえに、あらゆる国の組織や個人がそのルールに自発的に従っている。もう一つの例として、政財界をはじめとする世界各国のリーダーたちの連携を通して世界の経済や社会の現状改善に取り組むことを目的として毎年一月に開催されるいわゆる「ダボス会議」がある[8]。そこでなされる議論の方向性は世界的に注目されており、その意味で大きな影響力をもっている。さらに例を追加すれば、世界的な規模で起こる環境問題と平和の実現に取り組む国際環境保護団体（ＮＧＯ）である「グリーンピース」もこうした例の一つといえる[9]。

こうした非営利団体（ＮＰＯ）あるいは非政府組織（ＮＧＯ）の活動が活発化しているのは、各種の新しい問題に対応するにはもはや従来のように政府や公的機関だけに依存することで十分とはいえず、それぞれの領域における民間専門組織の役割に期待する方が現実的かつ効果的であることが大きな理由である。近年コンピュータ技術の用語としても使われるようになった「粒度」（granularity. 処理に際する細分化の単位）という概念を援用してこうした現象を表現するならば、世界で発生する諸問題への対応はその内容によって最適な粒度が異なるので、近年は問題の内容が変化することによって最適な粒度が小さくなった、ということができよう。

研究手法の変化

国際学において変化したことの第二は、その研究手法である。従来の国際学（international studies）あるいはその一つの中心に位置した国際関係論（international relations）においては、学問分野として国際政治学がその中心にあった。これに対して、近年の研究視点を特徴づけるグローバル研究（global studies）においては、国際政治学のほか、国際経済学、社会学、文化研究などを含む総合的な視点からの理解の必要性が強調されることとなった。学問の重心が総合的研究（multidisciplinary research）あるいは学際的研究（interdisciplinary research）へ移動した、といえる。これは、明治学院大学の国際学部創設時の座談会（都留ほか　一九八七）において豊田利幸教授が強調したように、新しく発生する諸問題がもはや個々の学問分野（discipline）からの接近だけを前提にしたのでは的確な理解をすることが難しくなったうえ、有効な対応策を打ち出すうえでも大きな限界に直面したことによるところが大きいからである。

以上の変化は、ひとり国際学における変化にとどまらず、広く社会科学全体としても見られる近年の大きな流れになっている。つまり、従来の学問の主流は「細分化、厳密化」することによって「科学化、客観化」を追求するものであった[10]といえるのに対して、新しい学問の方向は従来の科学的知見を「統合化、総合化」するとともに「価値重視化」と（後述するような）行動化」を目指すものとなった、といえる。一般的にいえば、社会情勢や技術条件等が変化する一方、社会に生じる問題自体が複雑化したことによって、従来の細分化、厳密化、科学化、客観化を目指す学問よりも、「問題発見・解決型の研究」が要請されるようになり、その手法面としては多分野活用型の研究（学際研究）が重視される一方、研究者の問題解決への関与（コミットメント）も要請されるようになった、と整理することができよう。学問を支える条件の変化によってこうした流れが生じたことは、やや厳密なモデル分析によって示すことができる（付論一を参照）。

こうして要請される新しい学問において大切なことは、その研究領域が学問分野として体系的に成り立つかどうかというよりも、むしろ新しい現実を理解し、分析し、そしてそれに対応する政策プランを導くことができるかどうか、である。この点、国際学は、実体的にグローバル学に発展することによってそれを実現しようとする方向を目指している、といえる。

また社会科学の多くの分野に関連する領域でこれと非常に類似した動きがある。それは、国際学とほぼ同時に創りだされた「総合政策学」である。この両者には多くの共通点があり、それは学問の本質的な意義にかかわるのでたいへん興味深いことである（両者の対比は第二節で論じる）。このように多様な学問領域を活用すること、あるいはより一般的にいえば多様性があること、には大きな利点がある（付論二の証明を参照）。例えば、国際学部における議論では、学部を構成する教員の専門領域が非常に多様であるため議論が実に多面的になり、最終的には自然に妥当性の高い結論に到達することが多い（と筆者は感じている）。これは、人間社会の問題を解決する上で学際的接近の有効性を体感的に示唆しているように思う。

研究目的および研究者の役割の変化

第三に指摘できるのは、研究目的および研究者の役割の変化である。従来の学問は政府が行動指針を求めることに対応してなされた側面も確かにあった（例えば地域研究はそれを主要動機として第二次大戦中に誕生した）が、達観すれば現象をどう「理解」するかに重点があった。しかし、冷戦期の東西体制間の対立・闘争に代わり、その後は国際関係のあり方として「平和・共生・協働」など新しい理念が出現した。つまり、研究活動においては、このように従来なかった目的が明示的に掲げられるなど「問題解決指向、政策指向」という色彩がより明確になった。それとともに「研究者は専ら研究に専念する一方、政策行動は専ら政府、公的国際機関の役割である」とする従来の見方から一歩踏みだし、一般市民（ＮＰＯ／ＮＧＯ）の役割が重視されるとともに、研究者とそれら主体との連携の強化、一体化、共同作業化もみられるなど、研究者が問題解決に対して積極的に参加するという役割も帯びる傾向がでてきた。これは「理解から実践へ」の変化と表現できよう。ちなみに、豊田利幸教授は「世界の問題解決にいくらかなりとも協力しようというのが国際学である」（都留ほか 一九八七）と述べ、国際学が新しい性格を持つべきことを強調している。

二　国際学と総合政策学の類似性

国際学の創設とほぼ時を同じくして「総合政策学」という名称の社会科学分野が一九九〇年に新しく誕生した。本節では、これら二つの新しい学問分野を対比することによって、国際学の特徴、さらには新しい学問領域に共通する特徴を整理することにしよう。国際学にせよ、総合政策学にせよ、今や類似の学部は国内に多数存在するので、本来ならばこれらの幾つかをサーベイすることによってこうした学問領域の特徴、あるいは二つの領域における共通点の有無などを議論すべきであろう。しかし、ここでは著者がたまたまこの二つの学部に在籍した経験を持つので、それを踏まえてこの両者を取り上げることによって一つの視点を提供したい。

(二) 新しい二つの学問分野の台頭

まず、社会科学における二つの新領域を生み出した母体をみると(図表九の下方)、総合政策学は、慶應義塾大学が同名の学部を一九九〇年に開設したことを嚆矢としている。一方、国際学は、明治学院大学が同名の学部を開設したこと(一九八六年)に端を発するものである。両者に共通しているのは、大学の本部キャンパスとは別に首都圏の郊外にそれぞれ新しいキャンパスを創設し、そこにおいて新しい学問、そしてその学部教育を展開しようとしたことである。この新立地という地理的な事実は、従来の学問と一線を画した試みを意図するものであったことを如実に示している。

一方、教育の狙いをみると、総合政策学は幅広く「問題発見・解決型教育」を意図するものであるのに対して、国際学は「全地球的視野を持った新国際社会のリーダー育成」を標榜している。つまり、前者は国内面・国際面のいずれかを問うことなく社会科学の新しい大学教育を専ら日本人学生に対して行うことを狙ったのに対して、後者は日本人学生および海外からの留学生を問わず国際社会で活躍できる人材の育成に重点を置くという違いがあった。

図表9　新しい学問分野とその学部教育：二つのケースの対比

	総合政策学	国際学
主たる着眼点	・情報通信（ＩＴ）革命	・グローバル化
社会構成の認識	・組織・国家・企業それぞれの行動のボーダーレス化	・組織・国家・企業それぞれの行動のボーダーレス化
政策主体	・国家（nation state）だけでなくNPO/NGO、ボランティア、超国家企業の役割が重要化	・国家だけでなくNPO/NGO、ボランティア、超国家企業の役割が重要化
研究の視点	・問題の発見と解決が基本動機	・グローバル社会の理解、平和研究
	・政策指向的研究	・地域研究が一つの柱
	・学際的（interdisciplinary）ないし多分野活用的（multi-disciplinary）研究の重視	・学際的ないし多分野活用的研究の重視
	・フィールドワーク（現地調査）、ネットワーク（インターネット）、フレームワーク（新概念構築）を重視	・フィールドワーク（現地調査）を重視
人間の行動基礎	・行動主体の利害得失（インセンティブ）を重視	・人間の内的行動規範（倫理的基準）を重視（“Do for others”）
学部名	総合政策学部	国際学部
大学名	慶應義塾大学	明治学院大学
当該学部創設年	1990年（日本最初）	1986年（日本最初）
当該学部のキャンパス	郊外キャンパスを新規に開設	郊外キャンパスを新規に開設
教育の狙い	問題発見・解決型教育	全地球的視野を持った新国際社会のリーダー育成

（注）岡部（2006a、2006b）、都留ほか（1987）などを踏まえて著者作成。

(二) 二つの学問分野の特徴

これら二つの新しい学問分野をやや詳細に対比してみよう(図表九の上方)。[11] まず社会のどの面にもっぱら着目するのか。総合政策学は、情報処理技術の進歩やそれに伴う情報コストの急低下、そしてインターネットの地球規模での拡大など、いわゆる「情報通信(IT)革命」とそれが社会にもたらす広範かつ深い影響を研究上の主たる着眼点としている。これに対して国際学は、すでに述べた「グローバル化」の様々な側面に焦点を当てようとしている。主たる着眼点はこのように異なるものの、一九八〇年代後半以降の人間社会の大きな特徴こそを研究の正面に据えようとしている点で両者は共通している。

また、社会を見る視点については、両者とも、組織・国家・企業それぞれの行動が国境を越える度合いが急速に高まったこと(ボーダーレス化)を基本的な認識としている。そして社会の様々な課題に対応するうえでは、国家(nation state; sovereign state)だけを政策主体として位置づけるのではなく、NPO/NGO、ボランティア、超国家企業など各種民間組織の参画も不可欠である、とする点で認識が共通している。

研究の視点ないし手法としては、総合政策学が「問題の発見と解決」を目指した研究（issue-driven）であることを基本動機として強調しており、このため政策指向型研究（policy-oriented research）と称される。この点は国際学においても（おもてだって主張されることが少ないにしても）同様の動機を持つといえる。このため明治学院大学の国際学は、グローバル社会の理解や地域研究を重視するほか、国際社会の大きな政策目標ともいえる平和に関する研究（peace research）が一つの柱となっている。そうした研究に際しては、両者ともに学際的（interdisciplinary）ないし多分野活用的（multidisciplinary）研究を重視することが大きな特徴である。そして、研究は大学の研究室において行うだけでなく、フィールドワーク（現地調査）を重視する点においても共通している。[12] このような性格を持つ総合政策学は、最近「実践知の学問」と規定されることもある。この発想をさらに発展させるならば、総合政策学を新しい社会科学としてかなり厳密に理論化する道が拓けると筆者は考えている（その試論は付論三を参照）。

一方、社会とそれを構成する個人やその行動動機をどう捉えるかについては、現在のところ両者間で少なからぬ差異がある、といえるのではなかろうか。すなわち、総合政策学では、むろん研究者の間における認識の差異自体が相当大きいが、どちらかといえば「人間行動の基礎には利害得失がある」としてインセンティブを行動動機に据えて個人の行動や社会制度を理解し、政策をデザインする傾向が強いように思われる。つまり、ミクロ経済学ないし契約論あるいはインセンティブ理論からの接近である。これに対して国際学においては、ここでもむろん様々な立場があるものの、明治学院大学のモットーである「他者への貢献」（Do for others）[13]の影響もあって、人間の内的な行動規範あるいは倫理的基準を重視する面もある、といえるように思われる。[14]こうした差異は、これら二つの新しい学問領域を開いた母体校の建学の精神ないし伝統に根ざす面が大きいと理解できよう。

三　国際学を構成する主要要素

国際学は、研究者によってそのイメージに依然少なからぬ差異があり、また重点の置き方も異なっている。しかし、多くの場合に共通する要素も少なくない。本節では、国際学を構成する幾つかの代表的な要素を指摘するとともに、それぞれについて簡単にコメントすることとしたい。以下では、国際学を構成する一つの柱である「地域研究」を具体的に取り上げ、そこで重視される学際研究、比較分析、日本研究、フィールドワークといった側面を多少敷衍して説明する。これらは国際学自体の特徴的要素でもある。

（一）一つの柱としての地域研究

国際学を構成する一つの柱は地域研究（area studies, regional studies）である。[15] 地域研究とは何か。これは、研究者によって様々に定義されているが、一般的に規定すれば、ある一定地域（一国または数ヵ国）を対象として、人文学的ないし社会科学的な観点（社会学、文化人類学、政治学などの視点）から、多くの場合、現地調査（フィールドワーク、直接的な聞き取りと観察）をも加えて当該地域を総合的に理解しようとする研究（矢野 一九九三b）、といえる。[16]

ここで重要なのは、研究対象である「地域」をどう規定するのか、そして「総合的な理解」とは既存の学問分野がどう関与する研究方法なのか、である。これらを明確にすることによってはじめて地域研究、ひいては国際学の性格を明らかにすることができる。以下、この二つを順次考えよう。

「地域」は研究の視点に依存

研究対象としての「地域」をどう規定するかについては、論点を二つにまとめることができよう。第一に、それは研究者の視点によってかなり異なるものとなることである。すなわち、地域とは「共通の文化ないし世界観（すなわち価値体系、社会システム、歴史的経験など）を持っている一つの地理的範囲」（高谷 一九九三）、あるいは「地理学的地域を指すのではなく人間の集団（社会）を含んだ地域」（竹尾 二〇〇八）であるとして、地理的な範囲を認識しつつも文化的要素を重視して規定するとらえ方がまずある。これは比較的一般的にみられる考え方である。これに対して、地域とは「域内に居住する人々の政治的、経済的、あるいは社会的に完結した一つの集団」であるとして、文化以外の諸要素（例えば国家）に重点をおいて規定することもできるという立場もありうる（坪内 一九九三）。一つの文化圏を一つの国家と等値することはできないため、第一の視点と第二の視点は必ずしも相容れない。しかし、第二の視点に立った「地域」からの研究として例えば国際関係論があるので、国家を一つの地域として捉える視点を地域研究から排除する必要はあるまい。むしろこれらの観点も許容して地域概念を用いる方がより生産的であろう。

第二に、上記のように何を尺度に地域をくくるかは恣意的、便宜的なものであり、研究の視点に依存することである。地域は、文化地域でもありうるし、国家でもありうるし、また地理的単位でもありうる（なお、地域を生態的単位によって捉えるのは地域研究を社会科学の一分野として捉える以上やや無理があろう）。つまり、地域の意味は多義的、重層的たらざるを得ず、また対象も決して固定的なものではなく（山口　一九九一）、研究者の研究視点あるいは利害関心にしたがってその定義も変わりうる（矢野　一九九三b）と理解するのが妥当であろう。なお、地域研究は、当初、非西欧世界（アジア、アフリカ等の発展途上国）の社会や文化に関心を持って出発したが、その後、西欧世界においても自分自身を含む地域ないし国を研究する意義と必要性が台頭したため、現在ではその研究対象として途上国、先進国を問うものでなくなっている（加藤　二〇〇〇)。この事実に徴しても、こうした弾力的な視点をとる方が現実的かつ生産的といえよう。

地域研究の三条件

どのような視点から「地域」を捉えるにしても、地域研究は特定の地域の性格ないし社会集団の特徴を明らかにしようとする社会科学的研究である。したがってそれは何か普遍的な原則の存在を探るというよりもむしろ本質的に個別性、特殊性を追求する研究である(山口 一九九一、竹尾 二〇〇八)。このため、地域研究においては幾つか不可欠の要素がある。ここでは、山口(一九九一)による指摘を参考にしつつ、それらを地域研究の三条件というかたちで整理したい。

第一の条件は、当該地域についての幅広い知識である。すなわち、当該地域への関心、共感、土地勘、滞在経験、友人知人の存在、歴史や慣習についての知識、そして研究ツールとしての現地語の語学力、などである。これらが当該地域を研究するうえで基礎となることは明らかである。ただ、こうした条件を満たせば直ちに地域研究者になれるというわけではない。なぜなら、それは当該地域についての事情通、あるいは素人の好事家であっても直ちに研究者であることを意味するわけでないからである。そこで次の要請がある。

第二の条件は、研究者として立脚すべき一つの学問分野（academic discipline）の素養を身につけていることである。それは、多くの場合、社会学、政治学、文化人類学、文化研究、地理学、国際関係論などである。地域研究が単なる事情通を越えたものになるためには、何らかの分析能力が要請されるからである。なお、歴史研究を地域研究の一つの重要領域と考えるかどうかについては意見が分かれる。ある地域の現代の様相が歴史的産物であることはいうまでもなく、その意味で歴史的な考察は欠かせない。しかし、地域研究は、やはり特定地域の現状を理解することを主眼とする研究であるとすれば、そこに至る歴史的な経緯までも研究の中心部分として含むのは論点が拡散しすぎる懸念が大きい。このため、歴史研究自体は地域研究の一部とは考えない（山口　一九九一）という理解が妥当と思われる。なお、経済学の位置づけについては次節で述べる。

第三の条件は、地域研究全体としての成果は、総合的、学際的な観点から捉えられるべきことである（山口 一九九一、矢野 一九九三b、坪内 一九九三、加藤 二〇〇〇、竹尾 二〇〇八）。地域特性の解明に際しては、隣接する人文学や社会科学との学際的協力を得てそれら領域の概念や視点（perspective）を借りながら、そして幾分折衷主義的（eclectic）な研究をすることにならざるをえない。地域研究は一つの分野のみで実り多いものとして成り立たないからである。このため研究者は、一つの専門領域を持つにとどまらず必要に応じて関連分野に関わる知識を体得する必要があり、基本的に総合性をもった深い知的洞察が求められる（矢野 一九九三b）。

しかし、ここには大きな悩みがある。なぜなら、個々の研究者がそれぞれの成果を発表する場は、所属する学問分野の学会（例えば日本社会学会、人文地理学会等の学問分野別の学会、あるいはラテン・アメリカ政経学会、東アジア学会、日本アフリカ学会等研究対象地域に関する学会）であり、「地域研究学会」という横断的学会が現在でもなお存在しないため、研究成果は既存学会において認知してもらわざるを得ないからである。

また、個々の研究者が地域研究を全体的に独力で推進するのは高望みという面もある。

このため、地域研究を行う研究者は、前提とする「自らの学問分野」と「地域」に重複して所属しており、あたかも両棲類のように水と陸を同時に制覇することが要請される存在である（坪内　一九九三）。

これら二つの点は、前述した総合政策学の場合にもみられる共通の悩みといえる。逆に言えば、地域研究そして総合政策学は、複数学問領域が複合することによって大きな成果が期待できる領域であるので、関連分野の研究者による共同研究すなわち学際的研究によって実り多いものとして成立するものであり、またそれがきわめて有効である。この点が大きな特徴である。また、一般的にいっても学際研究に大きな意味があることはすでに述べたとおりである（第二節ならびに付論一を参照）。

（二）地域研究の諸側面

地域研究と経済学

地域研究は、研究対象となる地域固有の性格を明らかにすることを第一義としているため、前述したとおり本質的に個別性、特殊性を志向している。したがって、援用可能な学問領域としてどのようなものが存在するかは、各種既存学問にとってそうした発想に親近性があるか否かによって左右される（坪内 一九九三）。

まず、地域研究への親近性を内在する学問としては、文化人類学、地理学、歴史学などがある（坪内 一九九三）。これらの分野は特定の地域とのかかわりを強く持つためである。一方、地域研究への疎遠性を内在する領域の代表例として経済学がある。

経済学は、人間の諸活動のうち経済活動だけを抜き出し、経済的合理性に基づく行動と市場原理とを前提にした場合の人間社会を理解する視点を提供するものである[17]。それは文化、歴史などを超えた普遍性の追求を重視する発想であり、効率性、能率、金銭を重視するので、個別性、特殊性を志向する地域研究の性格とは相容れない面が強い（坪内 一九九三）。したがって、地域研究において経済学の視点を中心に据えるならば、地域を扱いながらも、地域は理論を検証する一材料になりさがってしまうか、あるいは理論を検証するための方便でしかなくなり[18]、結局地域自体の理解から遊離する可能性を含んでいる（坪内 一九九三、矢野 一九九三b）。経済学的視点を強調しすぎれば、地域のもつ「特殊性」が希薄化することになる。

経済学を主たる専門的素養とする研究者が地域研究を行おうとする場合、ともすれば人間の経済行動以外の側面を「その他要因」（残余）として扱ってしまう場合が少なくない。しかし、地域研究の観点からいえば、それは主客逆転というべきである。経済学が論理性、合理性を基礎とした切れ味のよい分析道具であることに何ら疑いはないが、その視点を援用して地域研究を行う場合には、大きな狙いが地域研究自体であり経済学の命題の検証にあるのではないことに十分留意する必要がある。[19]

ただ、経済学は地域研究にとって利用価値がないわけでなく、場合によっては有力な分析道具になることも忘れるべきでない。例えば、日本の金融為替市場において金利平価（国内金融市場と海外金融市場が完全に統合されている場合に金利と為替レートの間に成立する関係式）が成立するかどうかを検証するような場合、それが当該命題の妥当性を検証することよりも、日本の市場構造や規制のあり方を逆照射することを意図しているような場合、したがってその意味で日本についての理解を深めようとする場合には、経済学的分析が強力な手段になる。[20] また、東アジアの政治面ないし経済面での統合や域内共通通貨導入の可能性を議論するうえでは、経済学的分析（例えば最適通貨圏の理論）が大きな助けになるであろう。要すれば、経済学の概念や手法を地域研究に有効に用いることができるかどうかは、それを用いようとする研究者のスピリットの如何（真に地域研究としての狙いがあるかどうか）であろう。

地域研究と比較分析

地域研究における一つの有力な手法は、研究対象を他地域における該当物と比較して理解する比較分析（comparative analysis）である。事実や情報は、ただそれだけを見たのでは意味を深く理解できないことが少なくない。しかし、他の類似物ないし他国における該当物と比較することによって、その位置づけ、意味合い、強みや弱みなどの理解を深めることができる。比較分析には大きなパワー（有用性）がある。

例えば、筆者の研究領域である金融システムや経済システムに関しては、日本のそれを他国（とくに対照的な性格を持つ英米のシステム）と比較することによって理解が深まる面が大きい。さらに、それを通して二つの地域（日本および米国）それぞれの社会や文化の特徴も理解できるようになるという意味で、地域研究の一端とすることができ

図表10　金融および企業システムの２類型とその社会的文化的背景

	英米型	日本ドイツ型
[経済学的分析]		
金融取引の主形態	公開市場中心	相対取引中心
銀行による資金供給	短期資金	短期資金＋長期資金
企業経営のモニタリング	株式市場	銀行（メインバンク）
適する経済活動	製品の革新	工程の革新
[社会的文化的背景]		
移民の流入	継続的かつ大量	無視しうる程度
文化や言語	多様かつ変化が大	同質的かつ変化が小
社会の底流にある思想	個人主義	集団主義

（注）上部は岡部（2007）図表5-3を抜粋、下部は著者が追加作成。

る。

すなわち、企業システム（企業の構造や行動）に着目すると、それは二つの種類に大別できる（岡部 二〇〇七、十一章）。一つは英米型企業であり、もう一つは日本ドイツ型企業である。両者はまず企業ガバナンスの方式において大きな差異があり、それは結局資金調達の方式の差異に帰着することがよく知られている（図表一〇の上方）。経済学ないし企業論ではたいていここまでの議論で終わる場合が多い。しかし、地域研究の視点からみれば（図表一〇の下方）、英米型企業および金融システムは、結局その国の歴史的経緯ならびに社会の特性や価値基準、すなわち米国社会における継続的な移民の流入、文化や言語の多様性、底流にみられる個人主義思想などに深く根差したものとして理解できる。これに対して、日本型企業システムは、日本独自の条件、すなわち移民の流入は無視しうる程度であること、文化や言語は同質的でありかつ変化も小さいこと、底流には集団主義思想があることなどに対応した面が大きいことがわかる。

もう一つ例を挙げるならば、地域研究としてオーストラリアを取り上げる場合、おそらく多文化主義（multiculturalism. 社会は異なる文化を持つ集団を対等な立場で包摂することによって構成されるべきという考え方または政策）が一つの大きな論点になろう。その場合、同国における多文化主義の意義や変遷だけを論じるのではなく、例えばその思想の嚆矢となったカナダの例と比較分析することが有用である。そうすることによって、オーストラリアの社会や文化の理解はより深いものになろう。

なお、前述した国際学と総合政策学を対比して理解すること（図表九）も、比較分析の一例に他ならない。

地域研究と日本研究

地域研究は従来、日本以外の国ないし地域を対象としてきたが、自国である日本をその対象に含めることが考えられる。それは二つの意味で自然かつ適切な方向といえる。第一に、外国の「地域」を理解しようとする場合、比較分析が有力な方法であるうえ、比較対象をなじみ深い自国とすることによって研究対象地域の理解を比較的容易に深めることができるからである。例えば、上記の企業システムの場合を想起するとこの点は明らかであろう。

第二に、日本研究自体が国際学の一環として非常に重要だからである。国際学が国際社会における多様な問題を考えることである以上、その重要な構成員である日本とは何か、ということが理解できていなければ、国際社会における問題の理解やそれに関する判断を的確にすることは不可能である。日本人が国際的に活躍するうえでは、まず日本独自の文化・歴史・言語を理解し、それを色々な意味で一つの価値尺度とする必要がある。それなくして他国の文化や価値観を理解しようとしても、ものさしを持たずにものを測ろうとするに等しい。逆説的にいえば「国際人」とは日本のことを熟知した人ともいえる。したがって日本研究は国際学における不可欠の部分である。明治学院大学国際学部では、学部創設当初から日本研究を一つの柱としてきたのはこの意味からであると著者は理解しており、またそれは誇るべきことであると思う。

地域研究とフィールドワーク

地域研究が当該地域の特徴や固有性を明らかにすることを最大の目的とする以上、フィールドワークすなわち現地調査（体験、データ収集、参与観察）が非常に重要な役割をもつ。これは当然のことである。フィールドワークは、地域研究にとって既述の第一条件（当該地域についての幅広い知識の保持）と表裏一体の関係にある。ただし、それを唯一の手段であるとか、絶対視するということのないように留意する必要があろう。ここでは留意点を二つ指摘しておきたい。

第一に、現地調査は重要だがそれを神聖視するのは適当でないことである。とくに現地調査の重要性を強調するあまり、文献調査の役割やその潜在力を軽視することがないようにしなければならない。このことは、ルース・ベネディクトによる古典的名著『菊と刀――日本文化の型――』（ベネディクト　一九四六）の例を想起すれば明らかである。この書物は、米国にとって戦争相手であった日本人の精神構造を解明しようとしたものである。その目的のため、著者は米国在住の日系人へのインタビューを重ねたほか、多大な文献の調査、アメリカにあった日本映画の分析などを徹底して行った。そして日本における現地調査を（戦争相手国であるため）一度も行うことなく水準の高い日本人論を書き上げた。本書は、刊行後すでに半世紀以上経過しているため、その一部には現時点での日本人論として妥当しない点が出てきているのは当然である。しかし、現在の日本人に関しても、その考え方や行動の深部に依然として変わらない要素があることを本書は見抜いている。この点には、いまさら驚きを禁じ得ない。現地でのフィールドワークを重視するあまり「文献調査の限界」を指摘したくなれば、先ずこの書物を読んでみる必要があろう。

第二に、現地調査に際しては、高い研究密度を維持することを常時忘れないようにする必要があることである。フィールドワークは、その事前準備、現地への交通や現地滞在、得られた知見や情報の整理など、多大な時間と労力を要する作業である。このため、そうした作業によって地域への理解と共感が深まるので、そのような作業の繁忙化自体が研究の進展（あるいは研究の代替）と感じてしまう危険もあるように思われる。この点は、筆者がこれまでに学部学生に限らず大学院生の研究を見た場合、いつも払拭できずに持ち続けている懸念である。実地調査から得られる情報、データ、事実などを蓄積しても、それ自体は研究でない。それらをどのような枠組みで理解するか、あるいはそれらを用いてどのような新概念の構築が可能になるか、などの知的作業に結びつけることこそが研究である。フィールドワークは常に概念構築とフィードバックする必要があることを忘れてはならない。

地域研究の効用

最後に、地域研究の意義ないし効用は何かをまとめておこう。それは、まず各種学問と同様、知的好奇心を満たすことである。しかし、より具体的にいえば第一に、異文化や他者集団をみることを通して自己ないし自身の文化に関する認識を深めることができる点にある（加藤 二〇〇〇、竹尾 二〇〇八）。換言すれば、日本という社会ないし国の相対的な理解が可能になることである。

第二に、得た知識やデータを活かして具体的な政策や行動を起こす指針としうることである。これは、研究者個人として益するところが大きい（例えば学生の場合には関連業種に就職が容易になる）ほか、日本国としても何ができるか（あるいはできないか）を判断するうえで重要な情報を提供することになる。

第三に、ものごとに関する総合的理解の方法が学べることである。この点は、従来あまり明示的に指摘されていないが、大学教育がともすれば専門知識の習得に傾いているとの批判がある状況下、地域研究ないし国際学は大学教育として一つの有効なあり方を示すものである、と筆者は考えている（この点は総合政策学にも共通する）。そこで次に、国際学の学部教育とはどのようなものかを検討しよう。

四　国際学に関する学部教育のあり方

わが国における大学教育のあり方は、様々な理由から一九九〇年前後以降、見直しの機運が高まり現在に至っている。社会科学系に関して言えば、大きな流れが二つある。一つは従来のような区分けされた専門領域を追求させる教育よりも、それを総合化・統合化すべしとする思想である。この代表例が総合政策学そして総合政策学部の創設である。[21]もう一つの流れは、国際的な側面ないし国際化の動向を重視すべしとする思想である。これをうけて「国際学部」という名称の学部を持つ学部が一九九〇年代中頃以降相次いで創設され、現在では明治学院大学をはじめすでに一〇校以上に及んでいる。[22]

本節では、大学教育における領域の総合化・統合化の動向だけでなく、国際化ないしグローバル化の動向をも同時に汲むものとして位置づけられる明治学院大学国際学部に焦点を当て、そこでみられる教育の特徴とあるべき姿を考えてみたい。

(一) 明治学院大学国際学部

わが国における国際学部の草分けである明治学院大学国際学部では「現代のグローバル社会の諸相を理解し、世界の平和と福祉に貢献する人材の育成」(「明治学院大学学則」第五条)を教育目標として謳っている。これを達成するため、諸問題に対する総合的で学際的な研究（政治・経済・文化の各分野からの総合的検討）、他国人との直接的なコミュニケーション力の養成、彼らとの共同作業の経験、などを重視している。こうした考え方に沿って行われている同学部のカリキュラムは、以下の点で特徴づけられると筆者は考えている。

カリキュラムの特徴

第一に、地域研究が勉学上一つの中心となっていることである。初代国際学部長（福田歓一教授）が述べているとおり、少なくとも一つの地域研究を課すこと（福田　一九八七）が学部創設時からの伝統といえる。地域研究は、これまで分断化されてきた学問を研究面で統合する一つの有力な方法であり、それは学部教育においても同様に大きな長所を持つ。この点は、既に述べたとおりである。

第二に、何らか特定の課題に関する研究も勉学上いま一つの軸になっていることである。こうした研究課題には様々なテーマがあるが、例えば平和研究（peace research）、環境問題、途上国の社会開発、南北問題、エネルギー問題、文化交渉史、国際関係論など、基本的には特定の地域にとらわれないテーマである。地域研究を横糸に例えれば、課題研究は縦糸である、といえる。この学部における学生は、地域研究を中心に学習することが可能であるだけでなく、一つの課題をもとに幾つかの地域をいわば串刺しにするかたちで研究することも可能である。さらに別の基軸として、経済学、政治学法律学、文化研究という三つの代表的な領域から一つを選び、それを中心領域として学習することもできるようになっている。このように、国際学部のカリキュラムは大きな弾力性を持っている。

第三に、国際的に通用するコミュニケーション力の養成を重視していることである。知識や情報を自分のものにし、相手を理解し自分を理解してもらうためには、文字や言葉で受信しかつ発信する能力が必要となる。このため、言語の習得がきわめて重要である。そうした意味で、外国語、とくにインターネットの発展に伴って国際標準語(lingua franca)の色彩を強めている英語の語学力習得を重視している。また、実は日本語の力を高めることも不可欠であるという認識が強いことも一つの特徴である(この点は教養の観点から以下で再述する)。

第四に、自分たちが拠って立つ「日本」を多面的に知ること（日本研究）を学部の柱の一つとしていることである[23]。外国のことをよく知ろうとしても、自分がどのような視点ないし立場からそれを理解しようとしているのかをしっかり意識していなければ、深い理解は困難である。また、国際的な場面ないし国際社会で仕事をしていく場合、単に海外の事情に通じているというだけで個人として尊重されることは期待できない。また、外国人を相手とした仕事、あるいは彼らとの共同作業を行ううえでも、自らが拠って立つ国を知っておくことが不可欠である。つまり、日本に関する幅広い知識（歴史、文化、社会などのほか日本人としての感性なども含む）は、国際性にとって一つの重要な基盤に他ならないからである。

第五に、異文化の人々に直接接する経験、ないし彼らと何らかの共同作業をする経験を重視しており、このため校外実習（二〜三週間にわたる体験学習）を一つの重要な要素としてカリキュラムに組み入れていることである。その実施場所は沖縄・中国・韓国・ミャンマー・タイ・フィリピンなどアジアの諸地域、さらにアフリカ・オーストラリア・エクアドル、そしてアメリカ・ヨーロッパにまで及ぶ。そこで対象とされるテーマも、平和学習、近代の歴史認識、異文化理解、開発、国際金融の現場見学、エコツーリズム、フェアトレードなど多様性に富んでいる。

学部教育のこれまでの評価

一般に国際学というイメージから推すと、外国語に堪能であること、あるいは海外事情に通じていること、などが念頭に浮かぶ。しかし、明治学院大学国際学部における教育は、以上みたように単にそれらを求めるものではない。より幅広く、深く、そして体験も踏まえて学ぶこと、さらに自分の拠って立つ位置についての理解を深めること、なども重視するものである。またカリキュラムは、学生にとって履修の自由度が比較的高いものとなっている。

こうした学部教育は、果たして予想した成果を挙げているといえるのだろうか。とくに、初代学部長（福田歓一教授）による指摘、すなわち国際学は学際的でしかありえず、したがって当然大学院レベルでのものと従来考えられるものを学部のレベルに置くというきわめて新しい試み（都留ほか 一九八七）が果たして奏功していると評価できるのか。

筆者には、それらの解答を書くうえで十分な国際学部での教授歴がなく、また解答する資格も力量もない。ただ、前任校において同様の性格を持ち同様の懸念が表明されていた学部（総合政策学部）の教育に携わった経験も踏まえて考えるならば、二つの点を指摘できるように思う。

第一に、勉学意欲が強い学生は、本当に自分に合った研究上の関心ないしテーマを早く見つけ出し、それを多様な専門家を擁し自由度の高いカリキュラムの恩恵を受けて見事な成果を生み出すことができている点である。(24) 意欲のある学生は、従来の学問領域中心型（discipline-oriented）の学部に在籍するよりも、間違いなく大きく飛躍できているように思われる。

第二に、その逆であるが、勉学意欲が十分でない学生あるいは受動的な態度に終始する学生にとっては、カリキュラムの多様性と自由度の大きさを十分生かし切れずに埋没し、学部が本来意図する勉学成果を挙げきれない場合も少なくない点である。

これら二つのことをまとめると、国際学部は既存学部とは異なり、ある意味でリスクの大きい（そのかわりリターンも大きい）性格を持つ学部である、と特徴付けることができるように思う。

理念をさらに発展させるための新学科創設

明治学院大学国際学部では、いま大きな改革を二つ推進しつつある。一つは、学部の教育目標をよりよく達成するため、既存組織（国際学科）のカリキュラム構造、コース制、クラス編成、卒業要件などを全面的に見直し、抜本的な改善を図ることである。その大半は二〇一一年四月に実施される予定である。いま一つは、既存の国際学科に加え、新規に「グローバル学科（Department of Global Studies）」（仮称）を設置することである（創設は二〇一一年四月を予定）。

後者の新学科には二つの大きな特徴がある。第一は、学部設立当初から検討の余地があるとされていた「国際」概念に代えて「グローバル」概念を明示的に打ち出し、それを学科名に入れたことである。第二に、国際学を特徴づける諸要素のうち、とくにコミュニケーション能力（とくに国際的なそれ）に重点を置いた教育を行うことである。

このため、（一）高度な外国語（英語）力を習得するための特別カリキュラム、（二）国際インターンシップないし海外留学の拡充とそれらの必修化、外国からの留学生（従来から米カリフォルニア大学からの短期留学生がすでに常時約三〇名滞在している）の大幅増加ならびに彼らとの一体感を高めるキャンパスコミュニティ形成など、国際学部の教育理念をさらに強化して展開すべく各種の制度作りを急いでいる。新学科では、授業のほとんどが英語によって提供されるので、おそらく日本語ならびに英語が学修上の共通語となること（バイリンガルな教育環境の実現）が見込まれており、斬新な学部教育の場となることが期待される。

（二）学部教育の核心となる教養教育

国際学部において学生は、果たして何を学び、究極的にどのような力量を身につけるべきなのか。そうした目標は、必ずしも国際学部の場合に限られるものではなく、大学の学部教育の目標として一般に求められることがらとほとんど変わるところがない、と思う。

それは、結局のところ「教養」である。それを構成する要素などについては、別途論じることとしたい（本書第一部二章の論文を参照）。

五　国際学の今後の課題

以上みたように、国際学はその研究対象領域や手法が多様であり、学問としての全体的な性格を単純化して規定することは難しい。しかし、これは明らかに時代の要請に応えるものであり、社会科学の一分野としてそれを次第に洗練してゆくことが期待される。ここでは、そのための課題を明治学院大学の国際学部ないし国際学研究所に即して三つ指摘しておきたい。

第一の課題は、さしあたり学部内で共同研究を強化することである。国際学においては、前述したように地域研究が一つの大きな柱となっており、そこでは学際研究が本質的に重要性を持つ。一方、国際学部には専門分野の異なる研究者が人数面でバランスよく在籍しているので、学内で共同研究が行える条件に恵まれている。学部設立当初は、学部として共同研究への取り組みに意欲的であり、また現在よりも活発であったようにみえる（『国際学研究』第二号、一九八八年、巻末活動報告）ので、その精神をいま一度取り戻す必要があろう。例えば、西洋音楽の演奏グローバル化に関する研究（半澤二〇〇九）は、芸術、言語、歴史などの学際性が必然的に要請されるので、興味深く発展性が大きい研究といえよう。こうした学際研究推進のためには、共同研究に対する研究所研究費の優先配分（例えば人文系・経済系・政治系を全て取り入れたより多分野にまたがる研究ほど研究費の配分を逓増的に配分する）、学外研究者あるいは海外研究者も含めた大型共同研究プロジェクトの立ち上げとそのための外部研究費申請の活発化、などが考えられる。

第二に、わが国で最初に国際学部を創設し国際学を打ち出した明治学院大学としては、まず国内で「国際学」を普及、拡大するうえで大きな役割を担う余地がある。例えば、国際学に関連する研究者によって大学を超えた国際学の学会を設立するとともに、現在は事実上内部的な機関誌にとどまっている『国際学研究』の査読体制を強化する一方、これを外部研究者にも開放して学会の機関誌にする、などが考えられよう。

第三に、既存の大学院国際学研究科をプロフェッショナル・スクール（専門職大学院）として位置づけし直すとともに、それにふさわしいカリキュラムを導入して入学者を増大することも検討に値するであろう。

先導者には先導者としての役割が常に期待されている。

付論一　諸条件の変化と多分野活用型研究の有用性上昇
――モデル分析

第一節で述べたように、とくにここ約二〇年来、従来の社会科学のあり方に大きな反省が迫られ、それに対応する必要性が高まってきている。すなわち、既存学問領域において研究を深化、厳密化させることを重視する従来の発想よりも、むしろ人間社会で生じつつある問題を的確に認識し、その解決を図ることに重点を置いた研究を重視すべきであるという発想（いわゆる問題発見・解決型の研究）の強まりである。学問領域の観点からいえば、特定分野の視点から鋭く社会現象を切り込むというよりも、多分野活用型の研究（学際研究）が重視されるようになった、といえる。

その背景には、社会情勢や技術条件の変化、そして問題自体の複雑化がある。その結果、このように学問のあり方に再考が求められている、と理解できる。こうした状況は、一つの簡単なモデル分析によって以下のように示すことができる。

いま、社会問題を解明するための学問のあり方として、（一）既存分野の視点を重視

図表11　諸条件の変化と多分野活用形研究の有用性上昇

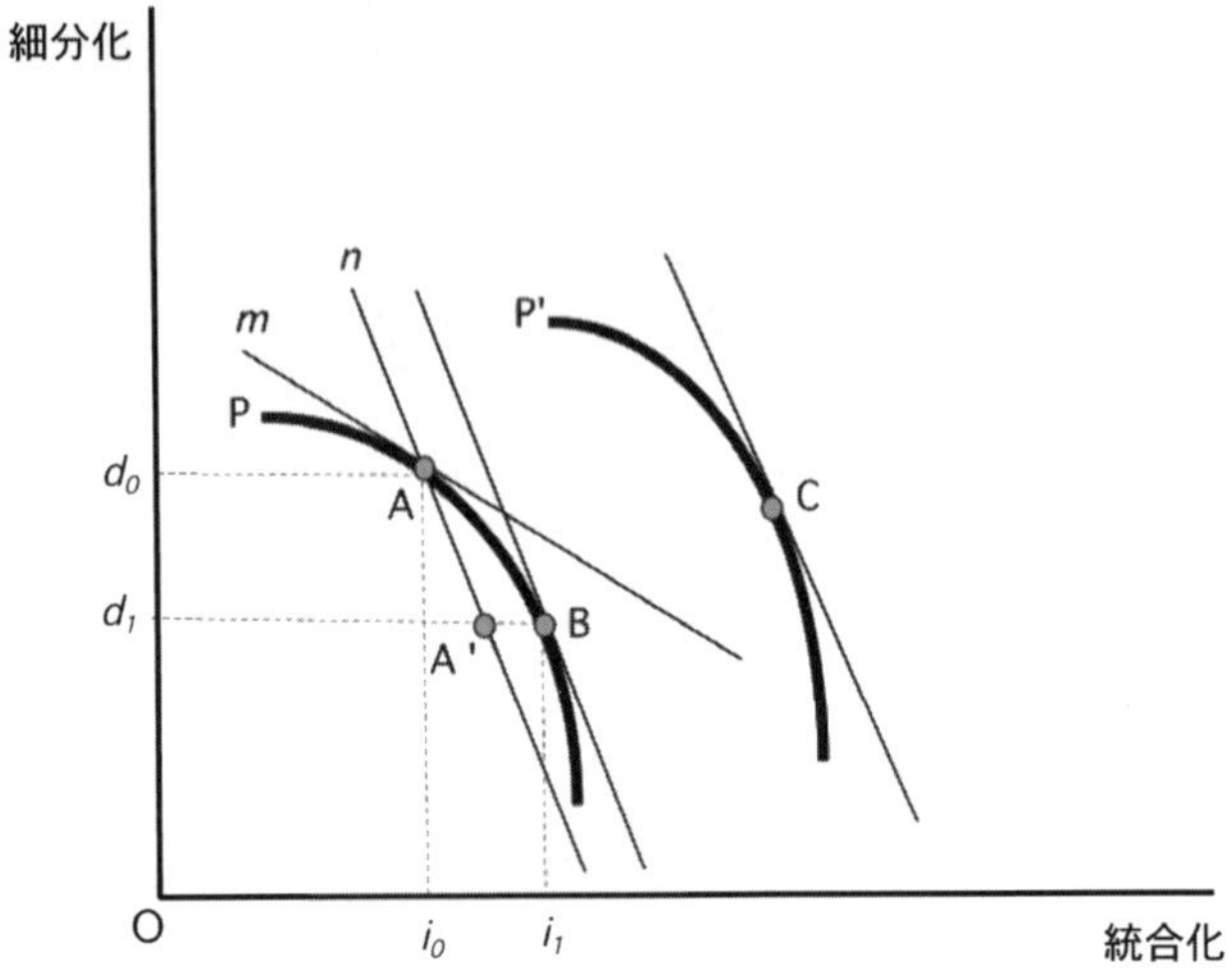

しそれを基礎として問題を深く掘り下げて解明する方式（細分化アプローチ）、（二）多分野の成果を自由に活用して問題を解明する方式（統合化アプローチ）、の二つがあるとする（図表十一）。前者を重視する場合には比較的「狭いが深い」理解が可能である一方、後者を重視する場合には比較的「広いが浅い」理解になる、と想定する。

学問が全体として社会に貢献するには、前者に重点を置くか、あるいは後者に重点を置くか、いずれの考え方を採ることもできる。つまり、学問が社会に対して一定レベルの貢献をするうえでは様々な重点の置き方があり、このことは両者の組み合わせ方次第である。そのことを二次元グラフにおける曲線Pによって示すことができる。すなわち、社会全体として研究者の人数には限度があるので、一方のタイプの研究を増やせば他方は減らさざるをえない関係がある（したがって曲線は右下がりになる）。また、一方を増やしその便益を追求しようとするにしたがって他方を犠牲にせざるをえない度合いは次第に大きくなるので、曲線は右上方に向かって凸の形状をしている（両者の限界代替率は逓減する）と前提することができる。一方、学問研究を細分化することの有用性と統合化することの有用性の相対的な比率は、直線 m（の傾斜）によって表すことができる。

すると、この社会における学問の二つのタイプの組み合わせは、直線 m が曲線Pと接する点A（この点を当初均衡点と呼ぼう）によって与えられる。つまり、この状況（細分化された学問をO d_0、統合化された学問をO i_0 だけそれぞれ活用している状態）が社会として最も効率的な選択をしていることを示している。これは、二つの理由からである。第一に、この社会が学問全体の成果を最大限活用しようとする限り、曲線Pの左下方の半平面の内部（の座標）で示される二つの組み合わせ（例えばA′点）よりも曲線

P上の点を選択する方が学問全体としての利用度が高くなっているからである。第二に、点Aにおいては、学問における二つのアプローチの相対的な社会的評価とそれら二つの間の代替可能性（限界代替率）が等しくなっているので、両者を最も効率的に組み合わせて利用しているからである。

次に、幾つかの条件が変化する場合とその結果を考えよう。まず変化には二つの種類がある。第一の変化は、直線mの傾斜を変えるような条件変化である。例えば、従来の学問は、どちらかといえば真理の追究、学術体系としての美しさ（elegance）などの要素が重視されたが、近年はむしろ社会における問題の発見と解決に資すなどの有用性が従来よりも重視される傾向がある。このことは、学問細分化の価値が相対的に低下する（統合化の価値が相対的上昇する）ことを意味するので、この図において直線mの傾斜をより急勾配にする。また、社会における政策主体の多様化（政府か民間かという二分法でなくNPO／NGOなどの重要性も増大すること）は、政策行動に必要な知識や分析を利用する主体が増えることを意味しており、したがって学術的研究よりも実践的研究へのニーズを相対的に高める。このため、この要因も同様に直線mの傾斜を急勾配にする。さらに、人間社会の各側面におけるグローバル化も同様の効果を持つ。なぜなら、一つの社会ないし社会問題の的確な理解に際して比較分析的な研究（それは概して統合化した学問である）が要請される度合いが高まると考えられるからである。

以上の結果、直線 m は傾斜がより急である直線 n のような直線になる。その結果、二つの学問を点Aの状況で活用することは、もはや適切でなくなる。なぜなら、両者の貢献度合いに関する相対的な社会的評価に照らせば、条件が変化した後は直線 n と同じ傾きを持つ直線が曲線Pと接するような状態、すなわち点Bが最適な組み合わせを示すからである。つまり、条件変化が生じたにもかかわらず両者の利用比率が従来のままに止まるならば、細分化研究が過大である一方、統合化研究が過小である状態に陥ることになるからである。したがって新しい均衡点Bにおいては、学問の細分化がO d_1 まで低下する一方、統合化がO i_1 まで拡大する。

第二の条件変化は、社会における技術条件とくに情報技術（ＩＴ）の革新である。インターネットの発達により、情報検索あるいは各種研究の成果検索が従来と比べて著しく迅速かつ簡単にできるようになっている。また通信コストの大幅低下によって研究者相互間での情報交換、あるいは専門誌に掲載されるべき論文の査読作業も大幅に迅速化、効率化している。こうしたＩＴ革新は、学問の両方のタイプにとって大きな便益をもたらすものである。このため、研究者数など学問のために社会が配分している資源が一定量にとどまるとしても、学問の社会への貢献度合いを高めることになる。つまり情報技術革新は、学問の「可能曲線」ともいえる曲線Ｐを右上方向にシフトさせると理解できる。この結果、均衡点はＢでなく最終的にＣのようになる。つまり、ＩＴ革新は（一）学問全体にとって大きな利益をもたらす（点Ｃは点Ｂの東北方向に位置している）、その場合（二）享受する利益（学問拡大）の程度は統合的アプローチの方が細分化アプローチよりも大きなものになる、ことがわかる。

社会科学が対象とする各種の問題は、例えば地球温暖化問題、あるいはそれに関連する京都議定書（温室効果ガスに関する国別削減目標）についての各国の動きをみても明らかなように、多様な要因が複雑に絡み合った問題が次第に多くなっている。こうした複雑化した問題を解明する必要性の高まり、いわば学問に対する「需要」面での変化が一方に存在する。上記分析は、そうした学問の需要面での変化、ならびにＩＴ革新等に伴う「供給」面での変化の双方の変化によって、最近は学問の「統合化」あるいは「学際研究の進展」が大きな流れとなっていることを示すものである。「国際学」や「総合政策学」の発展は、まさにその流れに合致する研究方向にほかならない。

付論二　多様性は力なり

組織を構成するメンバー全員の意見が一致する「一枚岩」の状況にあれば、その組織は強い力を発揮することが確かにある。例えば、かつての日本企業がそうであったように、経営者、従業員を問わず組織を挙げて規模拡大（製品の販売量拡大）を最重要視した行動を採るような場合である。この場合には、量産による製品一単位当たりの固定費低下効果によって利益増加が確実になるうえ、製品の知名度が国内外で高まり、それが再び販売量拡大と利益増大、さらには優秀な新卒学生の吸引をもたらすからである。すなわち、一般的にいえば、達成目標が明確であり、またそれを達成する手段も明確になっている状況では（つまり両者ともに不確実性がほとんどないような場合には）組織が一枚岩となって取り組むことに合理性がある。

一方、収益増大を目標とする民間企業とは異なる組織（例えばＮＰＯ、大学等）の場合には、その目標を定量化することが本来的に困難であり、また目標達成のうえで様々な手段がありうる。こうした場合には、組織が多様な価値観、考え方、経験をもつメンバーによって構成され、彼らが異なる意見を出し合い、それらがぶつかりながら新しい方向を模索することが必要であり、そのことによって大きな利益が生じる場合が多い。なぜなら、そうすることによって（時間と労力を要するが）創造的な解答にたどり着けるからである。「多様性は力なり」といえる。例えば国際学部（あるいは前任校での総合政策学部）は、一般の学部とは異なり多様な専門分野の教員によって構成されているため、教授会での議論も非常に多面的であり、筆者はつねづね刺激を受けることが多い。そして、議論の結果として到達する結論にはこうした面でのメリットを常々感じている。一定の（かなり限定された）状況の下では確かに「一枚岩」の方が強いが、より一般的な状況においてはおそらく「多様性」に軍配が挙がる。これは普遍性の高い原則であろう。

例えば、ファイナンス分野のポートフォリオ（資産）選択理論でよく知られた「分散投資の利益」はこの一例といえる。すなわち、個別金融資産を保有する場合には、投資家は収益の期待度に応じたリスクを負わねばならないが、収益の相関関係を異にする多くの金融資産を分散保有すれば個々のリスクが相殺され、資産全体としては負担するリスクに比べて収益率を高めることが可能になる。これは以下のように証明することができる（岡部 一九九九、七六－七八ページ）。

いま二つの危険資産A、Bがあるとする。これらの期待収益率がそれぞれμ_a、μ_bであり、期待収益率の標準偏差がσ_a、σ_bであるとする。そして$\mu_b > \mu_a$（> 0）、$\sigma_b > \sigma_a$（> 0）と仮定する。この時、二つの資産からなるポートフォリオPの期待収益率（μ_p）は両方の期待収益率の加重平均として次の(1)式で、また標準偏差（σ_p）は(2)式で、それぞれで表わされる。

$$\mu_p = a \cdot \mu_a + b \cdot \mu_b \quad (1)$$

$$\sigma_p = \sqrt{a^2 \cdot \sigma_a{}^2 + b^2 \cdot \sigma_b{}^2 + 2ab \cdot \sigma_{ab}} \quad (2)$$

但し、a、bはそれぞれ資産A、資産Bに対する投資比率であり（$a + b = 1$）、σ_{ab}はA、Bの期待収益率の間の共分散である。一方、相関係数ρ_{ab}は

$$\rho_{ab} = \sigma_{ab} / \sigma_a \sigma_b$$

と表わすことができるので、(2)式は次の(3)式のように書き換えられる。

$$\sigma_p = \sqrt{a^2 \cdot \sigma_a{}^2 + b^2 \cdot \sigma_b{}^2 + 2ab \cdot \sigma_{ab}\sigma_a\sigma_b} \quad (3)$$

$$\leqq \sqrt{(a \cdot \sigma_a + b \cdot \sigma_b)^2} \quad \text{（等号は}\rho_{ab} = 1\text{の場合）} \quad (4)$$

すなわち(3)式において、σ_a、σ_bを所与とするとき、ポートフォリオ全体としてのリスク（σ_p）は、それを構成する二資産の利益率がどの程度相関しているか（相関係数ρ_{ab}）に依存することが分かる。そして、(4)式が示すように、二つの資産の期待収益率の間に完全な正相関がみられる（$\rho_{ab} = 1$）のでない限り、二資産ポートフォリオのリスクは、それを構成する二資産それぞれのリスクの加重平均よりも小さくなることが分かる（分散投資の利益）。

つまり、多様な見解が存在する状況の下では、見解が均一的な場合に比べより大きな利益（より妥当な結果）がもたらされること、すなわち「多様性は力なり」が示唆されている。ただし、組織の場合は多様性を取りまとめるリーダーが存在することが条件になる。その点が金融資産多様化の場合と異なるといえよう。

付論三　総合政策学の理論化（試案）

「総合政策学」とは何かについて筆者はすでに一応のとりまとめをした（岡部 二〇〇六a、二〇〇六b）。またその後も、関係研究者の努力により総合政策学をめぐって幾つかの視点が提供されてきた（慶應義塾大学湘南藤沢学会 二〇〇七、二〇〇八）。こうした一連の成果ならびに筆者がその後行った追加的な研究を踏まえれば、総合政策学の性格は下記のような視点から理論化できるのではないかと考えている。その基本的アイデアをスケッチすれば以下のとおりである。

すなわち、総合政策学を「実践知の学問」という視点から捉え、それを以下のように構成するという発想である。まず総合政策学を「暗黙知を形式知に変換する学問」と大きく位置づける。ここで暗黙知（tacit knowledge）とは、明示化されていない、特定のコンテクストや状況に関する、個人的な知識（野中ほか 二〇〇三）である。そして形式知（explicit knowledge）とは、明確な言語・数字・図表などで表現できる知識（同）である。このように規定すると、暗黙知は「実践によって得られるもの」であり、形式知は「制度ないし普及可能な仕組み」と解釈することができる[25]。こう理解すれば、総合政策学の大きな目的は社会問題に対する新しい認識方法の提示、そして問題の解決（あるいはそのための制度構築）にある、と性格づけることができる。

ここで、制度の構築（普及可能な仕組み開発）は、ソーシャル・キャピタルの整備とほぼ同一視でき、したがって「制度」論と「ソーシャル・キャピタル」論をうまく統合することによって新しい議論が展開できる。ここで制度とは、一般に法律・判例・契約・各種規定（狭義の制度）のほか、慣行・規範・暗黙の行動基準・タブー・伝統等を指す概念である（岡部二〇〇六b：二〇ページ）。そしてソーシャル・キャピタルとは、社会的ネットワーク、そのもとで生まれる共有された規範・価値・理解・信頼であり、人々の協力推進・相互利益の実現に貢献するもの（宮川・大守 二〇〇四、一章）である。

実践ないしフィールドワークをこのように学問上そして制度上結実させるうえでは、総合政策学の特徴である「多様性」とそれが持つ力（power of diversity）が重要な要素になる。すなわち、最近の斬新な研究成果を示すペイジ氏の書物（二〇〇七、序章）

によれば、（一）多様性とは認識における差異（cognitive differences）と規定できる、（二）それは多様な視野（diverse perspectives）、多様な解釈（diverse interpretations）、多様な問題解決方法（diverse heuristics）、多様な因果関係モデル（diverse predictive models）、という四つの枠組みによって構成される、そして（三）これらがそれぞれ役割を演じることによって、あらたな脈絡を発見させ、問題解決手段の数を増加させ、結局より良い解決方法をもたらす、ことが可能となるからである。

総合政策学では、研究者の知識や分析を現場の知恵と照らし合わせることが重視される。したがって、参加者が多様である場合には、そうでない場合よりも、新しい知が得られる可能性が大きく、また問題解決においても一般的に優れた結果をもたらすことになる。なお、多様性が「強さ」を持つことは付論二で示したとおりである。

（「国際学の発展――学際研究の悩みと強み――」、明治学院大学『国際学研究』三六号、二〇〇九年一〇月）

＊本章の最終原稿作成に際して『国際学研究』の匿名査読委員から詳細かつ有益なコメントをいただき内容を改善することができた。また慶應義塾大学の大学院セミナーで本論文を発表した際にも有益なコメントをいただいた。謝意を表したい。

註

（1）海外では一九五九年にInternational Studies Associationが設立された。日本でも上智大学国際関係研究所がすでに一九七八年に「国際学論集」（Journal of International Studies）を創刊しているほか、一九八三年にこのグループが『国際学──理論と展望』という書籍を刊行している。

（2）統治権力に着目すれば主権国家（sovereign state）、文化的ないし民族的な側面に着目すれば国民国家（nation state）といえる。

（3）海外から日本への直接投資が他国に比べて極端に少ないことは、従来からよく知られた特徴である。その理由として（一）日本では国内企業の育成に重点を置いた産業政策を長年継続し外国資本の参入に制限的であったこと、（二）日本企業間における長期継続的な取引慣行が外国企業の参入を困難化したこと、（三）外国企業が日本に参入するときに見られる企業買収（M＆A）という手法自体が日本国内で従来敬遠されたので外資の参入が困難であったこと、といった事情が従来からあり、現在もそれらが尾を引いていることが原因である、と指摘されている。

（4）オーストラリアでは、とくに大学など研究関連職において外国生まれが多い。ちなみに、筆者がかつて奉職したシドニー所在のマックォーリー大学経済金融学部では同僚教員の過半数が外国生まれであり、自国生まれの教員が「われわれは『少数民族』マイノリティだなあ」と冗談まじりに語っていたことを思い出す。

（5）年を表す数字は、学術資料が刊行された年を意味する場合もあれば、分析対象年（あるいは「一九九〇年代」など一〇年単位でみた分析対象年）を示す場合もあることに留意する必要がある。ちなみに、「一九九〇」「二〇〇〇」などの年はその他の年に比べて件数が格段に多い。

（6）国際学の研究対象を考える場合（一）外国（特定の国ないし地域）、（二）複数の国（日本を含む場合もある）をまたがる諸問題、（三）地球規模の諸問題、というのが一つの区分方法であるが、近年は従来の（一）および（二）に加え（三）の重要性が増している、と整理できよう。

（7）ＩＣＡＮＮは、The Internet Corporation for Assigned Names and Numbers の頭文字を取った略称。詳細は<http://www.icann.org/>を参照。

（8）スイスに本部を置く国際的な非営利団体である世界経済フォーラム（World Economic Forum）がスイスのダボスで開催する年次総会。そこでの議論の方向性は世界的に注目されている。同フォーラムの詳細は<http://www.weforum.org/en/index.htm>を参照。

(9) 詳細は<http://www.greenpeace.org/international/>を参照。

(10) その典型的な例は経済学であろう。そうした流れとその問題点については岡部（二〇〇九）を参照。［本書第一部三章として収録］

(11) 総合政策学の詳細は岡部（二〇〇六a、二〇〇六b）を参照。

(12) 総合政策学においては、フィールドワーク（現地調査）のほか、ネットワーク（インターネット）、フレームワーク（新概念構築）も重視するので、語呂合わせをしてスリー「ワーク」アプローチをする、と表現されることもある（岡部 二〇〇六b、八一ページ）。

(13) “Do for others what you want them to do for you”（『新約聖書』「マタイによる福音書」七章一二節）

(14) 歴史的にみると、明治学院は明治政府が国家主義的な教育を強め私学における宗教教育を禁止しようとする動き（文部省訓令第一二号）に対しても断固として抵抗し続けたほか、日本の植民地支配に苦しんでいた朝鮮や台湾からの生徒も分け隔てなく受け入れるなど、キリスト教教育に基づく人間愛の精神を維持した（杉山 二〇〇九）。

(15) これは国際的にも一般的なことである。ちなみに、著者がかつて在籍した二つの大学の例を挙げると、まず米プリンストン大学では Princeton Institute for International and Regional Studies が設けられており、国際問題と地域研究を統合した研究を標榜している（http://www.princeton.edu/~piirs/about/）。また英オックスフォード大学において最も国際性豊かな大学院課程を提供しているセントアントニーズ・カレッジでは、世界各地に関する地域研究を柱に据えているほか、国際関係論や学際研究（エネルギー問題の地政学等）も重視している（http://www.sant.ox.ac.uk/）。

(16) 地域研究の一般的性格については、山口（一九九一）、矢野（一九九三ａ）、加藤（二〇〇〇）を参照。

(17) 経済学のこうした視点の強さと限界については、岡部（二〇〇九）でやや詳細に議論した。

(18) 経済学における各種の命題、例えば為替レート決定における「購買力平価」、あるいは株式市場における「株価決定要因」などの妥当性を検証しようとして特定国のデータを使うような場合がこれに該当する。

(19) ちなみに、著者が前任校（慶應義塾大学）で担当した講義科目の一つに「地域研究Ｂ（環太平洋諸国の社会経済論）」があるが、そこでは経済学的視点の限界を十分わきまえるとともに、対象地域をできるだけ多面的に理解することに心がけた。また、後述する比較分析も幅広く活用した。これらの点がいかに必要であるかは図表九を参照。

(20) 詳細は岡部（一九九九、二四〇－二四二ページ）を参照。

(21) 総合政策学に類似した政策系の領域を示す名称は数多いが、厳密に総合政策学部という名称の学部を持つ大学に限定しても国内にすでに一三大学ある（http://ja.wikipedia.org/）。

（22）形容詞として「国際」という言葉を冠した大学学部（例えば国際関係学部）は従来からあり純粋に国際学部という名称の学部は比較的少ないが、それでもすでに一三大学あるほか二〇一〇年度に開設を予定している大学（関西学院大学）もある。

（23）現時点のカリキュラムにおいて学生は、日本研究コースを含む三つのコース（異文化理解と共生研究コース、日本・アジア研究コース、現代の地球社会研究コース）のうち一つを選んで履修することが要請されているほか、日本関係の講義科目として、日本文化論、現代日本の文化と社会、仏教文化論、日本政治論、日本経済論などが設置されている。

（24）これは一般性のある真理といえる。「求めなさい。そうすれば与えられる。探しなさい。そうすれば見つかる。門をたたきなさい。そうすれば開かれる。だれでも、求める者は受け、探す者は見つけ、門をたたく者には開かれる。」『新約聖書』「マタイによる福音書」七章七－八節）

（25）この文脈において既存の「科学知」をどう位置づけるかは今後の検討課題である。

二　学部教育の核心となる教養教育とその要素

大学において学生は、果たして何を学び、究極的にどのような力量を身につけるべきなのか。そうした目標は、必ずしも国際学部の場合に限られるものではなく、大学の学部教育の目標として一般に求められることがらとほとんど変わるところがない。以下では、学部教育の核心をなす教養教育を取り上げ、その内容とあり方について著者の見解を述べたい。

大学教育を通して学生が身につけるべき力

ところで、より基本的にみて大学生が学部教育を通して身につけるべき力はどのようなものであろうか。例えば、昨年公表された文部科学省（二〇〇八）の指針では、大学生が共通して身につけるべき学習成果を「学士力」と規定している。具体的には（一）知識・理解（異文化理解等）、（二）汎用的技能（コミュニケーションスキル等）、（三）態度・志向性（自己管理力等）、（四）統合的な学習経験と創造的思考力（問題解決能力等）、の四分野（合計一三項目）がそれに該当するとしている。

また経済産業省（二〇〇六）は、直接に大学学部教育の目標であると表現しているわけではないが、職場や地域社会で求められる能力を「社会人基礎力」と規定、それらは（一）前に踏み出す（アクション）力、（二）考え抜く（シンキング）力、（三）チームで働く（チームワーク）力、の三能力（一二要素）であるとしている。

これら二つの書類はともに、求められる各種の力量を網羅的に列挙しており、筆者としても何ら異存がない。ただ、上記資料では、これらの力量に関する議論の深さという点でなお十分でないように筆者には思われる。一方「学生が身につけるべき力とは何か」について大学教員自身が究明しようとする動きも活発化しており、その全国大会（大学コンソーシアム京都 二〇〇九）への参加者も最近とみに増加している。しかし、そうした会議では、求められる力を「どのような方法によって達成するか」といった議論（方法論）が大半を占めており、果たして身に付けるべきものが「どのような力量なのか」についての深い議論はきわめて乏しいように思われる。また、大学教育の目標といっても、学部教育の場合と大学院での場合が区別されずに議論されているケースも少なくない。これらの問題点を念頭に置けば、国際学部を含む学部での教育の目標は、次のように理解し整理できるのではないだろうか。以下、筆者の理解を述べることとしたい。

学部教育の核心となる教養教育

まず、大学の教育機能を大胆に特徴づけるならば、学部教育は現実を「見る力」に関わるものであり、大学院教育は現実を「変える力」に関わるものである（川本 二〇〇一、九八ページ）、というのがうまい整理の仕方といえる。

大学院は、むろん研究者の育成という大きな役割を持つが、専門職大学院ないしプロフェッショナル・スクールは、例えば経営学（ビジネス・スクール）、法律（ロー・スクール）、医学（メディカル・スクール）などを想起すれば明らかなとおり、いずれも現実の社会あるいは人体に関する具体的な問題を直接解決する専門的技量を学生に習得させることを目標としている。こうした「現実を変える力」は、いうまでもなく「現実を的確に見る力」があってはじめて成立する。だから、専門職教育は、そのための基礎教育としての学部教育を経てはじめて入学を許可される大学院のレベルに置かれるのは当然である。

では、「見る力」に関わる学部教育は、具体的にどのような力量の習得を目指すべきか。それこそまさに「教養」教育にほかならない、と筆者は考えている。教養（がある）とは従来、知識が豊富なことと同義に使われることもあるが、現在その意味で使うことはもはや全く不適切である。なぜなら、インターネットが発達した現在、必要な情報や知識は、例えばインターネット上でグーグル検索すればピンポイントで、しかも瞬時に入手可能となっており、知識を人の頭の中に記憶しておくことを教養（がある）と見なすことは意味を持たなくなっているからである。

教養とは従来、英語ではリベラルアーツ（liberal arts）と称されているが、ここでは特定の専門領域の考え方に縛られることなく様々な知識を自由（liberal）に用いて問題を解決してゆく技量（arts）である、と考えたい。つまり、何らか特定の分野に関することでないという点で非専門的、そして利益の有無に直接関係することでない点で非実利的な概念といえる。目先の問題に対してすぐ直接的に役立つ技量ではなく、より一般性の高い「人間としての幅広い力」とでもいうべき素養である。そうした力の具体例の一つとしては「世界と時代を広く解読する力」（勝俣 二〇〇八）がある。

すぐに役立つことは、概してすぐに役立たなくなる。大学教育は、そうした即応的知識の獲得を目指すものではない。むしろ、教わった知識を全部忘れてしまったときに残るもの、それこそが教養である、というのが筆者の考え方である（そういう意識をもってこれまで学生諸君に接してきた）。

教養とは四つの力量

では、人間の総合力としての「教養」は具体的にどのような内容を含むと考えるべきか。筆者はこれまでにもそれらを考察し表明する機会を得たことがあるが、改めて整理すると、教養とは四つの基礎的な知的力量を意味しており、またそれを習得することである、と考えている。すなわち、ものごとを深く理解する力（理解力）、自分の理解や意見を相手に的確に伝える力（伝達力）、これらを常に高めることができる力（向上力）、そしてこれらの力を持って社会生活を営む力（社会性）、この四つである。

第一の力である理解力、すなわちものごとを深く理解する力には、二つの異質な、しかし相互補完的な側面があると思う。一つは、論理を基礎としてものごとを理解すること、あるいは論理的な思考力（logical thinking）、ないし理性に基づく理解力である。平たくいえば、「頭で」理解する力、あるいは「堅い」理解方法といえる。もう一つは、これと対照的に感性を基礎として把握すること、あるいはより大きな視点からの把握力、すなわち直感力、洞察力、判断力、バランス感覚などと表現される理解力である。平たくいえば、「心で」理解する力、あるいは「柔らかい」理解方法といえる。これら二つの一方だけで物事を的確に理解ないし把握することはできず、両方の力量が相まってはじめて深い理解に至ることができると考えられる。

前者の力を養成するのはもっぱら科学（sciences）であり、自然科学、社会科学、数学、論理学などが含まれる。一方、後者の力量は人文学（humanities）やアート（arts）によって養われる面が大きい。したがって後者には、文字や人間に関わる学問領域（人文学）をはじめ、美意識や感性に関わる美学ないし各種芸術、そしてこれら全体に関わる歴史学などが含まれる。米国の多くの大学において学部課程を文理学部（School of Arts and Sciences）と称しているのは、まさにこの思想を踏まえたものであり、妥当な名称といえよう。

第二の力である伝達力は、第三者（それは同国人の場合もあれば外国人の場合もある）に対して自分の理解、主張、あるいは感情を各種手段によって的確に伝える力量のことである。コミュニケーション能力、あるいは説得力といってもよい。その一つは表現力であり、そこには文章力（明快かつ論理的に文章で表現する能力）、発表力（洗練された日本語によって口頭発表する能力）が含まれる。そして伝達に際して使用する言語は、国内ではむろん日本語であるので、「日本語力」すなわち語彙の豊富さ、文法の正確さ、用語の的確さ、文章の明晰さ、無駄のなさ等が教養の基本的条件になる。また相手が外国人である場合には、当該言語ないし現代における実質的な世界共通言語としての「英語力」が明らかに重要になる。

一つの外国語（例えば英語）に習熟することは、二つの大きな意味がある。なぜなら、ある外国語に習熟すれば、第一にそれは当該言語によるコミュニケーションを可能にするからである。そして第二に、外国語を知っていれば、日本語による発想との異同を強く意識するので、逆説的であるが日本語を磨くうえでも大きな力になるからである。外国語力の向上は、こうした二つの意味において教養にとっての大きな意味をもつ。このため、それは教養にとって必須の条件といえる。

コミュニケーション能力のうち、とくに国際的な場面で求められるその能力には二つの条件が付こう。第一に、論理は万国共通だから論理的に表現する能力が重要であることに何ら疑いはないものの、言語、風俗、習慣などは国により異なるのでそれらに関する寛容さ、ないし理解力が双方向コミュニケーションにおいて不可欠になることである。換言すれば、とくに外国人を相手にコミュニケートする場合には、こころを通わせることができるかどうかが深いコミュニケーションを可能にする一つの条件になろう。第二に、第一の条件に関連することでもあるが、自国の文化、伝統、歴史などを最小限身につけており、自己の価値観をしっかりと持っていることである。こうした基盤がなければ「国籍不明人」となり、国際的な場面では魅力的な人として見られることも少なくなり、ひいては深いコミュニケーションにつながらない懸念があるからである。

第三の力である向上力は、上記の理解力や伝達力にさらに磨きをかけることによってそれらを本物にする力量といえる。それは動態的な力であり、それを可能とするのは、物事を自分で納得するまで考える力、あるいは「探求力」である。これは、自分で学ぶ能力があることを意味するものであり、知的力量を確実にすると同時にそれを深める力となる。教養とは、いわばこうした原動力を自ら備えていることを一つの要件とするものと考えるべきである。

第四の力である社会性とは、上記の各種力量に比べるとやや漠然としている面があるが、人間として社会で生きていくうえで要請される倫理的基準を幅広く身につけることである、と考えたい。すなわち、社会の基本ルールを良く理解しており、また相手を思いやる心を持っていることである。すなわち、人間としてふさわしい対応ができる姿勢（倫理的な座標軸）を常時保持しており、それによって品位が感じられるような力量といってもよかろう。その内容としては、誠実さ（integrity）、克己心（self-control）、礼儀（courtesy）、徳（virtue）などを挙げることができよう。列挙すれば際限がないが、これらの少なからぬことが日本の武士道精神（新渡戸 一九九一）に合致する（藤原 二〇〇五、五章）点は興味深い。ただ、これらの資質は一朝一夕に身につくものでなく、また大学教員自身がこれを十分満たしているとも限らない。ただ、だからといって教養の条件からこれらを排除するのは適切といえまい。

明治時代の教育家である新渡戸稲造は、「本当の志」を身につけることの大切さを主張、そこでは生命力（vitality）、精神性（mentality）、徳性（morality）、社会性（sociality）が強調されたとされる（太田 二〇〇八）。これらは一見古めかしい項目のように感じられるかもしれないが、現代における教養の中身としても妥当する面が少なくないように思われる。社会性が、その具体的項目としてどの程度までカバーすべきかについては大いに議論の余地があろうが、上記のことがらは現代の大学教育において（あるいはむしろ初等中等教育において）重要な教育目標であるべきである、というのが筆者の考え方である。なぜなら、これらの多くは文化を超えて普遍性を持つ人間基準だからである。

教養の中身として上記四点を指摘したが、これらに関して留保すべき点を二つ指摘しておきたい。第一に、これら四点（理解力、伝達力、向上力、社会性）は、いずれも時代や国を超えて価値を持つと考えられる技量であり、したがって普遍性が高いので大学学部において教養教育とするにふさわしいものであることである。ちなみに、明治初期の思想家・教育者である福澤諭吉は、自身が創設した慶應義塾で学ぶ者および学んだ者は「気品の泉源、知徳の模範」たるべしとしているが（福澤 二〇〇二、一四四ページ）、これは上記四点をすべて達成すべき目標としたものと理解できよう。

第二に、上記四点の力量は、いずれも学生がそれら自体を座学によって学べるといった性質のものではなく、あくまで着実な勉強（論文を書いたり、口頭発表をしたりするなど）を通して身につけていく以外にないことである。それは、例えていえば自動車の運転と同様であり、勉強を通して体で覚えていくほかに有効な習得方法はありえない。一方、学生は教員の背中をみて育つということができるので、教える側が学び続けていなければ、学生が本当に学ぶことはできない。その意味で、教員自身も研究活動を通してこれらの資質を率先垂範して身につけることが求められるといえよう。

（明治学院大学『国際学研究』三六号所収「国際学の発展——学際研究の悩みと強み——」より抜粋、二〇〇九年一〇月）

三　経済学の新展開、限界、および今後の課題

概　要

本章では、近年における経済学の発展を振り返るとともに、その強さと弱さを指摘し、今後の対応方向を考察した。その結果（一）近年の経済学は精緻化・体系化、新しい手法や概念の導入、他の隣接学問領域との連携などが進み、大きな発展を遂げている、（二）その大きな理由は人間行動に関する比較的単純な前提にある、（三）その前提が経済学の論理の強さ、他領域への進出（経済学帝国主義）をもたらす一方、不適切な公共政策につながった面がある、（四）今後は多分野との共同研究の推進、前提条件の見直し、各種「中間領域」の研究対象への取り込み等を目指す必要がある、などを主張した。

米国で発生した大不況は、金融取引のグローバル化を背景にここ一年内外の間に世界各国に波及、世界経済はいま「百年に一度の金融危機」と称されるほど深刻な同時不況に陥っている。こうした事態は「資本主義の危機」であるという見方もでており、市場の安定性を主張する従来の正統派経済学の見地からは納得的な説明をすることが困難な面も少なくない。

このため、経済学のあり方を根本から見直そうという動きも出始めている。例えば、有力経済学者の中には、従来の経済学を特徴付ける合理性至上主義の発想から脱却し、信頼性（confidence）、公正（fairness）などの非経済的要因や人間の非合理的な行動を中心に据えつつ心理学を応用することによって各種の経済現象を説明しようとする研究（アカロフ＝シラー 二〇〇九）もごく最近刊行されている。従来の経済学に対するこうした再検討の動きは今後さらに広がるであろう。その場合、論点は非常に多岐にわたり、検討の視点も多様をきわめるものとなろう。むろん著者にそれらの課題を体系的に論じる力はないが、ここでは、従来の主流派経済学に潜む基本的な問題（と筆者が考えること）を取り上げて論じることとしたい。

以下、第一節「経済学の多面的発展」では、まず経済学が近年どのような発展を遂げてきたかについてその一端を説明する。第二節「単純な前提を置くことの強さと問題点」では、上述したような発展にもかかわらず、近年の経済学には大きな限界があるといわざるをえないことをいくつかの例を挙げて示す。そして第三節「経済学の限界と今後の対応方向」では、経済学の限界はそこにおける前提と方法論に潜む部分が大きいことを指摘し、研究者はそのことを強く認識する必要があることを強調するとともに、今後の対応方向を提示する。付論では、経済学における従来の前提とその拡張の可能性についての一つの考え方を定式化して示す。

一　経済学の多面的発展

経済学は、経済現象（モノやサービスの充足状況）を個人のレベルと社会全体のレベルの両方から研究する学問である（クルーグマン＝ウエルズ 二〇〇四）。この面での研究は、近年、既存理論の精緻化と体系化が図られてきているほか、新しい概念や手法の導入、他の隣接学問領域との連携など、多面的に発展してきている。

(一) 精緻化・体系化

経済学は従来、便宜上二つの部分に分けられてきた。一つはミクロ経済学、すなわち各種主体の行動とその帰結を分析する研究領域である。もう一つはマクロ経済学、すなわち経済全体の各種集計量の間の関係を分析する研究領域である。そして、それぞれにおいて用いられる概念や理論構成は相互にほとんど関係を持たずに発展してきたのが実情である。さらに後者すなわちマクロ経済学は、その内部においても、一九六〇年代から一九七〇年代初めにかけて基本的発想を異にする二つの流れ(ケインジアンとマネタリスト)が併存してきた。

しかし、近年はミクロ、マクロそれぞれにおいて理論体系の精緻化が進む一方、両者を統合して全体として整合性のある理論体系にしようとする動きが目立っている。この結果、たとえばマクロ経済学においては、一九七〇年以降は上記二つの流れの間で基本的事項についての意見の不一致がみられなくなっている(ウッドフォード 二〇〇九)。

これは、マクロ分析においても、ミクロ経済学の一つのモデル、すなわち経済主体は現在ならびに将来を考慮にいれて合理的な行動をするという発想で構築された通時的一般均衡（intertemporal general-equilibrium）のモデルを用いることによって、短期的変動と長期的成長を一つの整合的な枠組みで分析することが可能となっているからである（ウッドフォード 二〇〇九）。したがって、ミクロとマクロを異なる原理によって説明するという発想はもはや一般に採られておらず、ミクロとマクロは理論的に接合された、といえる状況になっている。

（二）新しい手法や概念の導入

近年の経済学では、各種の経済現象をより適切に理解するために新たな分析手法を導入する、あるいは新しい概念を導入する、といった動きも顕著である。

経済学は、自然科学と異なり環境条件をコントロールした実験によって理論の妥当性を確認するといったことが基本的に不可能である。しかし、近年は、次節で述べるように経済現象を人間心理の側面から捉えるとともに、心理学的実験を経済学に導入する実験経済学の領域も広がりをみせている。一方、経済現象を理解するために新しい概念を導入し、それが経済学の視野ならびに適用範囲を拡大させるといった現象も近年では少なくない。ここでは、その一例として人間の行動におけるインセンティブ（incentive）の重視を挙げておきたい。

インセンティブとは、誘因あるいは人間の行動動機のことである。とくに各種の社会制度を設計ないし構築する場合、インセンティブを考慮することが制度の機能上いかに大切であるかが明らかになってきている。その結果、従来なかった新次元が経済学に加わったといえる。この理論の発想は、平たくいえば、制度がうまく機能するうえで「あめとむち」をどのように組み合わせるのが最適であるかという点にあり、それを理論的に解明しようとすることにある。この分野では、「メカニズムデザイン」と称される新領域、すなわち各個人が自己中心的な行動をすることを前提とした場合、個人の意志や選好を何らかのかたちで集めて社会的目標を達成することを可能とする制度（ルール）の設計を研究する分野、が開拓され発展してきている。その結果、二〇〇七年度ノーベル経済学賞はこの分野の研究者が受賞した。

たとえば、次のような簡単な例を考えてみると、この点（インセンティブの重要性）が良く理解できる。いま、お腹をすかせた二人の子供が一つのケーキを公平に分ける必要があるとする。この場合、母親はどのような方法（システム）を用いて子供にそれを任せるのが最も良いかを考えよう。一つのアイデアは、一人の子供がケーキを二つに切り、切り分けたケーキの一方を彼が別のこどもに与える、というシステム（一人の子供が切り分ける権利、および切り分けられたケーキを選択する権利の二つの権利を独占保有するシステム）である。こうすれば、彼はケーキを二等分するのでなく大小二つに切り分け、小さい方を別の子供に与えようとするであろう（したがって二人の間で公正が維持できない）。これに対して別のアイデアがある。すなわち、ケーキを切り分ける権利を一人の子供に与える一方、切り分けられたケーキを選択する権利を別の子供に与える、というシステムである。この場合、明らかにケーキは当初から二等分されることが容易に分かる。したがって望ましい（フェアな）結果をもたらす。この例は、一般に制度ないしシステムを設計する場合、インセンティブの側面を考慮することの大切さを示唆している。

一般的に表現すれば、上例は私的動機の追及が社会的に望ましい結果をもたらす状況が十分ありうることを示している。このことは私的動機と制度機能の整合性、すなわち各個人のインセンティブが全体にとっての利益に合致するような行動が保証される状況（incentive compatibility）と称されている。ここでは、あくまで個人の利己性（私的利益の追及）が前提されており、そうした個人が合理的な行動をするという前提（個人主義的立場）にたった議論がなされており、その点で従来の経済学の延長線上にある。そして、制度の有効性を考える上でこれは確かに有用な視点を提供している。

すなわち、経済問題としては従来、一般に資源制約が中心と考えられていたが、それに加えてインセンティブ制約があることを視野にいれる必要があることがこのように明らかにされてきている。したがってメカニズムデザイン論は、経済問題の視野を広げるものであり、その点に大きな貢献がある（マイヤーソン 二〇〇八）。このため現在の経済学は、従来の配分効率性（allocative efficiency）という基本概念に加え、制度やルールを評価するインセンティブ効率性（incentive efficiency）という基幹概念を併せ持つこととなった。

（三）他の隣接学問領域との連携

経済学は、広く人間の行動に関する研究であるので、人間行動を対象とする様々な隣接研究領域と連携する動きも近年目立っている。とくに密接に関連する経営学のほか、心理学、神経生理学、社会学などの成果を活用する動きがみられ、これらの領域を応用した実験研究という経済学にとっては新しい研究手法も次第に多く活用されている。

図表一は、一つの視点から経済学の領域の広がりを示そうとした例である。すなわち、社会現象を研究する場合の方法論を性格的に大別すると、（一）論理（合理性）を重視するか（演繹によって命題にたどりつくか）、それとも（二）直感（現実）を重視するか（現実から帰納的に命題を引き出そうとするか）、という区分が可能である。一方、研究対象をみた場合には、取引活動全体の場としての「市場」を分析の主軸にするか、それとも「組織」を分析の中心に据えるか、を区別することができよう。この分類に従えば、経済学は「論理ないし合理性を重視しつつ市場を分析する研究である」と性格づけることができる。これに対して経営学は「直観ないし現実を重視しつつ、組織のあり方と組織内における人間の行動を対象とする研究である」と理解できる。

図表1　経済学とその隣接学問領域の拡大（ひとつの例）

	市場	組織
論理（合理性）	経済学 →→	契約理論 ゲーム理論
直観（現実）	↓↓ 実験経済学 神経経済学	↑↑ ←← 経営学

（注）筆者作成。

この区分を用いれば、経済学と経営学は従来あまり接点を持たないものとして位置づけられる。しかし、近年は市場やそこにおける行動主体の現実を重視する行動経済学（その分析手法に着目すれば実験経済学といえる）や神経経済学（脳がどう機能するかという神経学的見地から人間の経済的行動を理解しようとする経済学）などの新領域が拓けてきている。一方、組織の行動論理を合理性の観点を軸に解き明かすために契約理論やゲーム理論などが援用されている。このように、近年は各種学問領域の相互延長、融合が目立っている。この結果、これらの境界の曖昧化も進みつつあるのが現状といえる。

経済学は従来、経済の研究を中心としており、このため稀少性の意味ならびにその解決方法に関する研究が大きな位置を占めていた。しかし近年の経済学は、協調のあり方（インセンティブを考慮した理論）、選択に関する科学的分析、人間の合理性についての再検討、あるいは行動規範の意義、なども議論の対象とするなど、人間行動に関する幅広い領域を取り込むようになっている（バックハウス＝メデマ　二〇〇九）。これは、複雑化した社会現象を理解するために必要であり、望ましい動きと評価できよう。

二　単純な前提を置くことの強さと問題点

経済学は、人間の行動について比較的単純な前提を置くことによって各種経済現象を理解しようとする一つの「科学」である。そうした比較的単純な前提は、経済学の論理にシャープさと強さを与えるが、その一方、人間社会をバランスのとれた視点から理解するという観点からは問題点も伴うことが避けられない。以下では、これらの点をやや具体的にみることにしたい。

（一）単純な前提とその強さ――「経済学帝国主義」の蔓延

社会科学の一つとしての経済学は様々に特徴付けられるが、ここではレイジア（二〇〇〇）の整理を用いることにしよう。すなわち経済学は（一）あたかも物理学のように論証可能な結論が得られるような方法論を用いること、（二）そうして得られる理論的な結論を厳密な統計手法によって検証すること、の二点を大きな特徴として持つ。現実は複雑であるが、それをこのような手法で切り込むことによって単純化した理解を可能にする点が経済学の大きな特徴である。その場合、他の社会科学とは異なる三つの要素が強調される。

第一は「最大化」である。経済学者は「最大化行動をする合理的な個人」という構成物（モデル）を使って社会像を組み立てる。合理性を前提としつつ選択を行うという、条件付き最大化(1)（最大化の対象は効用ないし利潤）を基本要素として経済全体のイメージが組み立てられる。第二は「均衡」概念の重視である。経済モデルは、どのような理論であれ、物理学と同様に「均衡」（ある変数の動きに影響を与える力が釣り合ってその変数がもはや動かなくなった状態）という概念の重要性を遵守する。その点で経済学は物理学と類似した性格を持つ。第三は「効率性」である。効率性とは、一定の結果を得るうえで投入が最小限になっていること、あるいは一定の投入によって最大の結果を得ること（すなわち無駄がないこと）を意味する。

経済学は、社会現象をこうした三つの要素に基づいて理解するものであり、このため手法的に応用可能性が比較的高い。その結果、従来経済学の領域外だと考えられてきた知的領域にも進出し、経済以外の多くの領域をも分析の対象として取り込んできた。例えば、家族、差別、宗教といった社会学の領域、あるいは法律、政治といった政治学の領域などであり、経済学はこれらについても分析の対象として逐次取り込んできている。まさに、経済学帝国主義（economic imperialism）（レイジア　二〇〇〇）といわれるゆえんである。

経済学が、従来他の学問領域が対象としてきた諸問題に侵出する状況をもたらした理由は、大きな視点からみると次のように理解できると筆者は考えている。まず、上記のように人間の行動前提や評価尺度が単純であるため色々な現象に適用し易いことである。また、そうして構築されるモデルを用いることによって厳密な（科学的な）議論が可能であること、とくに数学的な定式化が可能であり、演算とそれによる結論の導出（演算による思考過程の節約）が可能であること、もまた一つの大きな理由になっている。つまり、経済学においては、前提が比較的単純であるだけに、そこで展開される論理は強いものになるわけである。さらに、正統的経済学では、研究者が特定の価値判断を持つ、あるいは特定の行動にコミットする、といったことを許容しない（いわゆる価値からの自由を重視する）ため、研究者はその立場が批判されるリスクが小さいこともまた経済学的接近を容易にしている理由ではなかろうか。

（二）単純な前提とそこに潜む問題点

適用領域を拡大するという意味で現代の経済学は「成功」を収めつつある。しかしその一方、そうした現象は大きな問題を随伴している。なぜなら、人間の行動をもっぱら競争および効率性という視点から捉え、そこに嵌め込んで理解することが経済学自体を狭いものにしてしまっているうえ、人間の行動動機についても現実に見られる重要な側面を捨象する結果になっているからである。

図表２　現代経済学の研究対象の純化と狭隘化

	合理的行動	非合理的行動
経済的現象	○	×
非経済的現象	×	×

○：対象、×：非対象。
（注）Akerlof and Shiller（2009:168ページ）の記述をもとに筆者作成。

現代経済学の研究対象と研究方法は、図表二のように要約することができよう。すなわち、人間の行動は、まず経済的現象と非経済的現象に区別することができる。そして、人間の行動は合理的なものか、それとも非合理的なものかという区分けもできる。この区分を用いれば、近年の経済学は、経済的現象でありかつ合理的な行動（左上に属する部分）だけを対象とするような方向で研究対象が次第に純化され、狭隘化してきた、と理解することができる。この結果、理論の厳密化が進む一方、人間行動のうち合理性を持つ部分だけが研究対象とされる傾向が強いものになっている。それに伴い、それ以外の三つの区分に属する現象（とくに経済現象であっても非合理的なもの）は、主流派経済学の研究対象から外されるという傾向が生じている。

むろん、人間の行動は、経済行動以外のものも基本的に合理性を持つはずであるという視点から、経済学の論理を非経済現象に対しても適用する動きは従来から存在する。とくにシカゴ大学の経済学者にこの傾向が強く（これは図表二における左下に属する部分への進出と整理できる）、これは前述した経済学帝国主義と称される動きに他ならない。また、経済現象のうち非合理的なもの（図表二における右上に属する部分）を研究対象に取り込んでゆこうという動きも一部に存在する。例えば、人間行動自体を観察することを重視する行動経済学、あるいは人間行動の非合理性（animal spirits と称されるナイーブな楽観主義）を積極的に評価することによって経済現象の理解を深めようとする研究（アカロフ＝シラー 二〇〇九）がこれに該当する。

しかし、経済学が研究対象とする現象の狭隘化そしてそれに伴う厳密化と現実理解からの遊離は、顕著であるといわざるを得まい。例えば、近年の経済学における理論的な論文においては、ほとんどが事象を数学的に定式化（モデル化）するとともに理論の厳密さ（あるいはエレガンス）の追求に重心がありすぎる印象を禁じ得ない[2]。また、統計を用いた実証的分析でも、経済的意味の探求よりも統計分析技術の厳密さを追求すること自体が目標になっているような印象を与える論文も見られる[3]。また経済学では、ほとんどの場合、個人が自己利益の最大化を図るという個人主義的な発想を基礎に社会現象を理解する立場を採っているが、これはあくまで思考便宜上の前提である。にもかかわらず、人間の行動動機がこうした面以外にもあることを見逃し（あるいは意図的に無視し）、それを単なる前提としてみるというよりも、むしろ事実（真理）として理解してしまうという風潮すら最近ではみられる。人間は多様な動機をもとに行動する存在である。にもかかわらず、これらのケースでは、そうした理解をすることが本質的に重要であることを失念（あるいは意図的に回避）しているといえる。

これは現代経済学が陥っている陥穽であり、学説史的にみた場合、経済学はそのようなものでなかった。例えば、経済学の祖とされるアダム・スミスは、ともすれば「利己主義に基づく自由放任主義ないし市場原理主義の教祖」のようにいわれることがあるが、その著作を読めば容易に知られるとおり、彼は人間をそうした狭隘かつ一面的な面から理解しているのではない。スミスは、フェアー・プレーの重要性を強調しているほか、人間の道徳、幸福など人間の多面性を重視する思想家であった（堂目 二〇〇八）。現代経済学がスミス流の幅広い人間観を次第に狭めてしまうという大きな欠陥を持つことになった点は、研究者が大いに反省する必要があろう。

（三） 経済学の前提を忘れた論理の濫用——二つの事例

経済学は、上記のとおり、きわめて限定的な前提のもとに築かれた社会を見る一視点である。このため、そうした前提がどれほど限定的なものであるかを十分に留意しなければ、経済学の論理を政策論において誤用する（ないし論理の一面性を傲慢に適用してしまう）危険がある。ここでは、そうした二つの例を挙げておこう。

第一の例は、米など農産物の輸入自由化に関する問題である。これに関する経済学者の標準的な理解と政策論は、およそ次のようなものである。すなわち、日本の食料品価格は国際的にみて飛び抜けて高い（米はアメリカの三倍以上）。その理由は、日本で米の輸入に対して高率の関税が課せられているからである。したがって、このような制約を取り払い、輸入をもっと増やせば日本人の生活はさらに豊かになる（野口 二〇〇七、二〇七ページ）。これは、国際貿易における比較優位の原則に則った議論であり、それから導かれる貿易自由化の論理からいえば、経済面に着目した政策としては完全に正しい[4]。しかし、それを現実の政策（そこでは経済以外の重要な側面も考慮する必要がある）として実行するのが最適かどうかを判断するには、十分な注意が必要である。

なぜなら、経済学の命題は通常、効率性だけを問題にしており、公正、平等、そして社会の多くの側面（例えば文化）、さらには人間らしさ、などの側面はまったく問題にしないからである。上記の経済学的論理においては、国民を消費者ないし生産者（米作農家）としてしか捉えておらず、したがって消費者がいかに安く農産物を入手するか、という観点だけが基準となっている。消費者のためならば、農産物を完全に自由化すれば安い輸入品が国内にあふれることになり、それが最善の政策になる。これはほぼ自明の論理ともいえる。

しかし「消費者」とは国民の経済的一側面にすぎない。消費者のためになることが、「国民」の他の側面を深く傷つけることもある（藤原 二〇〇七）。例えば、完全自由化をすれば、日本農業は壊滅に瀕する、食料自給率は低下し国民は生死のリスクを抱える、美しい田園は荒廃する、自然への繊細な美的感受性も瀕死に追い込まれる。その結果、国民は荒れ果てた自然に囲まれ、物の値段だけが安い国にすむことになる（藤原 二〇〇七）。「国民」を単に消費者（そして生産者も同時に存在する）という視点だけで捉えることはできない。そうした視点のほかにも、食料安全保障の視点、農地の非可塑性（農地を一度住宅地にしてしまうと再び農地化することは非常に困難）という視点、景観維持という非貨幣価値的な視点、水田耕作に伴う文化や社会的きずなの視点など様々な視点があり、国民は多くの「顔」を持っている。政策は、そうした多様な側面を深く洞察したうえで採られる必要がある。経済論理（効率性）と合理性を重視する視点（いわゆる市場原理主義）だけで政策を運営すれば、いかに適切を欠く結果をもたらすかは明らかである。現に、より幅広い視点に立った政策も構想可能である(5)。

第二の例は、「企業の価値」とそこで働く人間の関係についてである。企業の価値は株価総額によって図ることができる、というのが標準的な経済学ないしファイナンス論の考え方である。これは企業を理解する場合の一つの見方ないし便宜上の「前提」である（あくまで前提に過ぎない）。にもかかわらず、これこそが企業の「事実」であるという理解ないし誤解が少なくない。

この見方では、労働者が資本と並ぶ単なる生産要素として捉えられており、一人の労働者を人格を備えた人間とはみなしていない。また、企業が単に株式価値（それは当該企業に関する多くの情報を含むが）だけで評価されており、企業の価値が組織の力、新製品開発力、従業員への手厚い対応、社会的なイメージ、それらを総合した将来性など、企業をみる多面的な尺度によって評価されてはいない。企業をみる場合には、従業員が自分の持つ能力を最大限引き出して発揮できるような組織であるかどうか、仕事に誇りと責任を持てるかどうか、人間相互に信頼を築けるか、共同体として連帯を感じるか、など従業員を人間としてみる視点も十分含まれる必要がある。

ところが近年の英米流企業論ないしファイナンス論では、こうした企業の多面性を考慮せず、単純な前提によって企業の価値を判断する立論が支配的となっている。このため、近年増加している企業のＭ＆Ａ（合併と買収）に関しても、企業をあたかも一つの商品と同じようにみなす政策論がでてくることになる。すなわち、企業経営の最終的かつ最大の権限は株式保有者が持つので、株式売買はそれがどのような主体による売買であれ自由化すべきである（制約は全て撤廃すべきである）という発想がそれである。ファイナンス論では、こうした議論が有力学者の多くによってなされているが、議論の前提とその含意が十分に吟味されていない点で大きな問題を含むといわざるをえない。この点は著者がかつて主張したことであり（岡部 二〇〇七、十一章）、その後さらに強調している点でもある（岡部 二〇〇八。この論文は本書第一部四章として採録）。

三　経済学の限界と今後の対応方向

上述した経済学の本来的な限界に対してどう対処すべきなのか。以下では、三つの大きな方向があることを指摘し、それぞれにつき幾つかの具体的提案をしたい。

(一) 他分野との共同研究推進

第一の課題は、経済学研究者がその他学問領域の研究者と共同で行う研究を活発化させることである。経済学は、比較的単純な前提を置いて人間行動を理解するものであるだけに、その議論ないし政策論は、たいてい明快であるとともに論理として一貫性があり強い説得力を持つ場合が多い。つまり、その意味で経済学は、客観性、実証性、普遍性を備えた一つのれっきとした「科学」である。しかし、それは裏を返せば議論や政策論が一面的に陥るリスクを常に随伴していることを意味する。このため、経済学研究者が政策提言を行う場合、ないし分析結果を現実の政策に活かそうとする場合には、とくに二つの点に留意すべきである。

第一に、単に経済分析の結果だけに基礎を置くのではなく、人文学（歴史、哲学、文学、人類学など）からの理解も踏まえたうえで政策に関する発言をすることである。人間が一生のなかで体験できることはわずかである。しかし、人文学は経済学と異なり、厳密な実験的検証や数量化にはなじまないものの、はるかな時代を受け継いできた言葉、あるいは人間とは何かについて長年蓄積されてきた知恵を含むものである。それによって我々はバランス感覚、方向感覚など、科学にはない様々な側面を学ぶことができ、大局的な判断が可能になる。

第二に、確かに上記のことは一人の研究者にとって容易なことでないので、研究者が共同で多面的な考慮ができるような仕方（他分野から見た場合の判断も取り込むことができるような仕方）で研究することが一般的に不可欠である。つまり、人間一人の能力には限界があるので、他分野の研究者と共同して研究を推進し、その結果を踏まえて政策提言がなされることが必要であり、かつ望ましい。研究者は本来的に個性が強いので、共同研究は「言うは易く行うは難し」の典型例かもしれないが、経済学研究者の場合、上記の理由からそれがとくに重要な課題になるといえる。

（二）前提条件の見直しと拡充

第二の課題は、人間の行動に関して経済学がこれまで当然のこととしてきた前提条件を再度吟味するとともに、人間の現実にみられる行動を積極的に取り込んだ経済学を模索することである。

主流派の経済学は「自己利益の最大化」を目指す主体として人間を捉えてきた。従来の経済学は、これを行動論的な基礎として理論体系が構築されている。この精神的に貧しい利己的な人間像とその行動動機に対して早い段階から批判を加えたのは、アマルティア・センである（一九九八年にノーベル経済学賞を受賞）。彼は、そこで前提されている人間像を「合理的な愚か者」（rational fool）と表現するとともに、自己利益に基づく行動というきわめて狭隘な前提を置いていることが経済学の分析を一面的にし、社会問題に対する適切な分析を妨げてしまっている、と批判した（セン 二〇〇二a、二〇〇二b）。

すなわち、主流派の経済学理論では、人間が選択する場面に直面したとき（一）選択肢の間における内部的整合性、（二）自己利益の最大化、この二つを満たす場合に行動に合理性（rationality）がある、という捉え方をする。このように、合理的行動の本質をきわめて狭義に特定するとともに、実際の人間行動を合理的行動と同一とみなすのが主流派経済学である。このように、現代経済学は意識して倫理的要素を排し「非倫理的」な性格の学問になろうとしてきた。しかし、この経済学では、扱いが難しい倫理的価値の回避を優先させるあまり、人間の行動動機に関する事実の狭い部分だけを取り上げる結果になっている。自己利益以外はすべて非合理的であるとする（排除する）のは全く異常なことである（セン　二〇〇二a、三三五ページ）。

したがって、人間の行動において現実に見られる行動動機を十分考慮した前提を置くことが必要になる。そうした要素にはいくつかあろうが、一般的にいえば、人々の行動は単に利己的な動機に支えられているのではなく、倫理的、道徳的な価値にも動機づけられている、と考えられる。例えば、セン（二〇〇二b）が「合理的な愚か者」の代わりに提案したのは、他者の存在に道徳的関心をもち、この他者との相互関係を自己の価値観に反映させて行動すること、つまり社会的コミットメントができるような個人、である。

あるいは、より単純に「受け取ることだけに喜び（効用）を感じるのではなく与えることにも（それにこそ）喜びを感じる」という側面を導入するのが良いかも知れない。人間のこのような行動動機は、実は古くから確認され繰り返し述べられてきたことである。「受けるよりは与える方が幸いである」（イエス・キリスト[6]）、「人に与えて、己いよいよ多し」（老子）、「我々は与えることによってこそ（本当のよろこびを）受け取ることができる」（アッシジの聖フランシスコ）、「奪うに益なく譲るに益あり」（二宮尊徳）（二

宮　一九三三、五一ページ）、「与えることは最高の喜びである。他人に喜びを運ぶ人はそれによって自分自身の喜びと満足を得る」（ウォルト・ディズニー）、「人は得ることで生活（living）を営むことができるが、人に与えることで真の人生（life）を生きることができる」（ウィンストン・チャーチル）など、古今東西の賢人によってこのことが指摘されている。またごく最近でも「自らを与える心を目ざめさせ、あらゆる人々の手足となって心を尽くすとき、私たちはこの上ない魂の歓びを与えられる」（高橋　二〇〇六、七三一ページ）との主張があるほか、心理学の実験研究においては「自分の時間やエネルギーを無償で与える利他主義的行動は幸福感を高める」（ルクス　一九八八）という現象、つまり経済学の前提と正反対である「与える幸せ」という事実も幾つかの研究で確かめられている。

利己性ないし自己利益（Do for myself）に代わる行動原理としては、上記のような利他性（Do for others. 他者への貢献）がある。明治学院大学はまさにこれを大学のモットーとして掲げている。この命題は、明らかに倫理的に正しいものであり[7]、また納得が行くものである。そして、それは本源的な価値を持つだけでなく、その意義と帰結をさらに大きく学問的にも位置づけることができるのではなかろうか。これこそは、明治学院大学の研究者が知恵を集めて解明すべきテーマといえるかも知れない。

以上みたような従来とは異なる人間行動を重視し、それを前提に組み入れて経済学を拡張することも不可能とはいえまい（その一例は付論を参照）。これは、前掲図表一における右下の領域に該当する研究と位置づけることができよう。それは経済学に基礎をおきつつも、伝統的な前提や分析対象からはみ出した研究になろう。もしそれが成功すれば、経済学は人間の行動を理解する科学として従来よりも一層幅の広いものになろう。そうなれば、あたかも幾何学において一つの公理（平行線公理）が緩められることによって非ユークリッド幾何学が誕生したように、それまでの経済学の体系を一つの特殊ケースとして含む新しい経済学の体系が生まれる可能性を秘めている。今後の研究は、こうした展望を視野に入れたものが期待される。

さらに、経済学研究者が陥りやすい点として、市場個人主義、あるいはアングロサクソン社会の制度を「標準」として受け入れ、他の国の制度はその標準から逸脱したものだとする発想がある。研究者はこの点を自ら問い直す必要があり、今後は住みよい社会、

図表 3　経済学の従来の視野と今後望まれる視野

(1) 経済学における従来の視野

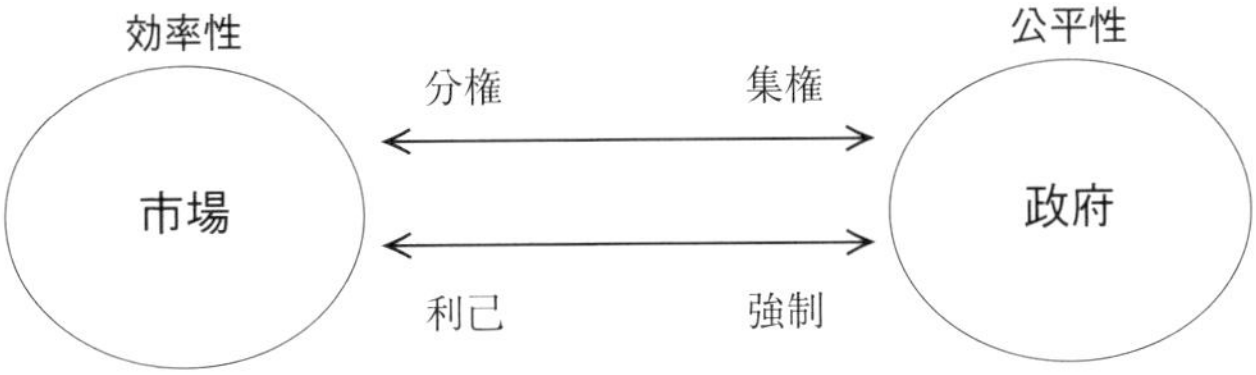

(2) 今後望まれる視野

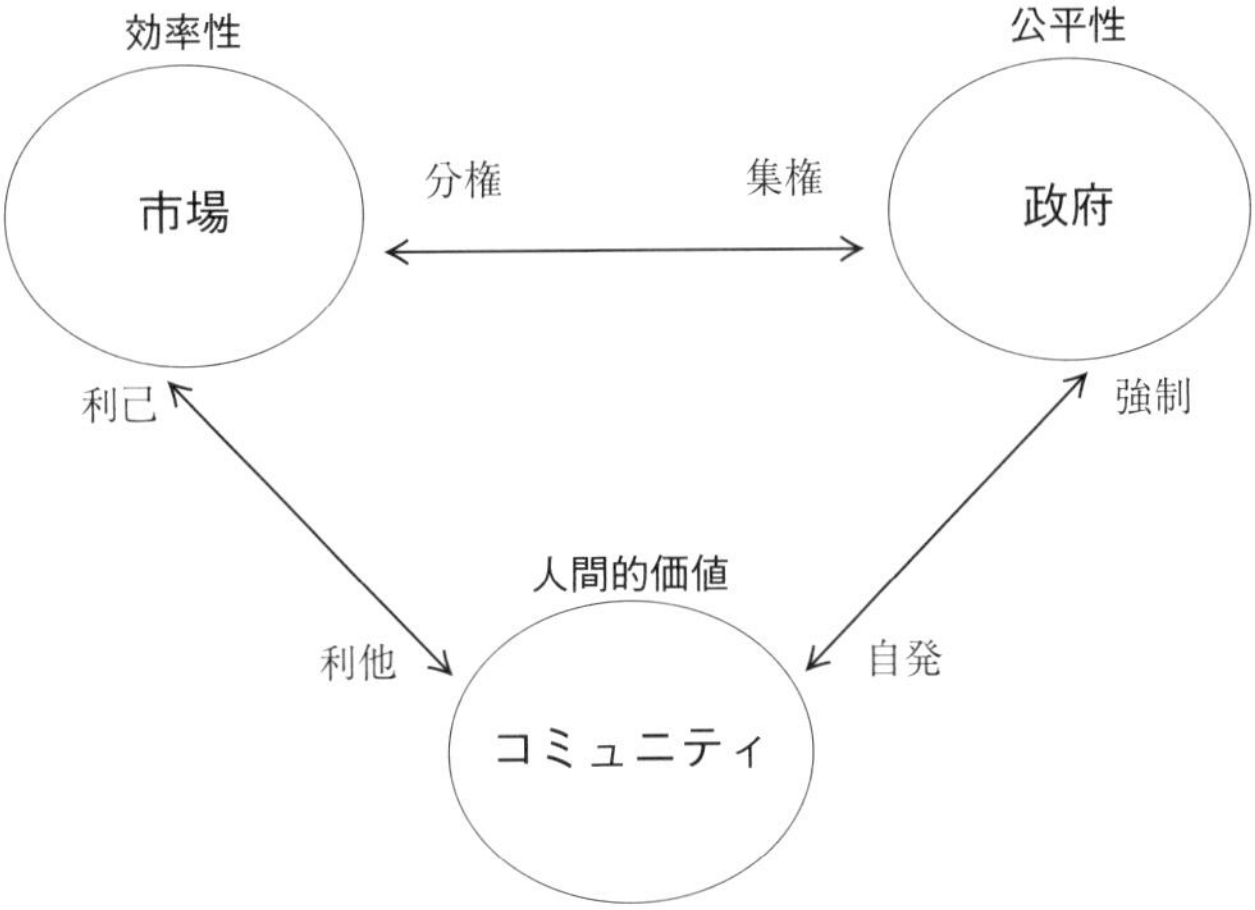

（注）筆者作成。

創造性に富んだ社会、人間味のある社会、などの基本はどういったことかを重視すべきである（ドーア 二〇〇五）と主張する研究者もいる。はなはだ示唆に富む見解といえる。また、市場は貪欲で自己中心的な参加者によって構成されているとする従来の捉え方を批判し、経済取引は人間同士が普通に相互作用するなかで発生するものであり、どのような相手であれ正直、誠実さ、信頼に依存しているという捉え方をする研究（ザック 二〇〇八）も最近でてきている。

こうした一連の発想を図式的に整理すると、図表三のようになろう。すなわち、従来の経済学は、民間主体が活躍する市場が社会作動の基本メカニズムであると理解する一方、これと対極的な主体として政府を想定していた（図表三（一））。そして市場においては、家計や企業が利己的、分権的に活動すると理解し、政府はそうした民間活動に伴う様々な問題に対処するために権限を集中保有し、強制力を持って問題を補正する、という理解がなされてきた。

ところが、こうした二分法では捉えきれない人間の行動動機や人間活動あるいは人間集団の重要性が高まってきた。このため、政府でもなく市場でもない民間セクター、すなわち各種のコミュニティ（自立した個人のつながり）を明示的に位置づける必要性が大きくなっている（図表三（二））。こうしたコミュニティーは従来の「民」（私）とも「官」とも異なる「公」であり、公共性を持つ新しいセクターである。[8] 例えば、各種のNGO（非政府組織）、NPO（非営利組織）、協同組合などがそれに該当する。こうした活動に対して人間は、利己的というよりも利他的な動機で、そして強制されてではなく自発的に関わることが多い点が特徴的である。そして、その活動においては環境、福祉、教育、宗教（スピリチュアリティ）といった、従来の二分法では捉えきれない人間活動の重要領域がカバーされており、社会的にも次第に重要性が増している。今後の経済学は、このように従来の視野を超えて幅広い対象を取り入れたものになることが強く期待される。

（三）各種「中間領域」を対象とする研究の重視

第三の課題は、上記で示唆したとおり、これまでの経済学における基軸概念の下では積極的な分析対象となりにくかったものの社会を理解するうえで非常に重要な位置にあ

図表4　従来の経済学における主要概念と今後重視されるべき各種中間領域

	従来の対極的概念		重視すべき中間領域	分析事例
1）	・市場	・組織	・ガバナンス	・コーポレートガバナンス
2）	・民間営利主体	・政府	・民間非営利組織（NPO/NGO）	・コミュニティ
3）	・利己性	・利他性	・誠実さ、コミットメント、信頼	・潜在能力、エンパワーメント
4）	・合理性	・直観	・限定された合理性	・制度の意義

（注）筆者作成。

る各種「中間領域」を分析対象に取り込んでゆくことである。これらを経済学の論理で解明することは必ずしも容易でないかもしれない。また、従来の研究対象ほど明快な結論が出にくいかもしれない。しかし、これらに対して経済学的な考察を加えることは必要かつ可能であり、それによって新たな洞察が加わることが期待される。

そうしたことがらの一例を図表四で示してある。ここでは、従来の経済学における主要概念を示すとともに、今後経済学が研究課題として取り上げてゆくべき各種の中間領域（それらは相互に多少重複する面もある）の幾つかを例示している。

まず、経済学の基本対象としては「市場」があり、このいわば対極概念として「組織」が存在する。市場とその機能を中心課題とする経済学においては、効率性が最も重要な基準であり、それを達成する仕組みとして自己責任と競争が位置づけられる。一方、組織は市場経済の中における一つの「点」とでもいうべき存在であり、したがってその内部は通常、暗箱（ブラック・ボックス）として扱われその詳細を問うことはしない（例えば企業は利潤最大化を目標に行動する組織であるという認識にとどまり、企業内部の様子を分析的に取り上げることはしない）。こうした視点から社会を捉えるのが市場原理主義ないし市場至上主義である。したがって、それは競争主義、効率主義、合理主義といった性格を持つ一つの思想といえる。そこでは、企業の従業員は人格を持った人間であるという発想に立つことはなく単なる生産要素として位置づけられる。こうした社会思想やそれに基づく公共政策が近年、日本において所得や機会の格差を拡大し、社会安定の基盤、信頼の基盤を破壊した面があり、日本はもはや国民が安心して住める社会でなくなったとする批判が最近強まっている。

このような市場中心主義を排し、市場と組織を統合して理解する一つの視点としてガバナンス（governance）という概念がある。企業の場合はコーポレート・ガバナンスという視点であり、この見方を取り入れることによって市場と組織を統合した理解が可能になる。

二つ目の例は、すでに述べたことを多少繰り返すことになるが、民間営利主体（企業および個人）と政府、という二つの主体を区分することについてである。こうした区分は、市場を重視する新古典派経済学、あるいは政府の役割を強調する（新）ケインズ派経済学、いずれにおいても伝統的に用いられてきた二分法である。それだけに経済学研究者がこの二分類思想から脱却するのは容易でない。しかし、これら二つのほかに、市民セクターにおける非営利組織が重要な機能を果たしていることを今後真剣に考慮することが不可欠である。(9)

すなわちNPO（non-profit organization）あるいはNGO（non-governmental organization）と称される民間非営利組織とその行動や役割についての研究である。これらの非営利組織は企業と異なり、営利を目的として運営されていない。これらに関しては、その行動原理をはじめ、行動成果やその評価など、基礎的な諸側面に関する研究がやっと出始めた程度であり、(10)今後理論的にも実証的にも解明されるべき課題が多い。米国社会は一見、市場原理が貫徹する社会と見なされがちであるが、そこではＮＰＯあるいはＮＧＯが政府や民間企業等の役割を補完する、あるいはそれらを監視する、といった面で大きな活動をしている。日本で近年採られてきた市場原理主義的な政策においては、米国のこうした面を見落とし、一面的な捉え方がなされてきた面が少なくない。それだけに、日本においては今後ＮＰＯやＮＧＯの成長が求められるとともに、その研究が活発化することが期待される。

また、組織よりも比較的緩やかな共同体である「コミュニティ」も重要な研究対象となろう。コミュニティとは、人間がそれに対して何らかの帰属意識を持つ一方、その構成メンバーの間に一定の連帯意識ないしそれを反映した行動が見られるような人間の集団である、と定義できる。このような共同体は、前述した人間の行動原理を幅広く捉えることと密接な関連を持つだけでなく、非営利組織のあり方にも関連する。このため、今後の大きな研究課題といえよう。

さらに、官民二分法に無理があるという文脈からいえば、民間資本ストック（企業の生産設備）と公的資本（社会資本）を峻別して扱うことにも問題がある。「官か民

(private) か」という区分よりも「官か公(public)か」という区分が社会のあり方を理解するうえでより適切な場合が少なくない。このため、最近重視されつつある「ソーシャル・キャピタル」という概念を今後さらに発展させてゆく意味は大きいといえる。[11]

三つ目の例は、経済学の基本的前提になっている「利己性」を再検討することである。すでに述べたように、人間は利己的な行動をする面が多い一方、それとは正反対に利他的な行動をする場合も少なくない。また、たとえ利己性を前提とする場合でも、個人の行動に関しては、誠実さ、コミットメント、信頼など、経済取引において従来あまり認識されなかった側面を追加して考察する必要が大きい。[12] さらに、人間をみる場合、単に「効用最大化を目指して行動する個人」という狭い前提に立つのではなく、人間の持つ様々な潜在能力(capabilities)、すなわち技能獲得能力、意志決定能力、他者への影響力などを考慮することによって初めて総合的かつ適切な人間理解が可能になる(セン二〇〇二a、二〇〇二b)。こうした能力を重視するならば、それらの能力(power)を強化すること、すなわちエンパワーメント(empowerment)が重要な概念になる。こうした視点に立てば、従来の経済学よりも人間をより広い視点から理解することが可能となろう。

最後に、経済学における伝統的な基本論理である合理性（rationality）、そしてその反対概念である非合理性を含む直観（intuition）を取り上げ、それらの関係について再考する必要がある。論理上、合理性を全て否定することは不可能であり、また望ましくもない。しかし、現実の人間の行動には非合理性も少なからず含まれている。また、人間の情報処理能力には限界がある。このため「すべての可能性を列挙した上で最適な選択をする」と前提することは現実的といえない。人間の行動は、あくまで「限定された合理性」（bounded rationality）にとどまる。このため、情報処理能力の限定性を補完する役割を担う慣行、規範、暗黙の行動基準、タブー、伝統などが現実に存在することになる。これら全部を含めて広義の「制度」と定義することができる。この意味での制度は、人間の行動を大きく規定する面があるので、その意義、成立条件などを経済学の観点から分析することが重要な課題である(13)。

以上四つの例を指摘したが、大きな視点からみれば、これらは問題の発見、解決、その実践を重視する新しい学際的社会科学の一分野である「総合政策学」とそこでの研究課題と密接に関連している。経済学はその「科学性」および論理のエレガンスの両面で依然として魅力的な学問分野であることに変わりはない。この長所を生かす一方、経済学が社会科学における学際的研究、とくに総合政策学(14)あるいは国際学(15)において一つの中核研究分野として貢献することが期待される。

付論　経済学における従来の前提とその拡張の可能性

経済学の標準理論においては、個人の満足度（効用）は彼が保有する財やサービスの量によって規定される、と想定されている。すなわち、ある個人の効用Uは、彼が保有するn個の財ないしサービス（以下単に財という）の量を説明変数とする下記の関数によって表わされる。

$$U = U(x_1, x_2, \cdot \cdot \cdot, x_n) \qquad (1)$$

そして(a)効用は財の保有量（消費可能量）が多ければ多いほど大きい、(b)しかし効用の増加度合いは財の保有量が増えれば増えるほど次第に小さくなる（限界効用は逓減する）、との前提がなされる。この二つは消費者理論の基本前提である。これら二つを数学表記すれば、それぞれ下記(2)式および(3)式になる。

$$\frac{\partial U}{\partial x_j} > 0 \qquad j = 1, 2, \cdot\cdot\cdot, \mathrm{n} \tag{2}$$

$$\frac{\partial^2 U}{\partial x_j^2} < 0 \qquad j = 1, 2, \cdot\cdot\cdot, \mathrm{n} \tag{3}$$

ところが、本文で述べたように、人間は（モノを取得することによってではなく）むしろ「与えることによって『満足』が得られる」という面が少なくない。このことは幾つかのかたちで定式化することができる。例えば（一）個人を一人ではなく二人を同時に考える、（二）自分の満足度は自分自身の財の消費量によって左右されるだけでなく、他者による財の消費量もこれに影響を与える、（三）他者の消費量が増えれば（その他の条件が不変であっても）自分の満足度が高まる、と想定することができる。すなわち、他者の消費量が自分の効用に影響するので、個人 a の効用関数は下記のように書ける。

$$\begin{aligned} U_a &= U_a\left(x_1^a, x_2^a, \cdot\cdot\cdot, x_n^a; x_1^b, x_2^b, \cdot\cdot\cdot, x_n^b\right) \\ &= V\left(x_1^a, x_2^a, \cdot\cdot\cdot, x_n^a\right) + W\left(x_1^b, x_2^b, \cdot\cdot\cdot, x_n^b\right) \qquad (1') \end{aligned}$$

ただし、x_j^a は個人 a の財の消費量、x_j^b は個人 b の財の消費量をそれぞれ表わす。そしてVは、個人 a が自ら消費することによる効用、W は個人 b の消費が個人 a に与える効用である。この場合、上記（二）の性質については下記(2')が、また（三）については(3')がそれぞれ満たされると想定できる。

$$\frac{\partial V}{\partial x_j^a} > 0,\ \frac{\partial W}{\partial x_j^b} > 0 \qquad (2')$$

$$\frac{\partial^2 V}{\partial (x_j^a)^2} < 0,\ \frac{\partial^2 W}{\partial (x_j^b)^2} < 0 \qquad (3')$$

そこで個人 a は、予算額 I という制約

$$\sum_j p_j\ (x_j^{aa} + x_j^{ab}) = I$$

のもとで、自分の購入量 x_j^{aa} ＋ x_j^{ab}、そのうち「自分の消費量」x_j^{aa} と「個人 b への贈

与量」x_j^{ab}を決定する、という問題を解けばよいことになる。ただし、p_jは財の価格である。

このようなモデル化をした場合、果たして消費者行動理論は従来のものとどう異なるものになり、経済の均衡はどのような性質を持つことになるだろうか。その結果は必ずしも自明でないが、従来の理論を一つの特殊ケースとして含むより一般的な理論が導かれる可能性があろう。

（「経済学の新展開、限界、および今後の課題」、明治学院大学『国際学研究』三六号、二〇〇九年一〇月）

＊ 最終原稿の作成に際して『国際学研究』の匿名査読委員から有益なコメントを得たことに謝意を表したい。とくに付論で提示した定式化は、当初含まれていた曖昧さを改善できた。

註

（1）家計の場合は「予算制約の下での効用最大化」、企業の場合は「所与の生産技術（生産関数）の下での利潤最大化」を行動原理とみなす。こうした行動は、数学的にはラグランジュの未定定数法を用いて解くことができるので、ミクロ経済学では早い段階から数学が多用されてきている。

（2）例えば、日本経済学会の機関誌 *The Japanese Economic Review* の最近号（二〇〇九年三月号）をみると、掲載論文八編のうち、数式を用いていない統計的論文が一編あるが、他の七編はほとんどが理論的内容の論文であり、それらは全て数式（微積分、行列式、集合論など）による定式化とその演算や論理展開を主体とする論文である。

（3）例えば、「『……でない』という仮説は棄却できない」といったことを主たる結論とするような定量分析論文も散見される。むろん、こうしたステートメント自体誤りではないが、経済分析の論文の結論としては寂しさを禁じ得ない。

（4）米の輸入関税撤廃により米作農家は確かに大きな打撃を受ける。しかし、消費者が享受する利益増大分の一部を割いて米作農家に移転すれば農家の損失は補償され、日本全体としてはなお利益が残ることが理論的に知られている。

（5）効率至上主義でない一つの政策論としては、安い米の確保という視点とは別に、農地をいかに守るかという視点（そこには本文で言及した幾つかのことが含まれてくる）を優先課題と位置づけ、そのうえで生産効率をどう図っていくか、という発想がありうる。
(6)『新約聖書』「使徒言行録」二〇章三五節。
(7)「人にしてもらいたいと思うことはなんでも、あなた方も人にしなさい」（『新約聖書』「マタイによる福音書」七章一二節）。
(8) 広井（二〇〇六）はこうした視点の重要性を強調している。
(9) 詳細は岡部（二〇〇七）を参照。合理性を強調する経済学においても、市場の分析だけでなく市場機能を支える制度（ガバナンス関連制度）の重要性を指摘する研究（ディキシット 二〇〇九）も出てきている。
(10) 注目すべき網羅的な研究としてグレーザー（二〇〇三）がある。
(11) 宮川・大守（二〇〇四）はこの視点から重要な問題提起をしている。
(12) 幸い近年のゲーム理論ではこれらを取り入れようとする方向もみられる。
(13) この点に関するやや立ち入った説明は岡部（二〇〇六a二–一）を参照。
(14) 詳細は岡部（二〇〇六a、二〇〇六b）を参照。
(15) 詳細は岡部（二〇〇九）を参照。

四　歪曲された企業理解——人間を重視した企業論の確立を——

M&Aの増加に伴い、その研究が活発化している。とくに米国で大学院教育を受けたファイナンス論の研究者の参入が目立っており、政策のあり方についても彼らの見解が次第に影響力を持ってきている。

M&Aの標準的理解と政策論

M&Aとそれに関する政策論は、多分次のような理解が最も標準的なものであろう。すなわち（一）株主は企業の所有者であり企業に対する最終的支配権を持つ。（二）株式売買は企業支配権の獲得競争であり、他者よりも効率的な経営ができる（自ら経営することによって企業価値を高め追加的利益を獲得できる）と考える者が当該企業の株式を取得することになる。したがって（三）株式市場では売買主体がどういう属性であるかを問わず（国内外あるいは投資ファンドであるか否かを問わずそして敵対的買収であるか否かを問わず）原則として取引阻害要因を除去して売買競争を促進することが重要であり、公共政策はそれに取り組むべきである、と。M＆Aの専門誌である本誌読者の方々にも、こうした理解と政策論に何ら違和感を感じない方が多いのではなかろうか。

確かに、M＆Aには種々の望ましい効果が期待できる。ちなみに、筆者が行った日本のM＆Aについての実証研究においても、M＆Aが経営効率を高める効果を明確に検出できた（付表の書籍を参照）。この分析は、その他多くの研究と異なり、M＆A実施企業の株価変動を基礎とはしない新しい方法に依って分析している。この結果から考えれば、M＆Aは日本経済の構造改革にとって一つの大切な手段であると評価できる。

しかし、近年の日本における大半のM＆A研究においては、ファイナンス理論の極度に単純化された前提をもとに議論しているはずであるにもかかわらず、その前提を失念した妥当とは言いがたい議論や偏向した政策論が闊歩している。その点について筆者は大きな懸念を抱く。それは、結局「企業とは何なのか」に関してあまりに一面的な理解が多いことを意味する。

議論の単純化に潜む落とし穴

M&Aに関するファイナンス論からの接近は「企業の本質はカネ（資金）であり企業はカネの提供主に所属する」ことを前提とした理論である。これは企業を単純化して理解する一つの視点であり、その前提はシンプルかつ分かりやすい。またその場合には日々の株価データを活用して分析できるので定量分析も容易である。上記（一）などの前提を基にする限り、そこから一連の命題（企業価値は株価総額で示され株価上昇こそ重要である等）が導かれる。そして実証分析の結果がそれに合致していることが示されたとしても何ら不思議はない。この議論には論理整合性があり、前提を認める限り導かれる結論はほぼ自明ともいえる。社会現象を理解する場合、一般に何らかの視点に立った鋭利な切り込み（モデル化）が不可欠なので、それは一つの有用な分析である。

しかし、M&Aに関する近年の各種研究や政策論（例えば二〇〇六年の経済産業省「企業価値報告書」や二〇〇八年五月に公表された有力機関投資家団体による「日本の企業統治に関する提言」）では、その前提をあまりにも当然のことと見なしているばかりか、それがあるべき姿であるという主張（規範論）へすり替わっている面すらある。前提は前提でしかありえない。多面性を持つ企業を理解する場合、ファイナンス・アプローチの前提が最もふさわしいかどうかは別問題である。

第一に、企業はそもそも理論上株主のものとはいえない。例えば、仮に企業価値を企業が保有する全資産として捉える場合、貸借対照表を想起すれば明らかなように、それは株式の現在価値（株式時価総額）だけでなくそれに負債（借入金ないし社債）を加えた合計額である、と理解できる。株式所有者は、その他形態の資金提供者の場合よりもより大きなリスクを負う分、それに見合って経営に影響力を持つことが当然保証されているが、その場合でも企業資産の全部ではなく一部に対する請求権を持つに過ぎない。株式所有者を企業所有者ないし最終的な企業支配権者とみなすことは、論理的に大きな飛躍がある。

第二に、企業は実体的にみて資金提供者に加え（貸借対照表にはあらわれないもの）労働提供者も同様に重視すべき組織体である。企業は単に株主だけでなく従業員など多くの利害関係者がコミットしているという実体を認識した理解の仕方、いわゆる「ステークホルダーの視点からの企業理解」がより適切である。さらにいえば、企業はその活動によって社会全体が利益を受けるための組織にほかならないから、それは特定の人間グループに所属するものではなく、最も根源的には社会のもの（公器）である。長年にわたって優れた経営成果を上げている企業は「社会のため人間の幸福のため」になる経営理念を掲げている企業であることが日米を問わず明らかにされている（株価上昇はその結果に過ぎない）のは、この見方が企業の本質をついているからである。

こう考えれば、企業の定量的分析は確かにかなり困難化する。だからといってこの視点が劣位に立つわけではない。重要なのは、いずれの視点が実体をより的確に捉えるか、そして企業がその目的を達成するうえでより望ましい公共政策が導けるか、である。

第三に、ファイナンス論的な前提と立論は、倫理上かなり問題があるのではないか。そこでは企業価値の上昇、つまり株主利益最大化が関心事であり、重要なステークホルダーである従業員はそのため「コスト」という否定的な位置づけしかなされていないからである。企業の従業員は、日中の最も活動的な時間帯（九時から五時）に営々としてそこで働く人間である。それを単に労働力の提供主体あるいはコストとしてしか認識しないのは実体に即していない。また、一つのモデル化とはいえそれは寂しい発想ではないか。人が働くのは、むろん生活費獲得が大きな目的である。しかし、従業員は働くことを通じて得られる自己実現や達成感などの喜び、あるいは仕事を通じる自己成長（エンパワーメント）ないし潜在能力開花なども、程度はともかく期待しているはずである。企業論そしてＭ＆Ａを巡る議論においては、この点を重視する必要性が大きい。

企業ガバナンス組織の制度整備を

先般聞いた某学会の会長講演の題目は「敵対的企業買収はなぜ必要か」というものであった。ファイナンス論の視点からみればこれは当然な主張であろう。このような論説と政策思考が跋扈するなかでいま求められるのは、人間を重視した企業論の確立、そしてそれに基づく企業制度整備である。ここでは二つを指摘しておきたい。

一つは、ファイナンス的接近に著しく偏している現在のＭ＆Ａに関する研究において、労働経済研究者ないし社会学研究者などを呼び込むこと、あるいはそれら研究者との共

付表　従業員の経営参加に関する国際比較

	従業員による取締役選出の有無	従業員協議会の設置を法定	従業員の経営参加を憲法に記載
オーストリア	○	○	×
デンマーク	○	○	×
ドイツ	○	○	×
ノルウェー	○	×	○
スエーデン	○	×	×
スペイン	×	○	×
フランス	×	○	○
イタリア	×	×	○
日本	×	×	×
オーストラリア	×	×	×
スイス	×	×	×
英国	×	×	×
米国	×	×	×

（出典）岡部光明『日本企業とM&A』2007年、図表11-4。

同研究を促進することである。そうすればM&Aの意義や望ましい公共政策についてバランスのとれた議論と政策提言が可能になるであろう。

もう一つは、とくに日本において企業の重要なステークホルダーである従業員の経営関与を明文化した制度として確立することである。この点で日本は他の主要国に比べて依然劣後している（付表を参照）ので法的対応を急ぐ必要があろう。

（M&A専門誌『MARR』二〇〇八年八月号）

第二部　大学教育についての私論

一　インテグリティと大学教育

大学を卒業して四〇年が経過しました。最初の二〇年は組織（日本銀行）の中で働き、その後現在までの二〇年間は海外および日本の大学（合計五つ）の教壇に立ってきました。

かなり性格の異なる仕事を経験することができ、実に多くのことを学ぶことができたことを感謝しています。そのことは私が昨年（二〇〇七年）行った慶應義塾大学の最終講義においても述べたところです。なお、その模様はビデオ録画されてインターネット上で公開されています（http://gakkai.sfc.keio.ac.jp/lecture/）。またそれを冊子としても刊行しましたので、ご関心のある方は見ていただけると幸いです（『日本経済と私とＳＦＣ―これまでの歩みとメッセージ―』慶應義塾大学出版会）。

国内外の経験から学んだことのうち、私が最も伝えたいと考えることの一つはインテグリティ（誠実さ）の重要さです。そして、それは大学教育において不可欠の要素でもあると考えています。

インテグリティの意義

インテグリティ（integrity）とは日本語でいえば「誠実さ」です。これは、個人の場合（personal integrity）についてはもとより、職業上のそれ（professional integrity）、組織に関するそれ（organizational integrity）など、様々な場合に重要な意味を持つ行動規範です。私が色々な機会に学び、そして経験したことを踏まえて考えると次のようになります。

個人についてインテグリティをいう場合、その重要な要素として、まずうそ偽りのないこと、あるいは正直さがあります。そして正直とは、真実を語ること、すなわち「言葉を事実に一致させること」を意味しています。しかし、インテグリティにとって、正直は一つの要素であるに過ぎず、その十分条件ではありません。なぜなら、インテグリティは通常、さらに二つのことを追加的に含んだ概念であると考えられているからです。一つは、上記とは逆に「事実を言葉に一致させること」も重要な要素になるからです。換言すれば、口に出していう言葉（すなわち約束）どおりに行動すること、予想を裏切らないように行動すること、つまり責任を持った行動ができることです。そうした行動面の特徴が、インテグリティのもう一つの要素にほかなりません。つまり、インテグリティとは、事実と言葉の関係が、どちらの方向からみても一体化、完全化していることである、とされています。インテグリティという言葉が、完全性（integer）を語源としているのもうなずけるところです。

インテグリティにとってもう一つの不可欠の要素は、対象となる相手の人が目の前にいる場合はもとより、いない場合でも同様に忠実な行動ができることです。つまり「陰ひなたのない」行動ができることといってよいと思います。

このような意味で規定されるインテグリティは、国際的に通用する人格的能力にほかならない、というのが私の理解です。また、それだけではなく、インテグリティを持てば実は大きな報いがあるということも私は経験的に納得しています。

第一に、インテグリティを基本原則に据えた生活をするならば、どのような状況にも安心して対応できることです。もし、ものごとに関して正直でないならば、それは一つの秘密を自分自身が抱えることを意味しており、このためそれは自分の気持ちの上に重荷となってのしかかってきます。しかし、常に正直を旨としており、それをもとに決定をくだすという態度をとるならば、他人にどのような言いわけをするかといった不安な気持ちを抱く必要はなくなります。このため、対応すべき問題の性質がぼやけたり、あるいは周囲を当惑させるような決定をする懸念がなくなるので、それは結局「良い判断」を可能にします。インテグリティを生活の基準におけば、自分の心の落着き(serenity)が得られるばかりか、このように、下さねばならない判断や決定もより的確なものになるわけです。

第二に、インテグリティは責任を持って行動することを意味しているので、第三者からの信頼感が高まることになります。これは、自分にとって喜びです。

そして第三に、インテグリティを生活の基準におけば、込み入った日々の生活を単純化できるというメリットもあります。そして、それは毎日の生活に自信をもたらしてくれる面があります。

古来から「正直は最善の策」といわれていますが、それよりも広義にインテグリティという意味でそれをとらえた場合、この格言は妥当性が一層高まるといえるように思います。インテグリティは、それ自体が大きな価値を持つだけでなく、それを目指した生活をすれば心の重荷が軽減され、自信も湧いてくる、というのが私の経験です。

米プリンストン大学の教育理念

インテグリティを大学教育の中に見事に組み合わせた例があります。それは、私がかつて一年間（一九九三年）教壇に立つ機会を得た米プリンストン大学のケースです。同大学には宣誓制度（honor system）と称されるものがあり「全ての筆記試験は学生の正直を前提とし教員による試験監督なしで実施する」という驚くべきシステムが導入されているのです。これは、約百年前にウッドロー・ウイルソン同大学総長（後に米国大統領）によって導入されたものです。

つまりプリンストン大学で行われる筆記試験では、教員は試験問題を配布し、その後は自室に帰ります。そして、試験終了時刻になって再び試験教室に戻って解答用紙を回収して持ち帰る、という方法で試験が行われるわけです。このような方式で試験を受けるに際して学生は「私はこの試験中に他人に手を貸したり、あるいは他人から手を貸してもらっていないことを私の名誉にかけて誓約します」（つまり不正行為は一切していない）という一文を答案用紙に署名する義務が負わされています。

この制度は、プリンストン大学の高い精神性を示す高貴な伝統と評価されています（違反者には当然重い罰則が適用されます）。つまり、社会のリーダーになる者は、誠実性、正直さが不可欠の条件であり、この制度はまさにそれを教える仕組みとして存在しているわけです。実にすばらしい理念と仕組みだと思います。

組織のインテグリティ

インテグリティは、個人についてだけでなく、組織についても妥当する重要な原則です。その場合は組織のインテグリティと称されています。また研究や勉学においても重要であり、その場合には学問上のインテグリティ（academic integrity）と呼ばれます。

いまの日本をみると、残念ながら各種の組織においてインテグリティの欠如が目立ちます。例えば、食品メーカーによる素材や賞味期限の偽装表示、建築事務所による耐震強度偽装、自動車会社のリコール隠し、輸入牛肉偽造による公金の搾取、公企業に対する談合、収賄事件、薬害エイズ問題、総会屋への不正利益供与、証券会社の損失補填、銀行の不良債権の隠ぺいと飛ばしなど、近年の日本ではあらゆる業界にわたって各種の虚偽行為が繰り返し新聞やテレビで報道されています。

こうした出来事をなくすには、まず個人としてインテグリティの重要性を深く認識することがその出発点になります。そして組織のインテグリティを強化することが大切だと思います。つまり、最近流行語になっているCSR（corporate social responsibility）の達成です。つまり、企業としては自己責任の経営を正直かつ誠実（integrity）なやり方で行なうことにほかなりません。経営者は、時間やエネルギーを先ずこれらの点にこそ集中させるべきだと思います。そうした努力をすれば、結果として企業の長期的利益と長期的にみた株価を増大させることになるでしょう。そしてそれを制度的に保障する企業ガバナンスの仕組みが重要であり、まさにそれが最近の大きな研究課題になっているわけです。

私が米国や豪州の大学で日本経済論の講義をした際、学生諸君が最も大きな関心を寄せたのは、日本のマクロ経済などの側面よりも日本企業の構造と行動でした。それ以来、私自身の研究も次第にその分野へとシフトしてゆき、現在は企業ガバナンスと金融システムの接点を中心に研究を行っています。

普遍性のある価値

インテグリティは、国際性のある価値でもあります。これは私の海外での勤務経験から体験的にいえることです。また、代表的な国際機関である国際連合では三つの基本的価値を掲げていますが、その第一番目としてまさにそれがうたわれています。

国連における三つの価値とは、専門的能力（professionalism）、誠実さ（integrity）、そして多様性の尊重（respect for diversity）であり、国連の幹部職員を全世界から公募する場合、この三つを充足する人であることを強調しているのが印象的です。

インターネットが普及したいま、大学生がレポートやタームペーパーを書く場合にも、ウエブ上の資料や論文を簡単にカットアンドペースト（切り貼り）して自分の作品として提出するといったケースも少なからず発生しているようです。

こうした状況下、学生諸君にはインテグリティの大切さを体験的に学んでもらうため、私は期末テストを上記のようなプリンストン大学の方式でいつか実施してみたいと考えています。しかし、期末テストの運営に関しては大学自体の規定があるので残念ながら未だ実現していません。ただ、学生諸君がタームペーパーを書く場合には、表紙下方に「この論文は著者自ら作成したものであることをここに明記します。（氏名）」と記載して署名することを求めるなど、インテグリティの意味とその重要性を学生諸君に理解してもらおうと常々努力しているところです。

また自分自身の生活においても、インテグリティを常に念頭においた生活をしていきたいと思っています。

（東京大学経済学部　岡野行秀ゼミ卒業生文集『文の集い』平成二〇年二月）

二　教育にとって大切なものは

——幼稚園から大学院までの体験的教育論——

私の小学校・中学校以来、五〇年以上にわたる友人である橋本康男さん（株式会社ハシセン会長）、ていねいなそして心暖まるご紹介、ありがとうございました。

東かがわ市商工会の黒田俊英会長、同・工業振興委員会の東和男委員長、本日は「東かがわ市民講座」で講演を行う機会を与えてくださり、ありがとうございました。そして、東かがわ市の藤井秀城市長をはじめ東かがわ市のみなさん、地元選出の木村義雄衆議院議員、私の中学時代にご指導くださった諸先生、長年お会いする機会のなかった同級生の皆さん、こんにちは。本日は私の講話をお聞きくださるためにこんなに多数の皆様がここにお集りくださったこと、とてもうれしく、そして光栄に思います。

明治時代の歌人・石川啄木に次のような歌があります。

「ふるさとの　山に向かいて　言うことなし　ふるさとの山は　ありがたきかな」

生まれ故郷にかえっていまこの壇上に立っている私は、まさにこの歌でうたわれているような、ありがたい気持ちでいっぱいです。

本日は「教育にとって大切なものは――幼稚園から大学院までの体験的教育論――」と題して、教育に関する私の経験とそれに基づく考え方をお話し、皆様のご参考に供したいと思います。

教育をテーマとする理由

そもそも教育とは、読んで字のごとく「人を教え育てること」です。よりていねいにいえば「社会生活に適応するための知識・教養・技能などが身につくように、人を教え育てること」です。そしてそれには学校教育、家庭教育、社会教育など、色々な場面で行われる教育が含まれます。本日はこのうち、主として学校教育を取り上げ、家庭教育にも若干言及したいと思います。

私の専門領域である経済や金融でなく、教育をテーマに取り上げることにしたのは、

教育にとって大切なものは？
ー幼稚園から大学院までの体験的教育論ー
明治学院大学教授
慶應義塾大学名誉教授
岡部光明
2009年5月30日

三つの理由があります。第一に、教育は個人と社会の将来にとって非常に重要なことだからです。教育は、個人の所得水準や社会的地位に大きい影響を持つ要素であり、また社会全体の発展にとっても決定的な要因になります。専門用語でいえば、教育は「人的資本」（知識、技能、能力、態度など）の蓄積をもたらし経済的豊かさの源泉になるわけです。第二の理由は、香川県は従来から教育に熱心な教育県であり、皆様が深い関心を寄せられていることだからです。ちなみに、全国学力テストの総合成績ランキングをみると（国立教育政策研究所 二〇〇八）、香川県の公立小学校は全国で第八位、公立中学校は第四位と

目次

1．私の教育歴
2．そこからいえる三つのこと
3．教育が目指すべき四つの目標
4．教育にとって大切なこと：私はどこで
　どう学び、どう実践しているか
5．その他に学生に育成すべきこと
6．私の考え方を学生はどう見てきたか
7．結論

上位にあることがそれを示唆しています。そして第三の理由は、私自身、教育論の専門家ではありませんが、大学教育に直接かかわる経験を相当の期間にわたってしてきており、また教育に大きな関心があるからです。

こうしたことを踏まえ、本日の講話では、学校で教える側（先生）、教わる側（学生）の双方の視点を中心としつつも、家庭教育に責任を持つご両親、さらには企業経営に関与しておられる方々にとっても何か参考にしていただける視点を提供したいと思います。話の順序としては（目次画面）、まず私の教育歴を振り返り、そこからいえる三つのことを指摘します。そして教育が目指すべき四つの目標という整理をしてみます。それに基づき、教育にとって大切なことは何か、私はそれをどこでどう学び、どう実践しているか、という本日の中心テーマに関連する具体的なことがらをやや時間をかけてお話いたします。また、これら以外に学生が身につけるべきことも列挙して簡単に言及します。そして、以上述べた私の考え方を学生諸君はどう見てきたか、という学生の視点をご紹介し、最後に私の主張をまとめることにします。

一　私の教育歴

私の人生と教育歴を振り返ってみると（資料一）、都合のよいことに二〇年で一単位となっており、それが三つ合わさってこれまで約六〇年の人生があったことになります。すなわち、ものごころついてから最初の二〇年間は「教育を受ける」立場にありました。次の二〇年間は、その教育をもとに「組織で働く」時期でした。そしてその後現在までの二〇年間は「教育をする」立場にあります。第二の時期に働いた組織とは、日本銀行、すなわちわれわれが毎日手にするお札を発行する公的銀行のことです（ここでの仕事は

資料１　私の人生と教育：２０年で１単位

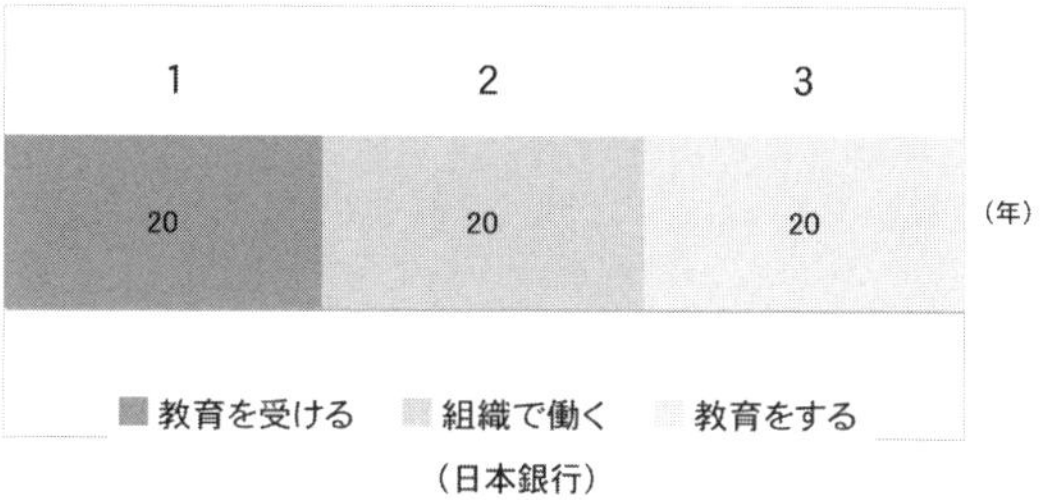

資料２　　第１の２０年

・白鳥保育園（教蓮寺）
・白鳥本町小学校
・白鳥中学校

・高松高校
・コナード・ハイスクール（米国）
・東京大学
・ペンシルバニア大学大学院（米国）

・・・合計２０年

興味深いことが多々ありますが本日は省略します)。

第一の時期(教育を受けた時期)を振り返ると、資料二のようになります。まず、白鳥保育園(教蓮寺に併設)に二年間お世話になりました。そしていまは別の場所に移転していますが白鳥本町小学校(現 東かがわ市立本町小学校、資料三)、次いで白鳥中学校と自宅から通学したあと、高校は毎日列車で片道一時間半かけて通う高松高校で学びました。

この高校時代には、三年次に幸いにもコナード・ハイスクールという米国東部の高校(資料四)へAFS交換留学生として派遣されるという貴重な経験をすることができました。この高校は、当時のアメリカ大都市郊外の高級住宅地にある典型的な学校であり、在校生約千名はすべて白人でした。いまやアメリカでは黒人大統領(オバマ氏)が誕生する時代になっていることに象徴されるように、この高校もいまでは多様な人種の学生が在籍するようになっており、学校のウエブページによれば「多様性は力なり」(Diversity is Strength)が学校のモットーになっています。時代がいかに大きく変わったかを感じます。

資料３　白鳥本町小学校 （現 東かがわ市立本町小学校）

木造２階建
(昭和２７年～４７年)

資料４　コナード・ハイスクール（米国コネチカット州）

当時 学生は白人だけ
↓
いまは多様な人種の学生が在籍

conard high school
DIVERSITY
is STRENGTH

帰国後は、東京大学に進み、さらに米国東部の古都フィラデルフィアにあるペンシルバニア大学大学院で学びました。以上の合計約二〇年間が「教育を受けた」時代です。

二　受けた教育からいえること

以上のように振り返ってみると、そこから三つのことがいえると思います。第一に、この二〇年間には、とても言い尽くせないほど多くの方々のお世話になったことです。とくに小学校、中学校では先生方をはじめ、職員の方々、そして家族からも大きな恩恵を受けました。とくにクラス担任の先生方については記憶がなお鮮明です（いまでも全ての先生の名前を覚えています）が、それ以外にも例えば小学校では「小使い」（現在の用語法に従えば「用務員さん」あるいは「庶務職員」）として小柄な「小川のおばさん」という方がおられました。われわれ小学生に対して「何でも用事をいいつけてくださいね」とやさしく声をかけてくださったことを懐かしく、そしてありがたく思い出します。

第二に、学校時代から四〇～五〇年経ったいまでは、当時の勉学内容はほとんど覚えていないことです（！）。むろん「経済学や統計学など仕事に直接使ってきたことを別とすれば」という但し書きが付きますが。皆さんの場合は如何でしょうか。私と同様の感想を持たれる方も少なくないのではないかと思います。

しかしそうはいっても、自分の血となり肉となっていることは確かにある、これが第三にいいたいことです。それらは果たして何なのか？　このことが本日考えてみたいテーマに他なりません。

三　教育が目指すべき目標

では、教育は何を目標とすべきでしょうか。以下では、最近比較的よく言及される一つの考え方をまず紹介するとともにそれを私なりに評価し、次いで私自身の考えを述べることにします。

(一)「社会人基礎力」

最近、経済産業省(二〇〇六)は、職場や地域社会の中で多くの人々と接触しながら仕事をしていくために必要な能力を「社会人基礎力」と名付け、人々がいきいきと活躍できる社会を創っていく上でこれが一つのカギになる、としています。そして、それは三つの力量、すなわち(一)考え抜く力(シンキング)、(二)前に踏み出す力(アクション)、(三)チームで働く力(チームワーク)、によって構成されると説明しています。考え抜く力とは、課題を発見する力、課題解決策を編み出す力であり、前に踏み出す力とは、実行力、他人に働きかける力である、と規定しています。そしてチームで働く力とは、社会が大勢の人間によって構成されるものであるから、伝達する力、状況を把握する力、規律性など、かなり多様な力量や習慣を意味するとしています。

ここでは、確かに社会人基礎力というわかりやすい表現が導入され、また各項目とも至極もっともなことながら一応上手に整理していると思います。ただ、これらは基本的に会社や組織において役に立つ人材の資質を述べているという感じが否めません。教育が目標とすることとしては、これらの他にもう少し深いこと、根源的なこともあるのではないでしょうか。

その後、文部科学省（二〇〇八）も、同様の発想から大学の学部課程で身につけるべき力量を「学士力」と規定し、コミュニケーション・スキルなど一〇項目を列挙しています。だた、このように数多い要素を取り上げれば、本当に重要な要素は何なのかについての焦点がぼやけてしまう感が否めません。

（二）教育とは「教養」を身につけること

そこで私は「教育とは教養を身につけることである」と簡単に定義し、そう理解したいと考えています。とくに大学学部レベルの教育の本質はこれに他ならないと思います。その意味をこれから説明します。

まず「教養のある人」という場合、知識の豊富な人、あるいは「物知り」と同義でないことから明らかなように「教養」とは単なる知識ではありません。確かに、知識が基礎になっていますが、その上に何かより一般的かつ高次の素養が伴っていることが示唆されているように思います。教養を身につける教育とは従来、思考力を鍛錬し、情

資料５　教育とは「教養」を身につけること
その４つの要素：

１．理解力ーものごとを深く理解する力

２．伝達力ー自分の理解や意見を相手に的確に伝える力

３．向上心ー上記１や２を常に高めようとする心構え

４．社会力ー上記１～３を持って社会生活を営む力

操を高め、非定型的、非日常的な事態に対する対応力を身につけることであると理解されてきました（猪木　二〇〇九）。そこで教養とは「目先の問題に対してすぐ直接的に役立つ技量ではなく一般性の高い人間としての幅広い力である」と私は考えたい。つまり、陳腐化が避けられない知識とは異なり、人生において長く役立つ素養、そこに教養の基本があると思います。すぐに役立つことは、概してすぐ役立たなくなります。したがって、教わった知識を全部忘れてしまったときにその人に残るもの、それが教養ではないでしょうか。そこには様々な技量のほか、人間としての品性も含まれるといえましょう。

このように考えた場合、教養には四つの重要な要素がある、というのが私の考え方、整理の仕方です（資料五）。第一は「理解力」、すなわちものごとの道理が分かるとともに的確に判断する力です。第二は「伝達力」、すなわち自分の理解や意見を相手に的確に伝える力です。第三は「向上心」、すなわち上記第一および第二の力量を常に高めようとする心構えがあることです。そして第四は「社会力」、すなわち上記三つの力を総合して活用することによって社会生活を営む力です。

四　教養の四要素――私はどう学び、どう実践しているか

これらの力を身につけるうえでは、標準的には大学の学部レベルの教育が中心になります。しかし、これら四つの力は、程度の差こそあれどの段階の教育においても重要な要素といえます。そのことを理解していただくには、具体的な話をするのが最も手早い方法です。そこで以下、私はこれらをいつ、どこで学んだかについて幾つかのエピソードを紹介するとともに、それらに関する私の教育実践の一端を披露したいと思います。

（一）理解力

教養を構成する四要素の第一番目である理解力（ものごとを深く理解する力）、これは教養にとって最も基本的なものです。私がそれを学んだ場面は数え切れないくらい多くありますが、ここでは米国ペンシルバニア大学大学院のクライン教授の授業を「私の経験一」として挙げておきます。同教授は、経済全体の姿を連立方程式で表現してコンピュータを使って解析し、それを用いて経済の先行きを予測するという経済学の新分野を一九五〇年代に世界で最初に開発した学者です。この写真（資料六）は同教授が当時コンピュータのプリント結果を見ているところです。現在もなおご存命であり、日本の新聞紙上でも、経済の動向や政策に関するインタビューが時々掲載されることがあるのでご存じの方がいられるかも知れません。

私は、クライン教授が担当していた「計量経済学」という大学院科目を一九七二年に履修しました。同教授が教室に入られる際、講義ノートの類は一切持参することなく、手にもっているのは白いチョーク一本だけでした。そして、そのチョークで黒板に数式をどんどん書いて授業を進めて行くという見事なものでした。私自身、教壇に立ち始め

資料6　理解力 ―ものごとを深く理解する力

「私の経験１」

ペンシルバニア大学
大学院 クライン教授

・担当科目：計量経済学

てから一五年になりますが、授業に際しては依然講義ノートをしっかり作り、それを教室に持参しなければ安心して授業をすることができないので、同教授の講義ぶりには今なお感嘆せざるをえません。経済が動く仕組みについて深い理解ができているからこそ、クライン教授はそのような授業をすることができたといえると思います。それから八年後（一九八〇年）に同教授はノーベル経済学賞を受賞されました。

　その授業を通して私は、同教授のものごとを深く理解する力、洞察力のすごさ、そして深く考えるとはどのようなことなのか、を学んだように思います。

（二）伝達力

教養の第二番目の要素である伝達力（自分の理解や意見を相手に的確に伝える力）、これに関して思い出すのは、私が豪州から帰国して慶應義塾大学に着任した時に総合政策学部長を務めておられた加藤寛教授です（資料七。私の経験二）。加藤先生（通称カトカン先生）は、私が教室で教わった先生ではありません。形式的にいえば慶應時代の同僚教授ではありますが、先輩格のとても偉い先生です。慶應を定年退職された後は、政府税制調査会会長、千葉商科大学学長などの要職を歴任されました（現　名誉教授）。

同先生は一九八〇年代に、日本の大学教育を抜本的に改革する慶應湘南藤沢キャンパス（ＳＦＣ）をデザインし、それを実現させるうえで中心的な役割を担われました。二一世紀の大学はかくあるべしという明確なビジョンを持ち、その実現に向けて情熱を注ぎ込むとともに、それを明快に、そして時にはユーモアをも交えつつ文部省や義塾内の同僚等を説得され、その結果としてＳＦＣが誕生した、といってよいと思います。同先生は、ご自身の理解や意見を相手に的確に伝えるとともに相手を説得するという意味で、まさに「伝達力における名人」であると思います。伝達に際しては、単に論理性が重要

資料７　伝達力 ―自分の理解や意見を相手に的確に伝える力

「私の経験２」

慶應義塾大学
総合政策学部長(当時)
加藤 寛 教授

・SFCをデザインして実現
・伝達力の名人

であるだけでなく、相手の共感を得る力も欠かせません。このことを加藤先生から学びました。

理解力と伝達力を統合する「日本語力」

以上、理解力と伝達力という二つの力量を述べましたが、この二つを統合した一つの具体的な能力があります。それは、ことばを適切に使う力、すなわち日本人であるわれわれにとっては日本語を縦横に使う力、つまり「日本語力」です。

何ごとによらず、ものごとを正確に理解しそれを第三者に伝えるのは、すべて「ことば」という手段に依る以外にありません。したがって日本語力は、教養の総合的水準を示す一つの力といえます。

皆様の中には「日本人だから日本語は当然できる」、あるいは「日本語の上手か下手かということはあまり問題にはならないのではないか」という風にお考えの方がおられるかも知れません。確かにわれわれは毎日、ほとんど意識することなくすべて日本語の中にどっぷり浸かって生活をしているので、日本語についてわざわざその力量を考えることがあまりないかもしれません。しかし、日本人だからといって日本語が上手であるとは限らない、というのが私の考え方です。

家族間あるいは友人間でのコミュニケーションにおいてはあまり問題になることがないかもしれませんが、ビジネスにおける各種の折衝、各種公式場面での対応、組織の内外における多様なコミュニケーション、あるいは外国人相手の（日本語あるいは英語等での）対話などにおいて最も基礎となるのは日本語力にほかなりません。すなわち、日本語を読む力、日本語の文章を書く力、日本語で口頭表現する力、これらを総合した力が日本語力です。これは、日本人として最も基本的な能力である、といえます。

より正確にいえば、日本語力とは、明晰さ（clarity）、正確さ（precision）、効率性

（efficiency）、そして品位（decency）を持った日本語で表現する力量だと思います。つまり（一）言わんとすることを明確かつ正確に理解してもらえるように表現できること、（二）言わんとすることを必要最小限の言葉を使って（言葉に無駄がなく）いえること、そして（三）言わんとすることが品位を持った日本語で表わせること、この三つです。なかなか難しいことですが、これこそが究極的かつ総合的な教養の一側面であると私は考えています。

このような考え方に基づき、私は一つの経験的法則を持っています。その法則とは、「教養のある日本人は良い自国語（＝日本語）が使える人である」、同様に「教養のある英米人は良い自国語（＝英語）が使える人である」というものです。具体的にいえば、英米人と会話をするような場合「私に良く理解できるような英語（用語、発音、言い回し）で私に話してくれる人は教養のある人であり、逆に私があまりよく理解できないような話しぶりの人は教養に欠ける人である」という捉え方です。それを私は秘かに「岡部の法則」と名付けています。これはむろん、非常に独断的な尺度ですが、これまでの経験に徴すると、当たらずとも遠からずと感じています。

ただ、ここで言いたいのは、母語（mother tongue）の素養こそが教養にとって最も基本的な条件である、ということです。つまり「言葉は教養のバロメーターである」といえると思います。

日本語力を磨く理由

日本語力を磨くこと、すなわち明晰な、正確な、効率的な、そして美しい日本語が使用できるようになることは、なぜ必要なのでしょうか。第一に、論理力を鍛えてそれを自分自身のものにするうえで、ことばが非常に大きな役割を持つからです。人間の思考や表現においてことばがいかに大きな役割を持ち、それが不可欠であるかは従来から知られています（ハヤカワ 一九八五）。このため、筋道の通った考え方ができ、その内容を話したり討論したりするには、日本語が最も基礎になるからです。

そして第二に、それは国際的に通用する力量であり、このためその力を涵養することが国際的な場面でも必要だからです。国際的な活躍（あるいは国際ビジネス）においては、一般に英語が不可欠であるとされていますが、実はそれよりも根本には日本語の力が必要なのです。明晰な日本語が話せないのに、英語が上手に（説得性のある話し方で）話せることはありえない、と私は思います。つまり、逆説的ではありますが、英語が上手になるには、まず日本語が上手になる必要があるわけです。

日本語力を高めてもらうための私の教育実践

日本語の重要性をこのように認識する以上、私は当然それを教育の現場で実践しています。とくに、学生諸君と最も密接かつ継続的な接触を持つゼミナール（演習）において、私は日本語の話し方、書き方に厳格なルールを幾つか設定し、それを遵守するよう口酸っぱく言っています（資料八）。

第一のルールは「しゃべる言葉は文章として完結させせよ」です。学生諸君と議論していると「……けれども。」などという発言が少なくありません。例えば「北朝鮮の核実験に対して日本政府はこういっているけれども。」というようなケースです。これでは完結した文章になっておらず、何を言おうとしているのかが曖昧です。発言する場合には、語尾が必ず「……です。」「……ます。」など「。」で終ることを要請しており、そう

資料８　私の教育実践：ゼミナール（演習）では
日本語の話し方、書き方に厳格なルールを設定

（１）しゃべる言葉は文章として完結させよ

（２）知性を疑われるような用語や表現は避けよ

（３）論文やレポートではその「構造」を重視せよ

なっていない場合には言い直させるようにしています。

第二のルールは「知性を疑われるような用語や表現は使うな」です。私のゼミで使用を禁じている語句（タブー）は少なからずありますが、その例を幾つか挙げてみましょう。

まず「……とか。」という表現についてです。例示を示す意味で「とか」を用いる場合、例えば「地位とか名誉には関心がない」というのはむろん何も問題ありません。しかし「まだ用意とかできてない」のような言い方における「とか」は断定を回避し、曖昧化する用法であって望ましいとはいえません。「まだ用意はできていない」などと明確にいうべき

です。

また「……のほうは……」という表現、例えば「レポートのほうはどうなりますか」における「ほう」も不必要な曖昧化であり、発言者が何か責任を回避しようという感じを匂わせます。こうした場合の「ほう」は不要です。さらに文末が「……けれども。」で終わる発言も、前に述べたとおりいただけません。「けれども」という用語は、例えば「時間はかかったけれども見事に完成した」のように文意が逆接の場合にだけ使用すべきであり、文章の末尾がそれで終わると論理が非常に不明確になる。テレビをみていると、ニュースのコメンテーターの中には「この政策は時期尚早と思いますけれども。」といった類の発言をよく耳にします。この場合、そもそも「私は時期尚早と思います。」と言いたいのか、それとも「時期尚早と思いますが、長期的観点に立てば今から実施すべきだと思います。」（全く逆のこと）と言いたいのか、不明です。テレビには、残念ながら、このような責任回避的な発言が蔓延しています。

例をさらに続けると「どうも。」もよく聞く表現です。「どうもありがとう」のようにこれは本来副詞として用いるべきことばです。ところが「ありがとう」「すみません」

「こんにちは」というべき場面でも単に「どうも。」だけで済ませているケースが少なくありません。やはり、それぞれの場面にふさわしい表現である「ありがとう」「すみません」「こんにちは」などときちんと言う方が相手に良い印象を与えると思います。また「すみません」も、場面を問わず濫用されているように思います。むろん、謝る場合はこれでよいのですが、感謝の意を表す場合は「すみません」でなく「ありがとう」というべきだと思います。そして最近若者が多用している「超（チョウ）……」という言い回しも、話者の品性を疑わせるものです。超音速旅客機など従来から使われている一部の形容詞的用法にはむろん問題ありませんが、それを逸脱した表現、例えば「岡部先生の授業は超おもしろい」「あの人の服装は超ダサイ」などは下品な表現であり回避すべきでしょう。

　学生諸君が友人同士でこれらのことばを使うのは、ある程度自然です。しかし、よりフォーマルな会話や知的な議論をする場合にはこれらのことばは回避すべきです。こうしたことを学生諸君に身をもって知ってもらうため、わたしのゼミでは、いま例示したようなことばは全て禁句にしているわけです。学生諸君の反応をみると、最初のうちはやや戸惑うようですが、間もなく慣れてきて適切な日本語が使えるようになるので、私は安心するとともにこの教育方針に自信を持っています。

以上、ゼミにおける第一および第二のルールは日本語を話す場合についてでしたが、第三のルールは書く場合のルールです。すなわち「論文やレポートではその『構造』を重視せよ」です。口頭による発表の場合であれ、書面による場合であれ、一つの大きな事柄を的確に伝達するうえでは、その構造、すなわち各項目が全体としてどう成り立っているか、を明確化することが肝要です。色々な事柄を十分整理しないまま話し相手や聴衆（あるいは読者）に提示しても、受け取る側に対して整理するための心理的負担を強いるだけであり、「よく分かった、納得した」という感想をもってもらうことは期待できません。

このために必要なのは、すべての項目につきそれぞれどの階層（levels of hierarchy）に位置することなのかを常に意識し、それを明示しつつ話や説明を進めることです。最近非常によく使われているプレゼンテーション用のソフトウエア（パワーポイント）を使って説明する場合（本書第五部一章を参照）であれ、論文の場合であれ、このことは基本的に同じです。

こうした基本的素養を学生諸君に身につけてもらうため、私は学生諸君が書く学期論文（タームペーパー）の場合、まず「目次」を提出させ、それをもとに内容を整理させる方針をとっています。ちなみに、本日の私の講演についてもその内容を、冒頭で目次（一七七ページ）としてお示ししたわけです。

なお、多少横道に入りますが、ものごとを何でも「三つにまとめる」という非常に便利かつ強力な整理方法があります。三点集約法とでもいえましょう。例えば「最近の景気動向の特徴は次の三点にまとめることができます。第一に……。第二に……。第三に……。」という具合です。指摘することが二つだけでは何か物足りない感じが残る一方、四つも指摘すればやや煩雑でなかなか頭に入りにくくなります。しかし、三つを挙げれば過不足感がないうえ、記憶しやすくなります。実は、先ほど私は「私の教育歴を振り返ると三つのことがいえます」とのべましたが、それはまさにこの整理方法を応用したわけです。私はこの三点集約法を日本銀行における長年にわたる勤務を通して上司からたたき込まれ、今ではこれが自分の技能の一つになっています。

(三) 向上心

以上述べた理解力、伝達力に続く第三の要素は、向上心、すなわち自分を常に高めようとする力です。理解力と伝達力が特定時点における静態的な力量を示すのに対して、向上心は、時間とともに自分の力を高める能力を意味しており、教養の動態的な側面に関する力量といえます。以下、私に対してこれをはぐくんでくれた幾つかの経験をお話するとともに、そうした経験を活かした私の教育実践を紹介しましょう。

褒めることの大切さ

向上心に関する私の経験の一つは、米ペンシルバニア大学大学院におけるタウブマン教授に関するものです（資料九。私の経験三）。私が大学院に留学して最初の学期に取った授業の一つが、同教授が担当するマクロ経済学という科目です。この科目は、経済全体が変動するメカニズムを扱うものであり、その後長らく、私の日銀時代の仕事に直接関わりを持つものでした。

この授業では、他科目と同様、学期途中に中間テストがあったわけですが、そこで出

資料９　向上心 ー自分を高めようとする力

「私の経験３」
ペンシルバニア大学大学院
タウブマン教授

・科目名「マクロ経済学」
・中間テストで「A+」の
　評価

された三つの問題のうちの一つに対して私の答案に同教授は「A+」という評価をくれたのです。アメリカの大学では成績がA，B，C，Dという評価で付けられ（A，B，Cが合格、Dは不合格）、これらは日本の大学における優、良、可、不可に相当します。したがって「A+」は、Aあるいは優を超えて非常に優れているという評価をしてくれたわけです。

留学して最初のテストにこの評価をくれたので私は非常にうれしくなりました。私の勉強努力を認めてくれたこと、そして試験答案をそこまできちんと読んだうえでこの評価をくれたこと（あたりまえのことですが）がその後大きな励みになりました。その後「さらに勉強するぞ」という気持ちが涌いてきました。褒められることはこの上ない喜びをもたらします。褒めることは向上心を高めるものです。これは単に小中学生の場合だけでなく、どんなに年を取ろうとも人間の本性であり、教育にとって大切なことだと思います。

この経験を活かした私の教育実践を一つ挙げると、それは授業やゼミナールにおける学生への対応の仕方です。学生が提出するレポート、あるいは口頭での発表などにおいては、まず良い面（良くできた点）を見つけ、それをきちんと褒めてあげるようにしています。例えば「難しいテーマを扱っているけど論点をきれいに整理したね」とか、「発表レジメは簡潔で分かりやすかったよ」などです。また、やや奇妙な見方を含んでいる場合でも「君はなかなかユニークな視点を提示したね」ということができるし、内容面でのコメントをすぐ思いつかない場合でも「君の発表は大きな声で元気よく行なったのが非常によい」という風に言えるわけです。

学生の発表を聞いたり、タームペーパーを読んだりする場合、当初、私は問題点や改善すべき点などの批判的コメントをたくさん並べて提示し、それに対応することを求める指導をしていました。率直にいえば、そうすることによって優越感を感じるとともに、そうしなければ「先生」の立場がないと言わんばかりでした。長年教師をしていると、問題点を直ちに五つ、六つ指摘するのは造作もないことです。

しかし、次第に気がついてきたのです。まず問題点を並べ立てるのではなく、まず良くできた点を的確に拾い上げてきちんと指摘することこそが大切ではないか、そしてその次に改善すべき点を必要に応じて指摘するべきではないのか、と。重要なのは学生の意欲と自主性を高めるかどうかであり、従来のやり方はそれに反していたことを反省し、その後はこのような方針に変更しました。

このように、私がまずほめるべき点を指摘するという対応をしているのは、単に学部学生に対してだけでなく、大学院生に対しても同様です。さらに、同僚による研究発表や学会における外部研究者の発表に際しても、いまでは全く同じように行っています。こうしたやり方に気づくには、恥ずかしいことながら、かなりの年月がかかったことを告白せざるをえません。

ホンモノが持つ力

向上心に関する経験をさらに二つ追加すると、その第一として小学校（本町小学校）時代にハーモニカの合奏を指導してくださった小川清先生のことが思い出されます（私の経験四）。終戦からまだ約一〇年しか経過していない貧しい時代でしたから、合奏とはいってもバイオリンなどの弦楽器は全くなく、高音域（ソプラノ）が出るハーモニカや中音域（アルト）あるいは低音域（バス）を中心とするハーモニカなど、各種のハーモニカや木琴によって構成される合奏団でした。その指導をされたのが小川先生であり、ご自身はハーモニカの名手でした。

先日、家の中を整理していたところ、小川先生がガリ版で刷られ、われわれが実際に合奏に使った当時の楽譜が出てきました（資料一〇）。ハーモニカの楽譜は五線紙に音符で記載するのではなく、ドは1、レは2などと数字によって表記します。この楽譜はベルディによる歌劇「椿姫」の中にある有名な「乾杯の歌」（小川先生編曲）です。今思えば、小学校五〜六年でこんなに難しい曲を演奏していたのかなと驚きを禁じ得ませんが、それには何といっても小川先生のリードがあったように思います。同先生は時々

資料10「私の経験４」 本町小学校 小川清先生

・音楽担当（ハーモニカの名手、合奏指導）

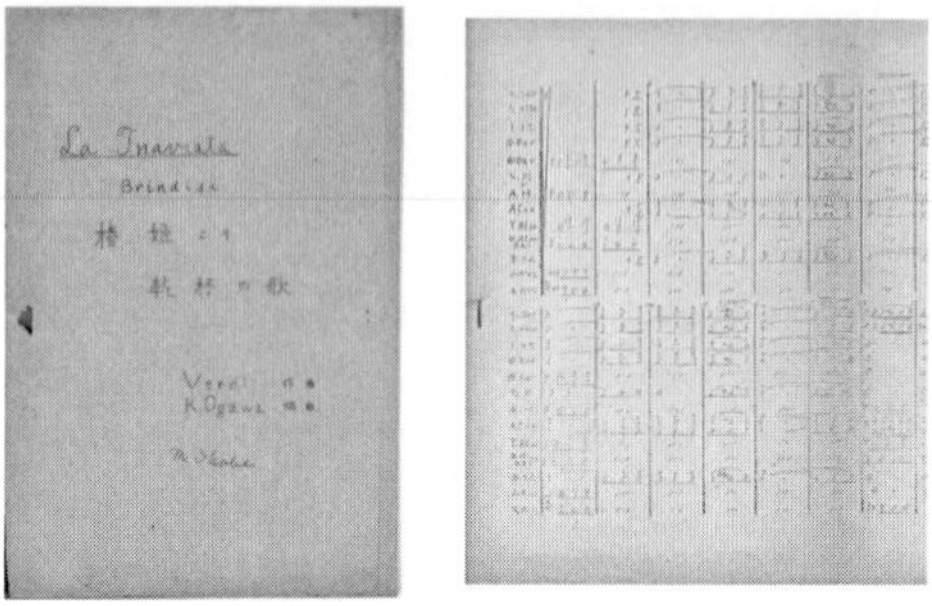

ご自身がハーモニカでツゴイネルワイゼンとか、ハンガリー舞曲第五番などの難曲を見事に演奏し、われわれ生徒に聞かせてくださいました。いま思えば、それによって生徒が自然にぐいぐいと引っ張られ、かなり難しい曲もこなせるようになったのだと感じています。

もう一つの例は、中学校時代の国語担当だった岡田元博先生についてです（私の経験五）。岡田先生は、何とありがたいことに本日この講演会にご参加くださっていますが、当時から本格的に短歌を作られるアララギ派の歌人であられました。その後は東かがわ市の広報誌や地方紙（四国新聞）の短歌選者を長年務められました。同先生は、私の中学時代を通して最も記憶に残る先生です。それは同先生が三年間クラス担任であったことにもよりますが、それ以上に同先生がまさに本格的な歌人であり、ご本人が和歌を作られるうえ、著名な歌人の歌に対しても堂々と批評（ときには厳しい批評を）しておられたからです。私も和歌をかなり教わりましたが、残念ながらその面で伸びることはありませんでした。しかし「安心してついていける先生」とはどんな先生か、それは先生自身が本格的に何ごとかに打ち込んでいる必要があること、このことを岡田先生から学んだ気がします。

以上述べた二人の先生は、単なる教師というよりもそれぞれホンモノの音楽家、ホンモノの歌人であり、ホンモノだけが持つ不思議な力を持っておられたように思います。学生や生徒にとっては、教師自身がどのような取り組み姿勢で自分の専門領域に臨んでいるかが大きな意味を持つわけです。「学生は教師の背中をみて育つ」とはよく言ったものです。両先生は「ホンモノになれ」と無言のうちに向上心を植え付けてくださったと感じています。

父親から学んだ進取の気性

次に、多少気が引けますが「私の経験六」として自分の父親に言及しておきたいと思います。私の家族は四国の田舎町に住んでいました。このため、父は都会や外国に対して強いあこがれをいだいており、「常に一つ上を目指せ。リスクを伴うことにもチャレンジせよ。海外に飛躍せよ」ということを私は父から常に聞かされていました。そして父自身それを行動原則としていました。例えば、父は外貨が貴重でその入手がままならなかった一九六四年（昭和三九年）、当時あこがれの先進国だったアメリカを見物する一か月間の大旅行に挑戦しました。この写真（資料十一）は、蝶ネクタイを付けて意気揚々と出発する父親とこれを見送る家族全員の様子です。

父親から教えこまれたこのような精神を引き継いで、私は「とにかくチャレンジしてみる」という気持ちをいつも持ち続けました。その結果、高校時代の米国一年間留学、東京大学への進学、米国の大学で教壇に立つ経験、豪州における予想もしなかった役職（日本経済研究所長）の引き受けなど、私自身が夢と考えていたこと、あるいはとても無理だろうと考えていたことを実現することができたのではないかと思います。「夢

資料11　「私の経験６」父親の進取の気性

・父はアメリカ見物１か月の大旅行に挑戦（昭和39年）

は持たねば実現しない。持ちつつ努力すれば実現できる」、そして「リスクを取らねば成長はなく充実感も生まれない」（岡部　二〇〇二）というのが私の体験に基づく実感です。また、家庭教育の大切さも改めて認識させられます。

教員の自己研鑽の重要性

次に取り上げたいのは、特定の人から学ぶという経験ではなく、ある書物を読んで非常に学んだという経験です（私の経験七）。それは『プリンストン大学の性格に関する対話集』（マックリーリー　一九八六）と題する書物です（資料一二）。同書ではプリンス

資料12　「私の経験７」

・プリンストン大学の教育のあり方に関する書物

・「大学において最も重要な学生は教員自身である」

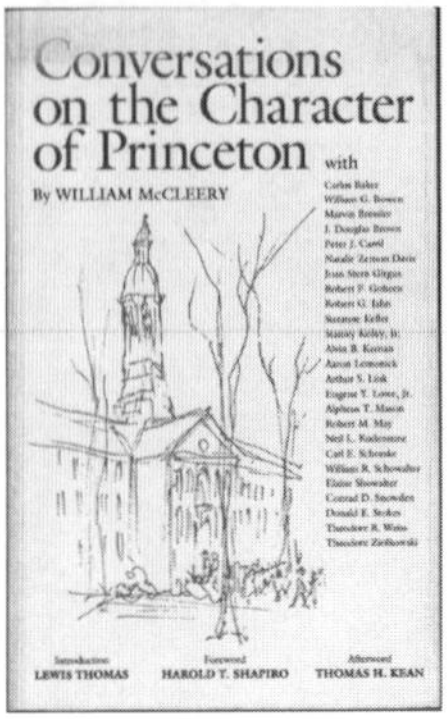

トン大学の教育面における様々な特徴がその教員によって縦横に語られています。この本は、大学教育ならびに大学教員のあるべき姿について示唆に富む点を非常に多く含んでおり、私はこれまでに何度も読み返しました。

プリンストンは研究面で第一級の大学ですが、類似する他の大学とは異なり、学部レベルの教育を非常に重視している点が大きな特徴です。この点はよく知られていますが、この書物ではそれを裏付けるように「研究と教育は真に一体のものである」という基本認識が示されています。大学あるいは大学教員の職務としては内心「研究が上、教育は下」と考えがちですが、そうした発想を排除し、両者は完全に一体のものである（車の両輪である）という認識とその実践ぶりが全編を通して語られています。この点、とても印象的であり、すがすがしい読後感があります。

この本のもう一つのメッセージは「大学において最も重要な学生は教員自身であり、現にそうでなければならない」としている点です。もし教員自身が学び続け、成長し続けていなければ、誰も学び成長することはできない、と断定しています。つまり、教員自身の成長努力、あるいは自己研鑽の重要性が主張されており、もし教員が本気で学ぼう（研究しよう）とする意志がありその実行が伴っていないならば学生が育つわけがない、という主張です。

向上心を高めてもらうための私の教育実践

以上、私に向上心をもたらしてくれた幾つかの経験を振り返るとともに、学生に向上心を高めてもらうために教員がしなければならないことを述べました。そこで次に、私が教育の現場で実践してきたことをお話ししたいと思います。

それは、自分自身が学び続ける努力をすることにほかなりません。私がホンモノの研究者であるかと問われれば、そう断定する自信はあまりありません。しかし、常に精一杯学び続けようという姿勢を堅持してきたということは自負しています。つまり、大学教員だから当然のことですが「何か新しい見方を探す」あるいは「従来の見方を整理してより展望のきく理解方法を見つける」などの勉強ないし研究を重ねてきました。そしてそれを所属学会や国内外の大学におけるセミナーで発表し、それらが区切りついた時点で最終的に書物として刊行する、という努力を私なりに重ねてきたわけです。

その証拠物件をいくつかお目にかけておきますと（資料一三）、金融に関する体系的な本を比較的早い時期（一九九九年）に二冊刊行したほか、新しい学問である総合政策学に関する書物（慶應大学における多くの同僚との共同作業の成果）が二冊あり、日本経済や日本企業に関しては三冊、また英文の書物も二冊あります。そして、教壇に立つ経験から生まれた副産物として大学教育についても三部作があります。

こうした書籍の刊行は、一見教員自身の活動でしかないようにみえます。しかし、学生諸君は、教員のそうした活動をみてどんどん追いかけてくる（学生は教員の背中をみて育つ）ことに本当に驚かされます。学生諸君は、若さと私以上のエネルギーを持って

資料13　私の教育実践：自分自身が学び続けること

おり、学部学生の中には私の勉強レベルを凌駕するようなタームペーパー（学期毎に学生が執筆することを義務づけている論文）を仕上げるケースもあります。このような場合、学生論文にさらに磨きをかけて私との共著論文のかたちをとる場合があります。現に、そのようにして学会（日本金融学会）で発表するところまで行った論文がこれまでに三編あります。

また、よくいわれることですが「教えることは学ぶこと」であることを痛感しています。教える、つまり学生に本当にわかってもらうためには、教員がものごとのうわべを理解しているのではなく、深層から理解していることが必要になります。このため、教員は教えるに際して、まず自分として従来以上の理解をする必要があることに気づかされる場合が多いものです。つまり、教えることを通して自分が学べるわけです。大学はこのように学生と教員がお互いに成長する場所である、というのが私の偽らざる感想です。

(四) 社会力とインテグリティ

教養の四番目の要素として社会力、すなわち社会生活を営む力をすでに指摘しました。いうまでもなく社会は、人間一人で成り立つのではなく大勢の人によって構成され一定の秩序のもとに機能する人間の集団です。したがって、社会生活に欠かせない要素は多々ありますが、そのうちでも私は個人の「インテグリティ」、すなわち正直さ、誠実さ、が最も基本になると考えています。つまり、社会力をインテグリティと言い換えることが可能ではないかと思います。インテグリティという言葉は必ずしも日常頻繁に耳にする言葉でないかもしれませんが、もし本日の私の講演において何か目新しいことがあったとお感じになるならば、それは是非この言葉だとご記憶いただけると幸いです。

インテグリティの意義

インテグリティとは、一言でいえば「言うことと行うことが一致していること」です(資料一四)。つまり言行一致であり、両者が一体化しているという意味で完全性を意味しています。われわれは、口では良いことを言っても実際の行動がそうなっていない場

資料14　インテグリティ（Integrity；正直さ、誠実さ）

・言うこと、行うことが一致していること
・他人が見ていようが見ていまいがその姿勢を貫くこと
・社会で生きていくために最も重要な倫理的基準のひとつ

■私の経験ープリンストン大学：期末試験は試験監督は置かないで実施する「名誉ある宣誓制度」を採用

■インテグリティがあれば言い訳をする必要がない。自主性が高まる。より良い判断ができる

■インテグリティは国際性、普遍性のある価値。例えば国連職員を募集する時の三条件のうちのひとつ：

・専門性（professionalism）
・インテグリティ（integrity）
・多様性の尊重（respect for diversity）

合が少なくありませんが、そうではなく両者が一致していること、それがインテグリティです。そして重要なのは、他人が見ていようが見ていまいがその姿勢が貫かれていることです。人が見ている場面では言行が一致していても、人が見ていないところではそうでないケースがありがちですが、そうではなく人の目が届かないところでも言うことと行うことが一致していること、これがインテグリティの重要な側面です。

これは、社会を構成する個人にとって最も重要な倫理的基準のひとつであり、それが行き渡っているのが良い社会だと思います。という風に申し上げると、私自身初めからそれ

が十分わかっていたかのような印象を与えるかもしれませんが、決してそうではありませんでした。いつもそうだったという訳ではありませんが、人の目が届かないところでは自分が口でいうことと異なる行動をしていたこともあったことも確かにありました。しかし、約二〇年前、米国プリンストン大学で一年間教壇に立った時にインテグリティという言葉を初めて知るとともに、同大学ではその重要性を教育の根幹として据えていることを知り、強い衝撃を受けたのです（私の経験八）。プリンストンは、アメリカの全大学のなかでハーバードと常にトップ争いをしている名門大学ですが、研究面だけでなく教育面で非常に力を注いでいるのが大きな特徴です。

プリンストン大学における期末試験制度

具体的にいうと、プリンストン大学では、期末試験において驚くなかれ（！）試験監督を置かずに試験を実施しているのです。期末テストの際、教員は試験問題と解答用紙（ブルーブックという約一〇ページのノート冊子）を試験教室で配布し、自分の研究室に帰ります。そして試験時間（通常は二時間程度）の終了を見はからって、再び教室に現れて答案を回収し、それを持ち帰るのです。つまり、試験監督が誰もいない状態で期末試験がなされるわけです。こうした試験を公明正大に行うため、学生は「私はこの試験中に他人に手を貸したり、他人から手を貸してもらっていないことを私の名誉にかけて誓います。（氏名の署名）」という誓約文を答案に自筆で書いたうえで署名をすることになっています。このためこのシステムは「名誉ある宣誓制度」（honor system）と称されています（岡部 二〇〇六）。

ここでは、不正は人格を損なうという考え方が強調されており、現に教育において学生がそれを身につけるように制度的対応がなされているわけです。すばらしい、そして勇気あるシステムであり、率直に言って羨ましいと思います。

インテグリティを重視する理由

なぜインテグリティがこのように重視されるのでしょうか。第一に、インテグリティを基礎とした行動をしていれば、何も言い訳をする必要がないからです。つまり、他人の目を不必要に気にかけることがなくなるので自主性が高まり、その結果、より良い判断ができるようになるからです。逆にいえば、インテグリティの欠如（ウソをつくこと）は自分自身の信用や価値をおとしめるだけでなく、何かにつけ言い訳を考える必要に迫られるので良い判断をすることができなくなってしまいます。結局、何の得にもならないわけです。

第二に、インテグリティは責任を持って行動することを意味しているので、第三者からの信頼感が高まることになります。これは、自分にとって喜びになります。

そして第三に、インテグリティを生活の基準におけば、込み入った日々の生活を単純化できるというメリットもあります。それは毎日の生活に自信をもたらしてくれることになります。

さらに、インテグリティは国際性、普遍性のある価値であることも知っておくのが良いと思います。例えば、代表的な国際機関である国際連合では三つの基本的価値を掲げていますが、その一つとしてそれがうたわれています。すなわち、国連における三つの価値とは、専門的能力（professionalism）、誠実さ（integrity）、そして多様性の尊重（respect for diversity）であり、国連の幹部職員を全世界から公募する場合、この三つを充足する人であることを強調しているのが印象的です。

もう一つ例を挙げておきますと、幕末から明治にかけての時代先導者であり慶應義塾の創始者でもあった福澤諭吉のケースがあります。彼は、自分の息子二人に対する徳育にたいへん心を砕いていたことが知られており、子供たちが家庭で学ぶべきことを「ひびのおしえ」として書きつけた小冊子（福沢 二〇〇六）が残っています。その七項目の第一番目に「うそをつかないこと」を挙げているのです。

古来「正直は最善の策」といわれていますが、それよりも広義にインテグリティという意味でそれをとらえた場合、この格言は妥当性が一層高まるように思います。インテグリティは、それ自体が大きな価値を持つだけでなく、それを目指した生活をすれば心の重荷が軽減され、自信も湧いてくる、というのが私が経験的に学んできたことであり、皆さんにお伝えしたいメッセージでもあります。

組織のインテグリティ

インテグリティが重視されるのは、実は個人の場合（personal integrity）だけでなく組織に関するインテグリティ（organizational integrity）も重要です。本日ご出席の皆さんの中には、企業の経営に関して責任ある立場に置かれている方も少なからずおられるので、このことを強調しておきたいと思います。

私が最近出版した専門書で強調したことですが（岡部 二〇〇七、十一章）、一般に企業の経営においては、自己責任の原則に基づいて行うこと、そして正直かつ誠実（integrity）なやり方で行うことが最も基本的なことです。その逆の経営は、非常に多くの問題を引き起こす可能性が高く、場合によっては企業の存立すら危うくするリスクを伴います。

インテグリティを欠いた企業経営の事例として記憶に新しいのは、伊勢の有名菓子「赤福」の例があります。同社は、信頼の置かれた老舗であったにもかかわらず（あるいはそれを良いことにして）製造日や消費期限の不正表示をしたうえ、消費期限切れの商品を回収して再販売するなど、消費者を欺く行為を行っていたことが発覚したのです。その結果、営業の一時停止や信頼失墜など大きなダメージを受けることになりました。また、大阪の名門料亭「船場吉兆」では、牛肉の産地偽証をしたうえ客の食べ残しを別の客に使い回していた事態が発覚しました。その結果、顧客の信用失墜によって営業が成り立たなくなり、昨年廃業に追い込まれました。

このほかにも、建築事務所による耐震強度偽装、自動車会社のリコール隠し、総会屋への不正利益供与、銀行の不良債権の隠ぺい、輸入牛肉偽造による公金の搾取など、日本では近年あらゆる業界で不祥事が発覚し、これまで新聞を賑わしてきました。こうした行動をとった会社は、それによって経営危機に陥るとか、場合によっては廃業せざるを得ないという状況に追い込まれています。インテグリティの欠如は非常にリスクが大きく、会社にとって結局著しく高くつく（命取りになる）わけです。

学校教育においてインテグリティを学生や生徒にどのように身に付けさせることができるでしょうか。色々な方法が考えられますが、その一つはスポーツを通してでしょう。どのようなスポーツの場合でもフェアプレーの精神が重視されます。したがって体育（スポーツ）は、体力を作る機能を持つほか、フェアプレー、インテグリティといった重要な価値も体を通して学べる点で重要性を持つと思います。

私の実践

インテグリティに関して私が実践している例を二つ挙げておきたいと思います。一つは、学生に学期論文（タームペーパー）やレポートの執筆を課す場合、そのレポートの表紙に不正のない旨の署名をさせていることです。すなわち「この論文は私自身が作成したものであること、そして他の書籍や論文等に依拠している部分についてはその旨を明記してあることを誓います。（氏名の署名）」という文言を自筆で書くとともに署名させていることです。

いまやインターネット上には膨大な情報があふれているので、キーワードを入力して必要情報を検索することによって出てくる文書類をコピーすれば、ほとんど自分の労力を使うことなく情報を適当に編集することによってレポートを簡単に作ることができます。現に一〇年ほど前に一度、ゼミ学生からそのようなレポートの提出があり、私はそのことを事前に見抜けず良い成績評価を与えてしまうという苦い経験をしました。しかし、その後は私の目が次第に肥えてきた一方、学生諸君の自覚を高めるべく努力したので、レポートは安心して採点できるようになりました。

もう一つの例は、学生から質問がでた場合、自分が分からないことは「分からない」と率直に述べるようにしていることです。そして自分が納得するまで調べたうえできちんと回答するようにしています。教員だからすべてが分かっているわけではありません。自分が自信をもって答えられないような質問がでた場合、従来は分かっているようなふりをするとか、あいまいなままにするといったこともありました。しかし、そうした態度は教員として不誠実であり、学生のためにならないだけでなく、教員自身にとってもあと味の悪いものです。これが決して良い対応でないことが次第に納得でき、現在ではいま述べたような対応をすることを心がけています。

あまり述べたくない経験

私の学生時代を振り返ると、先生方からは多くのことがらを教わった経験が圧倒的に多いのですが、率直にいえば、そうでなく教員のあり方として疑問を感じたケースもいくつか思い出します。そうしたことはあまり述べたくないことですが、本日の話のバランスに配慮する観点から多少言及しておく方がよいのではないかと思います。

一つの例は、高校時代ですが、授業の事前準備をほとんどせず教室に来て授業をする先生がいたことです。この先生は物理学を担当しており、教室に来てからその日の授業を教科書のどの部分から開始するかを学生に聞いたうえでスタートすることが多く、また当日の練習問題をご自身が教室で初めて読んで解答方法を考えるといったことも少なくありませんでした（うまく解答が出せない場合もありました）。

もう一つの例は、大学院の時代、授業のシラバス（毎回の講義目次を記載した冊子）を無視するだけでなく、授業内容にマッチした事前準備をほとんどせず行き当たりばったりの話をする先生がいたことです。これはミクロ経済学の授業でしたが、例えばご自身が最近の学会で報告したことをそのまま話すことで授業を何とかこなしたかたちにするという授業も何回かあったので非常にがっかりしたことを思い出します。

これら二人の先生は、職務を誠実に果たしていたとはいえないと思います。そのような場合、学生は人生経験が少ないとはいえそれを敏感に感じ取るものです。そして勉学意欲が削がれるだけでなく、その将来に禍根を残す可能性すらあるのではないかと思います。事実、私はもともと理科系を志望していましたが、いま述べたような物理の授業を経験したこともあって物理学自体に失望し、経済学など社会科学系に進路変更をしました。またミクロ経済学への関心は次第に薄れ、その後マクロ経済学を中心に勉強するようになりました。私の進路はむろん自分自身が決めたわけであり、他人のせいにすることはできませんが、少なくともこれら二つの経験は自分の進路決定に影響があったことはやはり事実です。

私の授業実践

このような経験もあるため、私が授業を担当する場合、私としてそれを最上のものとするために何よりも優先して準備をし、実施するようにしてきました。毎回の授業は、たとえ前年と概ね同様な内容を講義するにしても、各回の講義は一生に一度のもの（一期一会）と心得て臨んできました。つまり、講義ノートは授業の前日までに完成させます。あるいは、前年とほぼ同じ内容の場合には必要な改訂や補筆を前日までに済ませます。そして配布資料も、前日中に作り上げて必要部数のコピーを自分で作ります。そのうえで、前日にまず一回、講義のリハーサルをします。そして授業当日には自室で再び

資料15　大学の正規授業で初めて教壇に立ったペンシルバニア大学（日本経済論の講義）

ひととおりリハーサルをした上で教室に出向くようにしています。

このように十分準備をするのは、一つには自分自身安心して講義ができるからですが、私にそうした習慣が身につくことになったのは、私が大学で正規の授業を初めて担当した時にそうすることが不可欠だった経緯があるためです。つまり、もう二〇年前近くも前になりますが、授業の実施方法に関して厳しいルールがあるアメリカの大学において私の大学教員としての新しい人生行路がスタートしたからです（資料一五）。

アメリカの大学では、学期が始まる前に当該授業の全体としての狙いのほか、毎回の講義計画と毎回の授業毎に学生が読む必要のある指定論文等を事前にシラバス（授業計画書）のかたちで提示し、それに従って授業を進めなくてはなりません。そして学期末には、教員の授業ぶりに関して履修学生が書面で評価するシステムとなっているわけです（現在では日本の大学でもたいていこうした方式が導入されています）。そして授業はむろん英語で行うわけです。

私としてこのような未曾有の任務に直面したため、授業に際しては先ほど述べたような周到な事前準備が必要だったわけです。おかげさまで、アメリカにおいて私が初めて担当した授業（ペンシルバニア大学での日本経済論）では、学生諸君から「体系立った良く理解できる授業だ」という評価をうけました。このため、その後現在に至るまで、授業前日と当日の計二回のリハーサルを遵守しているというわけです。

（五）教養の究極的三要素

さて、私の体験やら授業実践やらをやや雑然とお話をしましたが、ここで本筋にもどり「教養」の内容を再度整理してみます。教養とは、結局三つの要素（相互に独立した

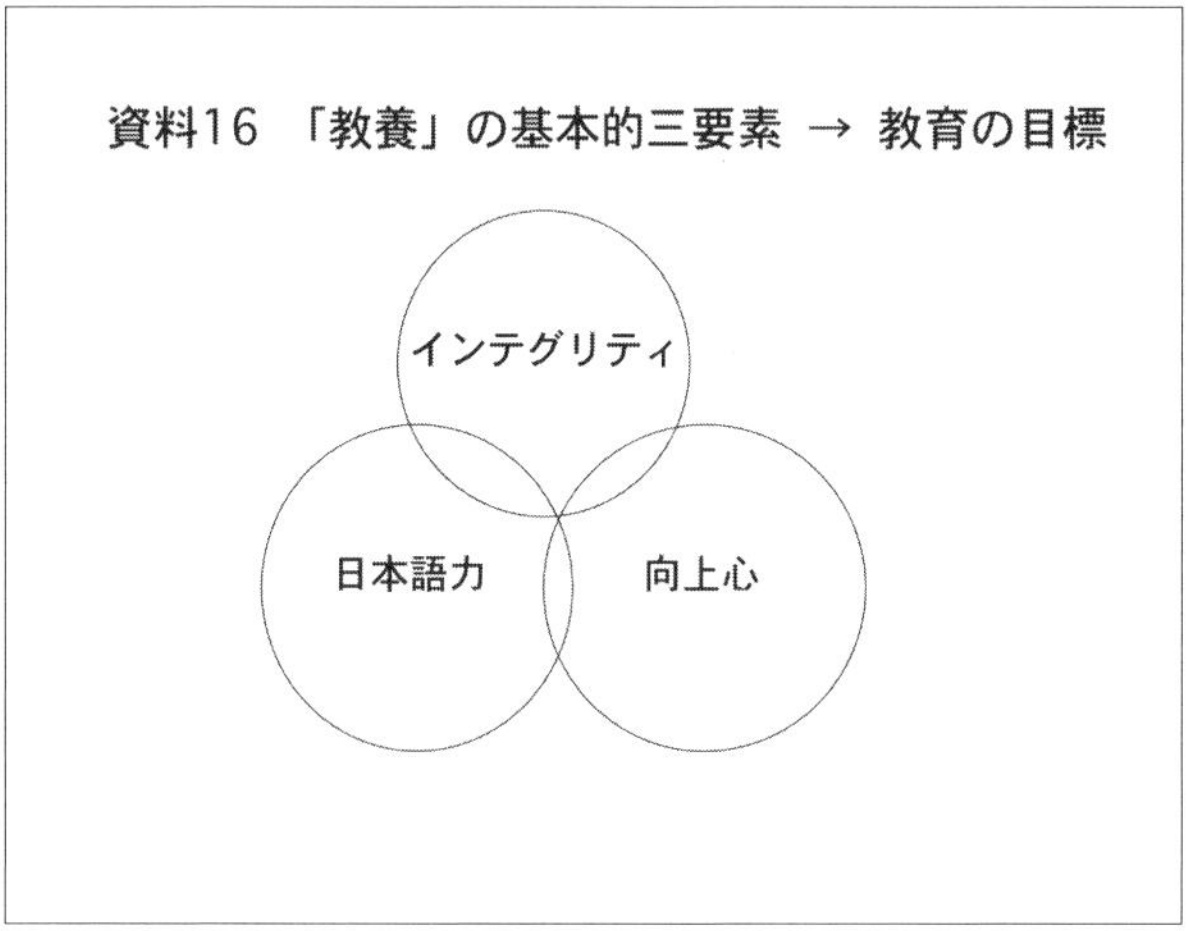

三要素）によって構成されると理解できるのではないか、ということです。

教養は四つの要素から成る、ということをすでに述べました。ところが、そのうち理解力と伝達力は、統合して「日本語力」という言い方ができるのでこれを新しく一つの要素と考えることができます。第二の要素は、向上心それ自体です。そして第三の要素である社会性は、社会が多くの個人から成ることに着目すれば「インテグリティ」と言い換えることができる、と説明しました。したがって教養は、日本語力、インテグリティ、向上心、この三つを基本要素とする、というのが私の考えです（資料一六）。そして、この三つが教育の究極的な目標になるべきだ、と私は思います。これらは、まさに時代や国を超えて価値を持つ技量であり、教育目標とするにふさわしいからです。

ただし、そう述べるとともに、留意すべき点があることも指摘しておく必要がありません。第一に、これら三要素はマニュアル（手引き書）によって簡単に学べるものではないことです。いずれのことがらも、厳しい勉強を通して初めて身につくものです。勉強は、読んで字のごとくまさに「勉」めることを「強」いる行為です。つまり講義を聞いたり、書物を読んだり、必要なことを暗記したり、論文を書いたり、口頭発表をしたりするなどのことを重ねて体で覚えていくほかに道はありません。

これは、ちょうど自動車の運転に習熟するのと同様です。自動車の運転マニュアルには「加速するにはアクセルを踏め、停車するにはブレーキを踏め」と書いてありますが、それを読んだだけで実際に自動車を安全に運転するのは無理です。やはり、実際に自動車に乗り、ハンドルを握り、自分で車を動かしてみて初めて運転の感覚がつかめ、公道で安全に運転できるようになるのと同じです。三つの要素も体で覚えてゆく以外にはありません。

第二に、すでに述べたように、教える側が学び続けていなければ学生が本当に学ぶことはないことです。学生は教員の背中をみて育つ、ということを繰り返しておきたいと思います。

五　その他に学生が身につけるべきこと

以上のほかにも、学生が身につけるべきこと（あるいは教育が目指すべきこと）は少なくありません。以下では、これらのうち五つの要素、すなわち規律、感性、体育（スポーツ）、英語力、コンピュータ技能、を指摘するとともに、それぞれにつき簡単に私の意見を述べておきます。

（一）規律

規律とは、人が社会生活を営むうえで必要な行為の基準として定められたきまり、定め、あるいは掟のことです。しつけ（躾）、あるいは礼儀作法もこれに含まれると思います。規律に従うことは一見何かを押しつけられることのように見えますが、そうではなく、むしろそれによって自分の行動に自主性が生まれ、結局自分の人格、品格を保つことになる、と私は理解しています。そして、何ごとであれ一定の規律に従えるかどうかが適切に判断できるのは、普遍性、国際性のある一つの力だと考えています。大学の中では、世間からみると何ごとも自由度が大きいので学生諸君はこれになかなか気づかないのですが、社会に出てからその重要性が分かることが多いようです。

規律を守ることに関して私の教育実践を二つあげておきます。第一は、私の授業においては履修者が守るべきルールを設定し、それを授業シラバスに次のように明確に記載していることです。

この授業を受ける場合には次の点に留意すること。

（一）授業中の食事（但し飲み物をのぞく）は社会通念に合致しないだけではなく、他の受講者の迷惑になるので認めない。

（二）私語が目立つ者は、他の受講者の迷惑になるので名指しをして退室を命じるこ

とがある

（三）教室内では帽子をとること。

これらは規律というほどのことでないかも知れませんが、違反者がいれば、私は直ちに注意するようにしています。このため、私の授業では全履修者がこのルールを問題なく遵守してくれるようになっており、幸いにも教室内は常に緊張感が維持できています。学期最後の授業評価アンケート調査においては「こうしたルールを明記し、実行しているのは清々しいことであり、とても良いと思いました」という回答がよせられています。

私が実践している第二は、教室で講義をするに際し私は必ずネクタイを着用すること、そして講義開始時には学生諸君に対して一言あいさつをすること、です。この二つを規律として自分に課しています。大学というコミュニティの雰囲気は、例えば一般の会社の場合とは異なってかなり自由であり、教員の服装も非常に自由です。それは、何かに縛られるという発想を排し、ものごとを自由に考える環境を維持するうえで大切な面もありますが、とはいえ、やはり程度問題ではないかと私は思っています。例えば、薄汚いジーンズ（Gパン）ないし体操用シャツと運動靴という姿で講義をする教員も時々見かけますが、これは聴講する学生に対して失礼であり、授業環境の緊張を削ぐのではないでしょうか。

また、授業の始めにおいて教員は、学生と気持ちを合わせて授業に取りかかる必要があると思います。私の場合「皆さん、おはようございます」あるいは「今日は富士山がきれいにみえますね。皆さんを祝福しているようです」とか、「若葉がまぶしいですね。芭蕉の句『あらとうと青葉若葉の日の光』という好季節になりましたね」などと季節に合致したあいさつをするように心がけています。このことに対して学生は、学期最後の授業評価用紙の自由記述欄において「毎日が気持ちよくスタートできました」「どのようなあいさつがあるか毎回楽しみでした」などの好意的な評価を与えてくれました。

(二) 感性

第二番目の要素は、感性（sense）あるいは感受性（sensitivity）です。ものごとを理解し判断するには「論理」が不可欠ですが、全て論理で判断するには限界があります。

感性あるいは感受性、すなわち物事を感覚的に感じとる能力、あるいは大きな視点から直感的に理解する力が論理を補完することによってはじめてバランスがとれた見方と判断が可能になるのだと思います。

このような感性としては各種のものがありますが、私が重要と考えるものを幾つか指摘しておきます。第一に「美しいと感じるこころ」です。すなわち、美感あるいは審美眼、つまり何を美しいと感じるかの素養が大切です（岡部 二〇〇〇）。とくにわれわれは日本人であるので「日本人としての感性」を涵養することが大切だと思います。具体的には、日本の古典、俳句、習字、そして日本人が親しんできた音楽などがとくに初等中等教育において大切ではないでしょうか。こうした感覚を身につけていることは、国際的に活躍する場合でも、文化的根無し草にならないために欠かせない素養だと考えます。

私の場合、和歌については先ほど申し上げたとおり岡田先生の薫陶を受けたほか、音楽については中学時代にも良い先生と良い教科書に恵まれ（本日ご出席くださっている横井先生に三年間教わりました）、とても幸いだったと回想しています。スクリーン

資料17　感性：音楽の教科書（中学2年）

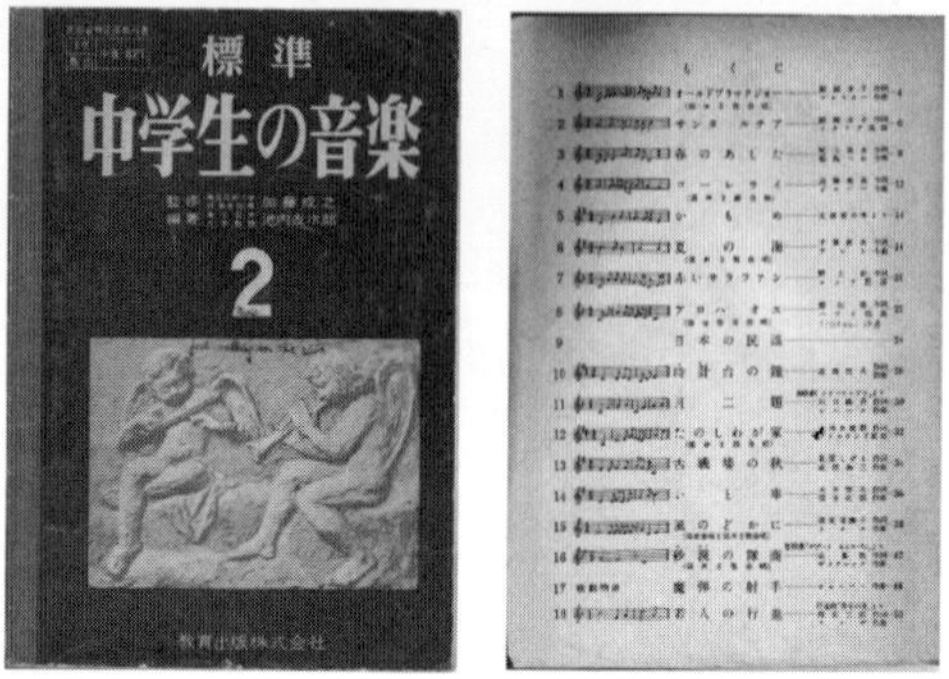

に写した黄ばんだ資料（資料一七）は、自宅の書庫からでてきた中学二年生の時に使った音楽の教科書です。この教科書では、オールド・ブラック・ジョー、サンタルチア、ローレライなど、私より一～二世代先立つ日本人が愛唱してきた外国のメロディが多く掲載されているほか、春のあした、時計台の鐘など日本の歌も多く採録されており、当時の音楽の授業をなつかしく思い出します。このほかにも、椰子の実、早春賦、夏は来ぬ、里の秋、冬景色など、われわれ日本人の感性と一体となった歌が非常にたくさんあります。これらの歌に潜む感覚は日本人として大切にし、次の世代に継承してゆく必要があると思います。

感性の二つ目は「感謝できる心」です。ものごとはすべて、誰かの、何らかのおかげをこうむっていることを積極的に理解しようとする心がこれであり、それを涵養することが大切といえます。実るほどに頭を垂れる稲になぞらえると、これは「稲穂の心」ということができましょう（高橋　二〇〇八）。

どんなに厳しい境遇でも感謝できることを何か見いだしていれば、卑屈にならず、絶望することなく、人や世界に対する信頼をもって歩むことができます。「幸せだから感謝する」のではなく「感謝するから幸せになれる」というのが逆説的な真理（シャイモフ　二〇〇八）といってよいと思います。これは、人生を豊かにする基本的な心構えということができ、私は最近一五年ばかりの経験によってこの真実を次第に確信するようになりました。

感性の三つ目は「思いやる心」です。これは、相手を、その地位の如何にかかわらず一人の人間として、そして相手の気持ちになって対応する姿勢を意味します。この例として忘れられないのは、大学時代に私が所属していたゼミの担当教員（岡野行秀先生）の研究室へ行ったときのことです。何を相談するために行ったのかは今となっては全

資料18　もったいないと思う心

ー物の価値を十分に生かしきれておらず無駄になっている状態。あるいは、そのような状態にする行為を戒めること

ーマータイさん*が環境保護活動のスローガンとして使用。いまや世界的に知られる日本語

ーもったいない（*Mottainai*）：かけがえのない地球資源に対する尊敬の念が込められている言葉

*ワンガリ・マータイさん
ケニアの環境保護活動家
ノーベル平和賞(2004年)

く忘れてしまいましたが、私が部屋に入ると「まずお掛けなさい。これからコーヒーをいれましょう」といってコーヒーを入れてくださいました。東京大学の先生が学生と同じ目線の高さで接してくれたことにいたく感激し、今でもありがたく思い出します。東大の授業やゼミで学んだことの大半は忘れてしまいましたが、このことは今でも最も鮮明に記憶に残っていることの一つです。

感性の最後、四つ目は「もったいないと思う心」です。「もったいない」とは、モノの価値を十分に生かしきれておらず無駄になっている状態、あるいはそのような状態にしてしまう行為を戒めることです（資料一八）。

戦後の物資が乏しい時代に育った私は、このもったいないという考え方をもっぱら家庭において母から常々さとされてきました。実は、モノが身の回りにあふれる現代においても、もったいないという発想が見直されてきています。とくによく知られている例は、ケニアの環境保護活動家、ワンガリ・マータイさん（二〇〇四年にノーベル平和賞を受賞）が環境保護活動のスローガンとしてこの言葉を使用するようになったことです。もったいない（Mottainai）には、かけがえのない地球資源に対する尊敬の念が込められており、この日本語はいまや世界的に知られるようになっています。

(三) 体育

五つの要素のうち第三番目は、体育ないしスポーツです。小中学時代、私は白鳥海岸で水泳をしたり、広大な松林の中で相撲をとったり野球をしたりしました。それをいまでもありありと思い出します。これらは子供の遊びの一環として経験したことであり、私自身ついに何かのスポーツに剛けることは残念ながらありませんでした。

しかし、体力はすべての基礎であり、それを養成する体育は教育上非常に重要な位置を占めると思います。なぜなら、人間が感じ取り、考え、表現するのは全て身体を使ってだからです。さらに、体育あるいはスポーツは、フェアプレーの精神を身につけさせるうえでも重要であり、これは既に述べたインテグリティとも密接に関連しているからです。

(四) 英語力

第四番目の要素は、英語力です。そもそも英語を学ぶことには二つの意味がある、というのが私の理解です。第一は、英語を学ぶことによって英語によるコミュニケーションができるようになることです。これは自明であり、英語は国際的なビジネスをするうえで欠かせないので、英語の学習はそれを支援するわけです。

第二は、従来指摘されることがあまりなかったかもしれませんが、英語を学ぶことによって「日本語力が磨ける」ことです。英語は、その文法構造や語彙をはじめ日本語と非常に大きく異なることばです。より深いところからみると、一つのことばは、人間の世界をそのことば特有の角度と方法で切り取る手段にほかならない（鈴木　一九七三）

わけです。

このため、英語で話したり書いたりする場合には、日本語の発想を英語の発想に切り替える必要があります。したがって、英語の発想が的確にできるようになれば、日本語で発想する場合も、その力の助けを借りてより的確な発想と文章構成ができるようになるわけです。だから「英語の上手な人は日本語がうまい」といえます（母語についてこのような表現をすることは通常あまりしませんが）。そして、日本語力はすでに述べたように教養の三要素の一つですから、英語を学ぶのは日本語が上手になるため、という意味も併せ持つと理解できるわけです。

では、早々と小学校から英語を学ぶべきなのでしょうか。これは難問です。「This is a pen」という英語のドリルを小学生から始めるのか、それともその時間を「菜の花や月は東に日は西に」という日本語とその感性を涵養するために配分するか、という選択の問題です。今日のグローバル化した社会において、英語に上達する必要性が大きいことは何ら疑問の余地はありません。だからといって「小学校から英語を学ぶようにすべき」というほど単純に解答がだせる問題ではありません。

日本語と発想自体が異なる英語を、日本語を母語とするわれわれが果たしてどこまで上達できるか、あるいは上達すべきか。国民全部が平均的にそうなるべきか、それとも必要な人がそうなればよいのか。さらに授業時間総数に限界がある以上、英語授業のためにどのような科目が犠牲になるのを許容するのか。これらを十分に検討したうえで判断しなければならない大きな問題だと思います。

いずれの点についても多様な議論がありえましょうが、ここでは私の経験と感想を述べておきます。私の外国生活は合計一〇年に達し、これまで英語世界において各種の仕事をしてきました。また現在、英語で行う授業（その履修者はもっぱらカリフォルニア大学からの留学生）も一科目担当しています。このため、平均的な日本人に比べると私は英語に慣れているはずです。しかし、それでもなお英語は私にとって依然として外国語です。それを使い回すには非常に労力を要するうえ、細かいニュアンスの理解にも限界があります。実は、私とほぼ同様の留学経験があり、私以上に長期間に亘って海外諸国に勤務し、数年前まで国連大使をしていた友人がいます。外交官の彼ですら「英語で仕事をしなければならないことが何と言っても一番苦労する点である」という感想を述べているのです。

このようなことを考え併せると、二つのことがいえるのではないかと思います。一つは、英語を仕事その他で必要とする人は、英語を徹底的に学ぶべきであることです。もう一つは、日本国民全部が小学生の段階から英語を必須科目として学ぶべきかどうかにはやや疑問があることです。なぜなら、そうすることによって学業終了時点までに英語力が期待されるレベルに到達できるかどうか保証の限りでないからです。また、一部識者が指摘するように（藤原 二〇〇五）、英語学習が追加される結果、日本人としての感性を身につける授業（古典、俳句、習字、音楽など）や日本語（国語）が犠牲になる可能性があるので望ましくないからです。

(五) コンピュータ技能

第五番目は、コンピュータ技能です。ここ二〇年ばかりの間における情報通信技術の革新は、人間の生活や仕事のパターンを根本的に変えてきました。この環境の恩恵を享受できるスキル、具体的にはコンピュータに関する基礎的な知識とその操作能力は現代人にとって不可欠です。昔は「読み・書き・そろばん」でしたが、今は「読み・書き・コンピュータ」の時代といえます。したがって私は、学生が中学、高校までにコンピュータの基礎技術を学校で習得する機会を持つ必要があると考えます。

ただ、学校で扱うのはその程度に止めるのがよい（それ以上の技能を希望するならば学生は自ら別途学ぶべきである）と思います。その理由は、英語の場合と同様、コンピュータ関連授業を増加させることと、日本語や日本人としての感性を身につける授業を犠牲にすることとの比較考量の問題であり、学校教育では後者の重要性を確保することの方が大切だと思われるからです。

六　私の考え方を学生はどう見てきたか

以上、教育に関する私の考え方や実践事例を述べましたが、これらを第三者はどのように受け止めているのでしょうか。私が慶應大学の教壇に立っていた時に接した学生によるコメントはすでに数多くもらっているので（第六部一章～四章を参照）、ここではごく最近、ある学生からもらったコメントを一つ披露することにします。

私は去る四月、今春卒業したばかりの岡部ゼミナール所属の学生（中里祐太君）から一通の電子メールを受信しました（卒業式後の風景は資料一九）。同君は、大阪に本社がある大手機械メーカーに就職し、勤務地が東京になっている卒業生です。やや長文になりますが、同君の了承を得ているのでここでその主要部分を紹介させていただきます。

岡部光明　先生

四月一日から一四日までの間、入社式、及び新入社員研修のために大阪へ滞在し、東京に戻ったところです。岡部ゼミで学んだことが新入社員研修で役に立ったという報告を、先生に是非差し上げたいと思い、このメールを書いています。

第一に、研修の内容が容易に理解できたことです。（中略）

第二に、プレゼンテーションを上手にこなせたことです。自らをプレゼンテーション（つまるところ自己紹介）する課題が与えられたのですが、ビジネス・マナー講師の方も人事部長も「中里が抜群に上手い」という評価を下さいました。

第三に、比較的丁寧な言葉遣いが身に付いていたことです。研修中「ヤバイ」「〜みたいな」「マジ」といった、いわゆる学生言葉を遣うことは禁止されていました。そして、そうした言葉を最も多く口にした上位三名が、罰ゲームを受けるというルールでした。私は、その中でワースト・ワンであった、つまり最も学生言葉を使用しませんでした。

とにかく、これらの事実が示唆するのは、岡部ゼミで努力した日々が知らぬ間に私に社会人としての資質を与えてくれたということ、そして大学時代の自分の努力が他者から認められたということです。(中略) この研修の一四日間は自分の内側に社会人としての意識を醸成する期間であったと同時に、岡部ゼミで過ごした時間の充実度を再認識する期間でもありました。

改めて、岡部先生にお礼を申し上げたいと思います。本当にありがとうございました。

この文面を受信して私は何とありがたいことかと思うとともに、同君の心配りに感

資料19　今年3月の卒業式（岡部ゼミの学生たち）

謝しています。このメールからは、三つのことが言えると思います。第一に、同君は私が強調している教養の要素、とくに日本語力を在学中に磨くことに努力し、その成果に自信を持ってくれていることです。第二に、私が依頼したことでは全くありませんが、必要な場合に必要な人に対してきちんとお礼をいうこと（稲穂の心）を実行してくれていることです。そして第三には、多少冗談めきますが、ものごとを三つにまとめるという、ゼミで身につけた整理方法を実行してくれていることです。

これらの成果は、むろん同君が在学中に努力した賜物ですが、私は自分の採ってきた教育方針に改めて自信を持ちました。このように、大学時代に私（岡部）の下で勉強する機会があったのは幸いであったという感想を寄せてくれ、そして学生がこのように育っていくのをみることができるのは、教師にとって非常に大きな喜びです。これは、他の職業にはない教師の特権だと思います。

七　結論

以上、教育に関する私の考え方を縷々述べました。最後に、それらを整理するため主要論点を要約してスクリーンに掲出し、一応読み上げておくことにします。

（一）基本的な「しつけ（躾）」は家庭と学校の共同作業である。これは、幼稚園から大学まで全ての段階において妥当する。

（二）真に学べるのはホンモノ（その分野のプロフェッショナル）からである。このため、学校の教員はホンモノたること、ないしそうなろうとする向上心を持っていることが不可欠である。また家庭では、両親が良い手本となる必要がある。

（三）教師は自ら成長すること（向上心を持ちそれを実行していること）が実は教育上重要な点である。このことは、家庭における両親の姿勢にも該当する。

（四）教育とは究極的に「教養」を身につけることである。それは日本語力、向上心、インテグリティの三つに集約して考えることができる。これらは普遍性、国際性のある人間力ということができ、また永続性のある能力でもある。このように考えると「学校で学んだことを一切忘れてしまった時になお残っているもの、それこそ教育だ」（二〇世紀最大の物理学者アルベルト・アインシュタイン）といえる。

（五）教養の他に育成すべき主なこととして、規律、感性、体育、英語力、コンピュータ技能がある。

（六）教育に際しては、良い点をみつけて「褒めること」が必要かつ重要である。これは幼稚園児から大学院生にまで、年齢を問わずに該当する。

（七）日本社会の二〇〜三〇年後の姿は、今日の教育が良いかどうかによって決定される。このため教育は、社会にとって最も重要な投資である。
（八）教育とは、われわれが誰かに教え込むことというよりも、究極的には若い世代がひとりひとり人生において果たす役割を見つけてもらうことである。そのためには、われわれ自身が正しい生き方をすること、そしてそれを次の世代に学んでもらうことが必要である。「われわれが誰でもこの世に（次世代に）遺すことのできる贈り物は、金銭財産などではなくわれわれ自身の高尚な生き方である」（明治・大正時代のキリスト教思想家、内村鑑三）。

思えば、今から一五～一六年前、私は自分の職業人生の後半においてそれまでとは一転、教育の仕事に就くことになりました。そして、その後はこれがまさに自分に与えられた使命（ミッション）にほかならない、と次第に自覚するようになりました。その仕事を幸いにも今日まで何とかやってこられたのは、これまでいかに多くの恵まれた機会、恵まれた環境、そして多くの人々との恵まれた出会いに支えられてきたことによることかと痛感しています。

二千年前のある書物に「多く与えられた者は誰でも多く求められ、多く任された者は、更に多く要求される」という記述があり、それを読むたびに身が引き締まります。このことを常に忘れることなく、これからも自分の使命を精一杯、果たしていきたいと考えています。

ご清聴ありがとうございました。

（香川県東かがわ市商工会主催「市民講座」における講演、於東かがわ市中央公民館大ホール、二〇〇九年五月三〇日）

第三部　明治学院大学への着任と教育実践

一　明治学院大学国際学部への着任

吉井（淳）学部長、ご紹介ありがとうございました。

本年（二〇〇七年）九月一日に着任した岡部光明でございます。今学期の担当科目は「日本経済論」そしてUC（カリフォルニア大学）留学生がもっぱら履修する科目の「Contemporary Japanese Economy」でございます。目下のところは、新しい講義ノートを書き下ろすだけで毎日、あくせくしております。

このたびは、由緒ある明治学院にお招きくださり、そしてこの国際学部の教員に加えていただいたこと、まことに光栄であり、そしたいへんうれしく思っております。明治学院の創設者であるジェームス・ヘボン博士のことをこのほど多少勉強しました（杉田二〇〇六）。そして、同博士が幕末から明治期における日本の近代化にとって非常に大きな貢献をしたことに改めて驚いております。すなわち、日本で最初の本格的な和英辞書を編纂したこと（その辞書ではその後日本語の標準的ローマ字表示となったヘボン式表記法を考案した）、同志とともに聖書を初めて和訳したこと、医師として多くの患者を無料診療したことなど、その足跡の大きさと幅広さには目を見張ります。

そして、同博士がそうした三〇年以上にわたる活動をしたのが、いま国際学部が立地するこの横浜の地であったわけです。その意味で国際学部は栄えある歴史と新しい使命を背負っているということができ、その学部の教員の一人として加わることができることを本当にうれしく思うとともに、身が引き締まる思いをしております。今後、同僚の皆様といっしょになって、国際学部ひいては明治学院の教育と研究の向上にむけて、私なりに全力で取り組む所存でございます。どうかよろしくお願い申し上げます。

なお、はなはだ差し出がましいことをするようで恐縮ですが、私がかつて大学教育について書いた書物を今日、二冊用意いたしました。もしよろしければどうぞご自由にお持ちくださり、これらの内容に関して皆さまからご批判やご意見をお聞かせいただく機会があれば幸いと存じます。

一つは『大学生の条件　大学教授の条件』です。ここには一人の大学教員として、大学生に伝えたいメッセージを書くとともに、大学教員には三つの条件がある、などという主張をしております。もう一つは『私の大学教育論』です。こちらのほうは、大学教育の色々な側面について私の意見を述べるとともに、それを私がどのように実践してきたかという具体的なことを書きました。

これから何分よろしくお願い申し上げます。ありがとうございました。

（明治学院大学国際学部教授会でのあいさつ、二〇〇七年一〇月一〇日）

二　新入生に対する自己紹介

◆どのようなことを研究されていますか。担当科目は何ですか。

日本経済を立体的に理解するため、それを様々な側面から研究しています。すなわち、その基本構造、最近の変化、求められる政策などは当然のことですが、これに加えて日本経済を国際比較の視点からみた場合の特徴、金融という切り口からみた場合の特徴、などの視点も重視しています。

主な担当授業は次の二つです。（一）日本経済論。これは上記の視点から日本経済の姿を理解してもらうことを狙いとしています。（二）Contemporary Japanese Economy。視点は同様ですが英語による授業です。履修者の多くはカリフォルニア大学からの留学生ですが、日本人学生もいます。

◆ゼミではどのようなことをされていますか。

テーマは「日本経済の構造変化と政策課題」です。ゼミでは（一）日本経済とその課題を幅広く理解すること、そしてそのほかに（二）調査・研究の基本的技術を修得すること（論文の読み方、プレゼンテーションの仕方、研究論文のまとめ方など）、（三）人間として国際的に通用する資質と習慣を養成すること（明晰な日本語を話すこと、時間の重要性を理解すること、インテグリティの意味と価値を理解しそれを身に付けること）、（四）大学における人間的な繋がりの場とすること、もまた重要な目的としています。校外実習は予定していません。

なお、私は二〇〇七年九月に明治学院の教員として着任したので、ゼミの開講は二〇〇八年度春学期からです。

◆ゼミの卒業生の就職先として多い職種を教えてください。

まだ卒業生がでていません。なお、前任校でのゼミ卒業生の場合は、金融機関が最も多くの割合を占めています。

◆好きな国とその国での思い出を教えてください。

一．米国。高校時代に一年間、大学学部時代に一年間、そして大学院で二年間、つまり学生として米国で合計四年間過ごしました。その後、米国の大学で二年間教壇に立ちました。米国社会における人種・文化・考え方などの多様性、広大な自然とその多様性、アメリカ人のひとの良さ、が印象的です。

二．英国。日本銀行に勤務していた時代に二年間ロンドンで仕事をしました。生活様式、建物など「伝統」にはそれなりの意味があるとして伝統を重視する社会の気風が強いように思いました。我々は、ともすれば「何でも新しいものがよいもの（よいこと）」という風に考えがちですがそれは普遍的な考え方ではないことを痛感しました。

三．オーストラリア。シドニーにある大学で二年間、教壇に立ちました。美しい手付かずの自然、ゆったりしたライフスタイル、高い生活水準など、シドニーは理想郷という印象です。

◆学生時代の思い出を教えてください。

学生の「仕事」は基本的には勉強することである、と考えていました。このため、広い意味で勉強すること（授業やゼミには欠かさず出席すること、色々な書物を読むこと、勉強グループに加わってお互いに勉強すること、英語クラブで英語を磨くこと）を生活の最優先課題をし、それに最大限時間を充てました。

その他にも、むろん旅行やアルバイト（家庭教師）などもしましたが、やはり勉強をすることを重視し、そしてそれを通じて多くの友人を得たことが大きな思い出です。彼らの多くは外交官や県知事などいま社会をリードする地位に就いています。

◆学生時代になりたかった職業を教えてください。

大学の教員が夢でした。当初は数学者になりたいと思っていました。しかし、その後いろいろな事情があり、数学から離れていきました。ただ、数学を多少とも使う金融論や経済学を専門とするようになりました。

また、大学卒業後ただちに研究者の道を歩んだのではなく、日本銀行（お札を発行している公的銀行）に就職し、そこで二〇年あまり金融と日本経済の様々な面についての調査と研究を行いました。その後、米国とオーストラリアで合計四年間、大学の教壇に立ったあと、一九九四年に念願がかなって日本で大学教員になることができました。つまり、二六年かけて当初の夢を実現したわけです。

◆休日はどのように過ごしていますか。

週一日だけは休養に充てたいと考えていますが、昨年秋学期に着任して以来、土曜日も日曜日もほとんどの場合、大学の研究室に来ています。国際学部で新しい講義を担当するので、その授業のための準備（講義ノートの執筆、配布資料の作成）が平日だけでは間に合わなかったからです。

◆好きなものは何ですか。

モーツァルトの音楽。その魅力は、第一に均整美と明解さ、第二にジャンルの多様性、第三に明暗（長調と短調）の使い分けの見事さ、第四に木管楽器に対する暖かいまなざし、がありますそしてなによりも、天才しか書けないメロディがあふれている点がすばらしいことです。

◆新入生へメッセージをお願いします。

一．「この世の中のすべての活動には最もふさわしい時期（season）があり、すべてのことには時（time）がある。」学生時代に行うべきことは、まず勉強です。この時期を除いてほんとうに自由に勉強できる時期はないからです。

二．諸君が自分の将来をどう考えるかで二つの重点の置き方があります。（一）もっぱら国内で活躍することを予定している場合は、国際学部在学中に「外国のこと」をしっかり学んでください。一方（二）国際的に活躍することを展望している場合は、国際学部在学中に「日本のこと」をしっかり学んでください。外国に行った場合、外国のことをよく知っているからといって尊敬はされません。むしろ日本のことを余り知らないことによって恥ずかしい思いをする場合が多いものです。

国際学部では、幸いにもいずれのケースに対しても必要な科目が履修できるようにな

っています

◆その他何でも自由にお書きください。

学生諸君への一五のメッセージを私のウエブページ（下記）に掲載しています。有意義な学生生活を送るうえで参考になると思います。ぜひのぞいてみてください。

http://www.okabem.com/message/index.html

（明治学院大学国際学部　二〇〇八年度「フレッシャーズキャンプ教員紹介冊子」）

三　新入生への一言メッセージ

みなさん、国際学部へのご入学おめでとう。私は岡部光明といいます。

国際学部に入学された皆さんは、将来国際的に活躍したい、あるいは国際性のある教養を身に付けたい、と考えてこの学部を選ばれたのだと思います。では、国際性とは何か。何がその第一の条件だと考えますか。英語ができること、あるいは海外のことをよく知っていること、などがまず思い当たるかもしれません。

確かにそれらは大切です。しかし、それら以上に大切なことがあるのです。それは、自分の国、日本を良く知るということです。それこそが、国際的に活躍する場合の必須の条件です。この目的を達成するため国際学部では、日本の社会、文化、歴史などに関する多くの科目が設置されています。私はそのうち日本経済を担当しています。国際学部では日本のことを良く勉強してください。

さて、私からのメッセージ、それは「皆さんの夢を確かなものにしてほしい」ということです。皆さんの中には、将来、国際機関で働きたい、ＮＰＯで働きたい、あるいは企業の専門部署でプロフェッショナルとして活躍したい、などという夢をすでに描いている人がいるでしょう。たいへん良いことです。あるいは、自分の将来像はまだ漠然としている、という人も少なくないかもしれません。それは何ら恥ずべきことでもなく、それでも何ら構いません。

私が言いたいのは、すでに夢がある人はそれに向かってこれからの四年間精いっぱい努力してほしい、ということです。一方、自分の将来の夢をまだ描ききれていない人は、在学中に夢を確かなものにしてほしい。

なぜなら、夢があれば毎日の勉強が楽しいからです。また、夢の実現には長年月かかるかもしれないけれども、それに向かって努力を重ねて行けば、必ず夢を実現させることができるのです。私は、自分自身の経験からそのことを確信しています。

まだ大きな夢を描ききれていない人は、いまから二－三年間がチャンスです。大学時代はまさにそのために諸君に与えられた貴重な機会なのです。皆さん自身の夢を確立してほしい。他人から与えられたことは夢にはなりえません。では、どうすればよいのか。それは、必死に勉強することであり、それによって本当の夢が浮かび上がってくるものです。猛烈な勉強を続けていれば、次第に夢の輪郭ができてゆき、ある日突然「これだ」というものに行き当たるものです。

勉強しないままでいて、ある日、本当の夢に行き当たるなどということはありえません。その意味で、これからは勉強こそが諸君の仕事である、と位置づけて努力してほしい。諸君が自由に何の心置きなく勉強ができるのは、長い人生でこれからの四年間だけなのです。

以上、私からのメッセージは「第一に皆さんの夢を確かなものにしてほしいこと」、そして「第二にそのために猛烈な勉強をしてほしいこと」、この二つです。

諸君のこれからの成長を期待しています。

（明治学院大学国際学部入学式における一言メッセージ、二〇〇八年四月三日）

四　学期論文および卒業論文の評価

この冊子「二〇〇八年度秋学期　研究論文および卒業論文の概要」は、明治学院大学国際学部における岡部光明ゼミナールの履修者諸君が二〇〇八年度秋学期に執筆したタームペーパー（学期論文）、ならびに同学期に完成した卒業論文につき、その概要部分（目次および主要図表を含む）を取り出して印刷したものです。

さる二〇〇八年度春学期については、タームペーパーだけに関する概要の冊子を初めて刊行しましたが、今学期はタームペーパーに加え、四年生の卒業論文も合わせたものとしました。このかたちでの冊子は、当ゼミナールとして初めてのものです。なお、これらすべてのタームペーパーと卒業論文は、発表検討会（二〇〇九年一月一〇日－十一日、湘南国際村で実施）において報告され、そこでの議論を踏まえて改訂されたものです。

この冊子を作成したのは、（一）個々の学生が手がけた研究の内容を残すことに意味があること、（二）ゼミ生がお互いに研究テーマを知り合うことによって問題意識を相互に向上させると期待できること、さらに（三）今後岡部ゼミを志望する諸君にとって同ゼミの進め方等について参考にしてもらうこと、などのためです。

ゼミナールの運営方式

岡部ゼミナールの運営方式をまず述べておきます。最大の特徴は、二年生、三年生、四年生（今年度は合計一三名）が毎週二回、全員そろって演習室において三つの作業を並行して進めることによって学習と研究を進めることです。

第一は、所定テキストの輪読と発表です。その目的は（一）学術書や論文をしっかりと読み込む力をつけること、（二）明晰な、正確な、そして効率的な日本語で発表し、討論する力をつけること（日本語の話し方の訓練）、この二つです。このうち（二）は論理力の訓練でもあり、国際的に通用する力を身に付けることを意味しています。明晰な日本語がしっかり話せないのに、英語が上手に（説得性のある話し方で）話せることはありえません。日本語を話す時でも、常に意識して良い（明晰な）言葉を使うという姿勢を身につけてもらうことを意図しています。

第二は、私が週一回、マクロ経済学の入門的知識ないし論文の書き方などについて講義を行い、履修者にこれらの最も基本的な知識を身につけてもらうことです。ゼミ履修生の中には、これまで経済学の基礎授業をほとんど受講していなかった諸君もいたので、最低限の共通の知識を持ってもらう必要があり、また他の授業では論文の書き方を学ぶ機会が少ないからです。

第三は、これが最もエネルギーを要する作業ですが、学期毎にタームペーパーを各学生に作成してもらうことです。この義務を課すのは、問題設定能力、解析力、論文構成能力、政策提言能力をしっかり身に付けてもらうためです。これらの力量（知的スキル）こそが大学でほんとうに学ぶべきことであり、学生にとって永続性のある実力になるわけです。こうした力量は、手引き書を読んだだけで身につくものではなく、あくまで具体的テーマについて研究論文を実際に作成することによってのみ本当に自分のもののとすることができるものです。またタームペーパーの執筆においては、内容が他からの引用である場合にはその旨を必ず明記するなど、研究における誠実性などの重要原則（academic integrity）を習得することも期待しています。

今学期のタームペーパーについて

ゼミ生諸君がタームペーパーを執筆するのは、今学期が春学期に続き二回目ですが、今回もまた概して見事な成果といえるものになりました（全一三編）。タームペーパーは、いわゆるレポートとは異なり、小さいながらも学術論文の形式をとった研究論文です。今学期も、学期中の二回の中間報告のプロセスを経て学期末には見事な論文に仕上げられています。

当ゼミナールでは「日本経済の構造変化と政策課題」を一般的研究目標に掲げていますが、学生諸君がそれぞれ取り組む論文のテーマは、従来から彼らが個別に選定する方式を採っています。このため今回も、タームペーパーのテーマは国内面あるいは国際面で標準的な領域に関するもの（金融、マクロ経済、国際援助、企業など）のほか、斬新なものも少なくありませんでした（例えば、ＰＦＩ、民営化される戦争、たばこ産業、外国政府ファンドなど）。テーマ決定における自主性、多様性は今後とも維持したいと考えています。

今年度の卒業論文について

今年度の岡部ゼミ四年生（六名）が提出した卒業論文は、いずれもすばらしい作品であり、私を感動させるものでした。卒論は大学四年間における学修の総まとめですが、それはレポートと異なり学術論文の形式をとった研究報告論文でなければなりません。したがって卒論は、独創性、分析の深さ、説得力、十分な分量、論文としての完成度、などの観点から総合的に評価される必要があります。

これらの尺度を適用した場合、六編の論文にむろん濃淡の差異はありますが、いずれも十分に高いレベルの作品になっていると判断しました。作品の個別的評価は差し控えますが、今回の卒論は、ユニークなテーマを掲げたもの（独自性）、現在最も注目される社会問題を扱ったもの（問題意識の現代性）、既存の問題に新しい視点を取り入れようとしたもの（斬新性）、在学中における著者の海外フィールドワークの経験を研究動機としたもの（着実性）、総論とその一部を掘り下げた各論の二部によって構成されたもの（広さと深さ）、歴史的な原資料をたんねんに渉猟して執筆したもの（実証性）、のいずれかまたは二つ以上に該当する作品でした。

とくに、著者が独自に作成した図表（分析の深さ）を少なからず含む論文が多かったうえ、いずれの論文もその構造が明確であり説得的な書き方になっていました（完成度の高さ）。また卒業論文としての分量も概して十分なものになっていました（大半が五〇～七〇ページ）。各執筆者は、これらの点を誇りに思ってよいでしょう。なお、今回提出された卒論の評価は、多くの作品が「A+」、一部の作品が「A」でした（「B」以下はなし）。

大学学部生として卒論を仕上げるという作業は、一生に一度しかありません。このため、大学に提出したもの（簡易表紙をつけた綴り込み）の誤字脱字を正すとともに、論文としての体裁も十分整えるなどして改めてプリントし、そしてそれを製本すべきである（費用が多少かかるが）というのが私の考え方です。今回の卒論執筆者は、全員そうした対応をするとのことであり、喜ばしいと思います。

上記のように優れた卒論を完成することができたのは、四年生の秋学期になって急いで書き始めるというのではなく、四年次の春学期に完結した一つのタームペーパー（学期論文）を確実に仕上げ、秋学期にはそれを補完するような独立したタームペーパーをさらにもう一つ仕上げ、それら二編を編集して卒論にするという方法を採ったことによるところが大きい、と私は判断しています。卒業論文を作成するうえでは、私が従来から強調しているとおり、このような着実な「積み重ね方式」によるのが取り組み易い方法であり、またリスクの少ない方法なのです。三年生の諸君は今年度すでにタームペーパーを二編完成させているわけですから、四年次になってからさらに二編を追加したうえで、それら四編をうまく編集することによって、分量的にも充実した（おそらく一〇〇ページを超える）立派な卒論にすることができるでしょう。

現在在籍している諸君は、今学期の成果を踏み台にして新年度にさらに飛躍してほしい。また四月から新規にこのゼミに参加することが内定している諸君は、当ゼミのこれまでの蓄積と伝統を受け継いで成長してほしいと思います。

なお、このゼミナールへの参加を希望される諸君は、年中いつでも相談に応じますから申し出てください。履修希望者は、勉学の熱意が十分ある限り、学年を問わず積極的に受け入れる方針です。

（岡部光明ゼミナール　二〇〇八年度秋学期「研究論文および卒業論文の概要集」序文、二〇〇九年一月）

五　卒業生に贈る二つのメッセージ

みなさん、国際学部ご卒業おめでとう。これから新しい世界に飛び込んで行かれる諸君に対し、私からは二つのアドバイスがあります。その二つは、全く同じ重さを持って、私が諸君に期待することです。

第一のアドバイスは、夢を持ち続けることです。「一〇年後にはこのような仕事をしていたい」という大きな夢を決して失わないでほしい。こうした夢がなければ、結局、日々の生活は惰性に流され、後で悔いが残ることになりますが、夢があれば長年月のうちには少しずつ、しかし必ずその実現に近づいていくものです。

第二のアドバイスは、誤解をおそれずにいえば「会社人間」になってほしいことです。たいていの諸君は、これから企業などの組織で仕事をすることになるでしょうが、それらの組織のために、あるいはそこで与えられた仕事に諸君の全精力を注ぎ込むべきであります。

組織の中で働くことは、人間や組織、業界、そして広く社会について、実地で学ぶ貴重な経験です。徹底的に会社人間になり、その組織や業界のことならば何でもわかる、といえるように努力してほしい。それが結局、自分の成長につながるからです。

夢を持つこと、会社人間になること、この二つは一見、矛盾しているように聞こえるかもしれません。確かに、これらは時に衝突することもあります。しかし、これまでの多くの卒業生の例をみても、あるいは私自身の経験からいっても、この二つのうち、いずれが欠けても人生を充実させることはできません。

諸君の今後のご健闘を祈ります。

（明治学院大学国際学部卒業式における一言メッセージ、二〇〇八年三月一七日）

六　チャペルでの奨励（一）――すべてのことには時がある

［コヘレトの言葉］

何事においても最もふさわしい時期があり
この世の中のすべてのことには時がある。

生まれる時があれば、死ぬ時がある。
植える時があれば、植えたものを引き抜く時がある。
殺す時があれば、癒す時がある。
壊す時があれば、建てる時がある。

泣く時があれば、笑う時がある。
嘆く時があれば、踊る時がある。

石を投げる時があれば、石を集める時がある。
抱擁する時があれば、抱擁をやめる時がある。

探す時があれば、探すのをあきらめる時がある。
取り置く時があれば、捨て去る時がある。

引き裂く時があれば、縫い合わせる時がある。
沈黙を保つ時があれば、口に出して言う時がある。

愛する時があれば、憎む時がある。
戦う時があれば、平和の時がある。

（『旧約聖書』「コヘレトの言葉」第三章一節－八節。岡部改訳）

本日わたくしが取り上げたいのは、旧約聖書の中にある「コヘレトの言葉」です。コヘレトとは、ヘブライ語で伝道者の意味であり、このため聖書のこの部分はかつて「伝道者の書」と称されたこともあります。ここでは、先ほどの朗読にあったとおり、人間の人生を通しての行動ないし活動が一四対（ペア）の表現によって見事な対句をなす詩となっています。いずれのペアもその一方は積極的、肯定的で明るい側面を述べており、これに対してもう一方は消極的、否定的で暗い側面を述べて両者を対比させています。

果たして、これらは何を言わんとしているのでしょうか。一つ明らかなことは、人生は単に喜びや幸せが継続することだけによって成り立つのではなく、それらと正反対の現象が常に繰り返されることによって成り立っていることが示唆されています。生があれば死があり、幸せがあれば不幸がある。そして喜びがあれば悲しみがあり、平和があれば戦争がある、という具合です。

つまり、そのことを一層高い視点から捉えると、私たち人間を超えた大きな力

（Higher Power）が私たち人間の働きすべてを支配している、したがってその大きな力の命ずるところに従って生きるのが人間の責務である、という意味に受け取ることができます。事実、コヘレトの言葉は多くの学者によって従来からこうした理解がなされてきています。

これに対して、多少異なった角度からとらえることもでき、現にそれを主張する見方も少なくないように思います。すなわち、これらの言葉は、人生の意義や生き方をより具体的に示したものであり、それらに関して民族や時代を超えた知恵の結晶に他ならない、という捉え方です。

もう七－八年前のことになりますが、私は英国オックスフォード大学に滞在して半年間、研究生活を送る機会がありました。その時に、はじめてこれらの言葉に接し、何と美しい対句表現であることか、と感銘を受けました。日本語の標準訳ではややごつごつとしたぶっきらぼうな表現になっていますが、英語ではリズムを重視した流麗な表現になるよう工夫されていることも強く印象に残りました（なお冒頭に掲げたのは一般に引用される新共同訳ではなく岡部改訳です）。そして何よりも、これらの言葉には人生への深い洞察があり、究極的な真理が何と鋭く指摘されていることかと私は強い衝撃を受け、また感動したことを思い出します。

英語の聖書からこの冒頭部分を引用すれば次のようになっています。すなわち「For everything there is a season, and a time for every matter under heaven」です。つまり「何事においても season があり、この世の中のすべてのことには time（時）がある」と表現されています。ここで season というのは直訳すれば「季節」ですが、ここでの season という意味はどのようなものでしょうか。それを信頼のおける英語辞書に頼りつつ深く探って私なりに的確に表わすならば、それは「季節」というよりも「最もふさわしい時期」という日本語で表現することができるように思います。つまり、すべての活動には season（最もふさわしい時期）がある、と述べているのです。

とすると、それぞれのことがらについてそうした時期は果たしていつ、なのでしょうか。それは、私たちを超えた大きな力によって定められている場合もあれば、そうではなくて、私たち自身が判断しなければならない場合もある、というのがこの教えだと思います。そこで本日は、私自身の経験を二つお話することによってこうしたメッセージを皆さんにお伝えしたいと思います。

私の二つの体験

私の第一の経験は、いまの皆さんがそうであるように私の大学時代についてです。私の学生時代は、様々な勉強をすることを第一に考えていました。いわば学生にとっては「よく勉強することこそが仕事である」と考えていたわけです。確かに英会話クラブの活動、あるいは国内旅行のほか、家庭教師のアルバイトなどもやっていましたが、やはり勉強が一番重要だと考えていました。

なぜなら、大学時代は人生に二度とない自由な四年間であるので、この時期にしか出来ないこと（つまり非常に広い意味での勉強）にそれを使おうと考えていたからです。また当時、私は将来国際的に活躍したいという思いを持っていましたが、常日頃からアメリカの大学生は猛烈に勉強するということを聞かされていたので、彼らと競争できる力をつけていかなければならないと考えていたことも、私の生活を勉強第一に向かわせる要因でした。そして、本を読むことにもずいぶん時間を費やしました。こうした勉強を仲間とともにすることを通じて、幸いにも多くの仲間や友人を作ることができました。

コヘレトの言葉になぞらえていえば、人生においては「勉強する時があれば、気ままな生活をする時もある」というわけであり、私は大学時代を「勉強する時」と位置づけてそれを私なりに実行したわけです。

私の第二の経験として述べたいことは、それよりもずっと後、私が大学を卒業してから二〇年以上も経った一九九一年のこと（今から一七年前のこと）です。それに至るまでのことを多少述べておきますと、私は大学卒業後、ただちに日本銀行というところ（皆さんの財布の中に入っている千円札や一万円札を発行している公的機関）に就職しました。そこでは日本経済の現状を判断するとか、その先行きを予測するなどの仕事、さらにはその基礎となる理論的ないし実証的研究などをもっぱら仕事としていました。

そうした経験があったため、一九九一年当時アメリカの大学（東部にあるプリンストン大学）に招かれ、その教壇に立って日本経済論の講義を担当していました。そして、いよいよ日本に帰国する日のことに思いをはせていたところ、突然オーストラリアの旧知の学者から電話がありました。彼の話は次のようなものでした。「オーストラリアの国際都市シドニーのある大学（マックオーリー大学という州立大学）にこのたび日本経済研究所が設立された。そしてその研究所長に就くべき人が国際的に募集されている。その適任者としてあなたを推薦しておいたので是非その任務を引き受けてほしい」というのです。私にとっては全く寝耳に水のような話でした。

果たしてこの話を引き受けるべきかどうか色々と悩み、また紆余曲折もありましたが、私は結局この仕事を引き受けました。これまでの地球の北半球での生活から、初めて経験する南半球での生活へと一転したわけです。そして約二年間、その仕事を私なりに全力で取り組み、その職務に要請される成果を挙げることができたと自分では考えています。

再びコヘレトの言葉になぞらえていえば、人生においては「拒む時があれば、引き受ける時もある」ということになります。

二つの体験からの教訓

この二つの体験は、私に大きな教えを与えるものでした。当初は、大学時代の勉強であれ、突然降ってきたオーストラリアにおける仕事であれ、私は自分自身でその時々にふさわしい判断を下してそれを実行した、と考えて何ら疑いを持ちませんでした。つまり、これらの場面での対応は、すべて自分が自分の力によって行った、と理解していたわけです。

しかしその後、年月が経過するにつれて、そうした理解は小さな一面だけしか捉えていないことに次第に気づいてきました。

大学時代に勉強第一の生活ができたのは、単に私だけの力によるものでは決してなかったことを、次第に、そして確実に認識するようになったのです。つまり、大学においては、私に目を開かせるような授業を受ける機会に恵まれたこと、お互いに切磋琢磨する友人がいたこと、静かに勉強できる下宿にめぐり会えたこと、そして両親からは学費や生活費に心配しないだけの仕送りを受けたことなど、いかに多くの恵み（blessing）があったかに気づいてきたわけです。それまで私が自分だけの判断によってすべて取り運んできたと考えていたことは、実はこうした多くの恵みの中ではじめて実現できたことが本当に分かってきたのです。

自分の恥をさらけだすような話ですが、これが事実です。言い方を換えれば、私が大学時代にこのように行動をする「時」、それができる「時」、すなわちそのように定められた「時」を持つことになったのは、人間を超える大きな力の采配によってである、と今では考えています。

また、オーストラリアの大学で日本経済研究所を立ち上げるというチャレンジングな任務に就くことになったのは、自分の経験と力量が評価された結果にほかならない、と当初は考えていました。しかし、ここにおいても、そのような一面的理解よりも、むしろ様々な大きな恵みを受けたからこそ新しい任務を引き受けるという一つの「時」が私に訪れた、と考えるほうが、真実に迫った理解であると確信するようになりました。

すなわち、私の経済や金融に関する知識はもとより、物事を整理して理解する方法や文章の書き方などは日本銀行の先輩や同僚と仕事をする中で長年はぐくんでいただいたものに他ならず、また、組織運営の方法を身につけることができたのも、同様に多くの先輩から仕事を通してそれを私の骨肉にしていただけたからでした。そして、日本銀行では国内および海外の研究者と直接接触する仕事に就けたからこそ、彼らから多くの知恵と先端的問題意識をもらうことができたこともこの上ない恵みでした。さらに、アメリカの大学で私の講義を聴いてくれた学生が頻繁に多くの本質的な質問をしてくれることによって、私は物事をより深く考える機会が与えられたことも大きな恵みであったことに次第に気づきました。そして、新しい任務に就く直接の契機となったのは、何の利害関係もなかった旧知のオーストラリアの学者が私を新しいポストに推薦してくれたからに他なりませんでした。

まさに私がオーストラリアにおいて新しいステップに踏み出すことが、何とすべて、私を離れた大きな力のもとに準備されてきていたことかと驚かざるをえないのです。自分の力と判断だけで新しい道が拓けていった、という当初の理解が何と一面的なものであったことかと知り、愕然とした次第です。

メッセージ

こうした私の体験をもとに、私は皆さんへ二つのメッセージを述べたいと思います。

一つは、やはり「勉強するには時がある」ということです。大学時代の四年間は、知識吸収力の大きさ、頭脳の柔軟さ、感受性のみずみずしさなど、人生のどの時期と比べても可能性と成長性に富んでいます。また、新しい友人に出会い、利害関係のない友達関係を将来にわたってつくることができる機会でもあります。このような時は大学を卒業すれば決して二度と訪れることはないのです。そのことを忘れず、大学時代は様々なことを貪欲に勉強し、また友人の輪を広げてほしい。ここでいう勉強とは、単に知識を増やしたり世の中の仕組みを理解するというだけでなく、時を経ても変わることのない価値とは何か、私たちが生きることの本当の意味は何か、などを追求することを含むものです。

そして第二には、今学期のチャペルアワーの統一テーマでもありますが、皆さんにとってそのように定められた時がいかに大きな「恵み」に満ちたものであるかも改めて認識してほしいと思います。高台の森の中にあるこの美しいキャンパス、清掃の行き届いた清潔な校舎および教室、人間の生き方について静かに考えることのできるこのチャペル、そして皆さんの教育に熱意を傾けている教員や事務スタッフなど、挙げればきりがありません。

勉強するには時があります。それはまさに大学の四年間であり、それ以上にふさわしい時はありません。そして、それを可能にするために皆さんの環境がどんなに恵みに満ちたものになっているか、そのために私たちを超えた大きな力が働いているかを意識してほしいと思います。

私自身も、皆さんと同様、この恵みに満ちた環境において、今がまさに自分の責務を果たす「時」であることを忘れずに進んで行きたいと考えています。

（「チャペルアワー」における奨励の言葉、於明治学院大学横浜キャンパス・チャペル、二〇〇八年十一月七日）

七　チャペルでの奨励（二）——与える喜び

［イエス・キリストの使徒パウロの言葉］　わたしは、他人の金銀や衣服をむさぼったことはありません。ご存じのとおり、わたしはこの手で、わたし自身の生活のためにも、共にいた人々のためにも働いたのです。あなたがたもこのように働いて弱い者を助けるように、また、主イエス御自身が「受けるよりは与えるほうが幸いである」と言われた言葉を思い出すようにと、わたしはいつも身をもって示してきました。

（『新約聖書』「使徒言行録」二〇章三三－三五節）

今日のこのひととき、人間とそれを超える大きな力について皆さんと一緒に考える時を持てることに対して、限りない感謝をささげます。

先ほどの朗読にあった文章では、イエス・キリストの使徒であるパウロが自ら行い、身をもって示してきたことが幾つか記述されています。とくに、勤勉に働くことによって弱い人を助けてきたと述懐しています。そして、それは主イエスが言われたことでもあり、皆さんもそのようにしてほしいと述べて、そうした行動を奨励しています。パウロはここで、イエスが言われた言葉、すなわち「受けるよりは与えるほうが幸いである」という言葉を引用しています。「受けるよりは与えるほうが幸いである」、英語版聖書では“It is more blessed to give than to receive”と表現されています。本日はこの言葉の意味を私なりに考えてみたいと思います。

真のパラドックス

この一節は、何と明快で力強く胸に響く言葉でしょうか。「受けること（もらうこと）」と「与えること（あげること）」を比べ、与えること（あげること）の方が幸いである、と述べているのです。常識では、もらうことが幸いだとされるので、イエスのこの言葉は常識と全く逆のことを主張しています。しかも、そうすることが幸いである、つまりそうすることによって恵み（blessing）、すなわちより大きい満足あるいは歓びが与えられると述べているのです。与えることによって、より良いものが返ってくるという主張です。

このような考え方は、実はイエス以外にも古今東西の多くの賢人たちが色々な表現によって残しています。例えば、中国の紀元前五世紀頃の思想家、老子は「人に与えて、己いよいよ多し」と述べています。また、中世イタリアにおける最も著名な聖人であるアッシジの聖フランシスは「我々は与えることにおいてこそ受け取ることができる」という簡潔な祈りの言葉でイエスの言葉を継承しています。

時代をさらに下ると、偉大な英国人とされるイギリスの元首相ウィンストン・チャーチルには「人は得ることで生活（living）を営むことができるが、人に与えることで真の人生（life）を生きることができる」との名言があります。またミッキー・マウスやディズニー・ランドの生みの親であるウォルト・ディズニーは「与えることは最高の喜びである。他人に喜びを運ぶ人はそれによって自分自身の喜びと満足を得る」という言葉を残しています。

これらはいずれもよく知られた海外の名言です（successinspired.com 2009）が、日本においても同様な格言があります。私は最近、江戸時代の農政家・思想家である二宮尊徳のある書物を読んでいたとき「奪うに益なく譲るに益あり」（二宮 一九三三、五一ページ）という言葉を発見しました。このことから考えると、同様の意味をもつ箴言は、単に思想家や哲学者によって述べられているだけでなく、それ以外の分野で社会を先導した多くの賢人によっても古今東西を問わず営々と伝えられてきた智慧である、ということができます。このことを最近改めて知った次第です。

与えるもの、受け取るもの

では、これらの箴言で「与える」という場合、何を与えることを意味しているのでしょうか。また、その行動によって「受ける」ものが必ずしも明示されていないにもかかわらず、一体なぜ「幸い」とされるのでしょうか。

まず、自分が第三者に与えるものとしては、物品や金銭が思い当たりますが、それらに限りません。第三者のために自分の時間を割いてあげること、手を差し伸べてあげること、その人が言いたいことを聞いてあげること、やさしい言葉をかけてあげること、あるいはその人に関心をよせてあげることなど、幅広い行動が含まれると思います。つまり、本来自分が所有しているモノやおかね、あるいは時間や体力を第三者に与えることであり、自分自身の一部を何らかのかたちで他の人に分け与えることに他なりません（布施心、贈与の精神、あるいは利他主義）。そして、それらを与える対象は、個人の場合もあれば、特定の組織あるいは社会一般に対する場合もあるでしょう。

ところで、その見返りに受け取ることになることが明示されていないにもかかわらず「幸いである」とされるのはなぜでしょうか。これが最も重要な点であり、イエスの言葉をはじめとする箴言の持つ偉大さと意味の深さだと私は思います。経済取引の場合は、与えることに対する見返りが当然想定されるわけですが、ここで考えている自分自身の一部を与えるという場合は経済取引でありませんから、本来的に見返りは何も想定されていません。しかし、そのほうが幸いである、と主張されているのです。

この場合、幸いであるとされるのは、明らかに物品や金銭を受け取ることによるのではなく、全く次元を異にする何かがもたらされるからです。それは、結局、何らかの幸いな恵み（blessing）であり、「ほんとうの喜び」であると表現することができると思います。換言すれば、幸福感、精神上の充実感、あるいは深い喜びであり、真の報酬といってよいかも知れません。あるいは、心の穏やかさであり、誰によっても奪われることのない喜びであり、場合によっては「この上ない魂の歓び」という表現がなされています。これがイエスのいう「幸いである」（blessed）ということの意味だと思います。

先ほどアッシジの聖フランシスの言葉「我々は与えることにおいてこそ受け取ることができる」を引用しましたが、これを明示的に表現するならば「我々は与えることにおいてこそ『本当のよろこびを』受け取ることができる」という風に理解できましょう。これこそが本日取り上げている多くの箴言の核心であり、また時を超えた真理だと思います。

人間としての深化ないし成長の三段階

以上のことを私は、初めから全部知っていたかのごとくお話しました。しかし、決してそうではありません。長年の経験や考察を経てようやく分かってきたというのが実情です。つまり、このことに関しても「人間は色々な面で次第に成長できるものだ」というのが私の経験でありそれに基づく実感です。

一般に、人間の成長には三つの側面があります。第一の側面は「肉体的な成長」です。生まれてから年月を重ねることによって身長や体重が増えてゆくことです。第二は「知的な成長」です。勉強や経験を重ねることによって知識や知恵が増えるとともに、判断力も高まってゆくことです。そして第三は「霊的な成長」です。これは、何を本当のよろこびや幸せと感じるか、という観点からみた場合の意識の変化といえます。これは人間としての深化ないし成長であり、もっとも究極的な意味での成長ではないでしょうか。

そして、この面での成長にもまた三つの段階が区別され、幸せの感じ方は段階的に深まってゆくものだ、という捉え方があることを私は最近、ある書物（高橋　二〇〇八、一一七ページ）の著者から直接教わりました。すなわち当初は「もらう幸せ」、その次は「できる幸せ」、そして「あげる幸せ」へと次第に深まるという見方です。

第一に「もらう幸せ」があるのは、人間が生存する必要がある以上、まず自己中心の考え方に立たざるをえないからです。それが満たされると、次には自発的、能動的に何かが「できること」に幸せを感じるという段階があります。そして最後の段階として、「与えること」による喜びを含むほんとうの喜びがある、という理解です。

この第三の段階では、与えることによって喜びがもたらされるだけでなく、その逆の場合、すなわち第三者から何かをもらう場合、あるいは何かをしてもらう場合にも、謙虚な心と敬意をもって受け止めることができるようになります。つまり何ごとにも常に感謝できるようになるわけです。私自身の経験に照らしても、この成長三段階の考え方はたいへん納得がゆくものであり、卓見だと思います。

私の経験

私のここ二〇年来の経験を振り返ってみますと、人間の成長にはいま述べた三つの段階があるということを実感しています。

最初のころは、恥ずかしいことですが「担当科目の講義の準備や学生へのアドバイスに時間を割くことはむろん大切だが、本当のところはそれよりも自分の論文を書く時間を確保する方がより重要である」と考え、自分の時間を確保することを優先させていたことを否めません。また、所属する組織のための各種任務も「やむを得ない仕事」と受け止め、喜んでそれに取り組むという状況ではありませんでした。そして「研究費は色々なところからできるだけたくさんかき集めそれを自分のために使う」という発想でした。つまり、時間は自分のために確保するものであり、お金は自分のために集め使うものである、という考え方を知らず知らずのうちにとっていたわけです。まさに「受け取る幸せ、もらう幸せ」を実践していました。

その後、担当講義をこなすことに自信がつき、学生へのアドバイスも自信をもって行うことができるようになりました。そして組織の任務も経験を積むことによって難なくこなせるようになり、また研究費も各種の資金源から少なからぬ金額を調達することができるようになりました。それに伴い、これらのことについて「できる幸せ」を感じていました。

そうした状況にあったとき、幸いにも多くの方から教えを受ける機会に恵まれ、また自分なりに研鑽を積んだこともあってこの段階から抜け出ることができ、今日に至っているように思います。

この結果、現在では、これまで長年にわたって自分自身が学び、身につけさせてもらった様々なことを学生諸君に教え、伝達する責務（calling）が自分に与えられていることは、ほんとうにうれしいありがたいことだと思っています。また、学生諸君がいろいろな相談に来るのは、かつてはわずらわしいことだという感じを持って迎えていたことを否めませんが、いまでは彼らのために時間を割くことをうれしく感じています。そして、ここでいうべきことでないかも知れませんが、様々な理由で私の手元にもたらされているお金を全て私のものとして使うのではなく、その一部はゼミナールの学生諸君などの研究発表（合宿）を支援したり、研究成果を冊子のかたちで残せるように使うのがふさわしいという考え方ができるようになりました。また大学における各種の委員などの任務も「やむを得ない仕事」というよりも、自分に与えられたありがたい責務であるというように理解することができるようになりました。

私自身このような考え方ができるようになったのは、一つには「多く与えられた者は誰でも多く求められ、多く任された者は、更に多く要求される」（ルカによる福音書、一二章四八節）という考え方が本当に分かるようになったからだと思います。そして、いま一つには、当初自分に与えられた時間やエネルギーなどを学生や所属組織のために「与えること」が、自分にとってほんとうにうれしいことであると理解できるようになったからです。

学生諸君が一年間で知的にも精神的にも大きく成長する姿をみることは教師にしか体験でない大きな喜びといえます。さる四月、まったく予想外のことでしたが、今年卒業した私のゼミ生が、ゼミを通していかに多くのことを学んだかを述べたていねいなメールをくれました。こんなにうれしいことはありません。

結論

思えば、明治学院大学のモットーである「Do for others」（他者への貢献）は、福音書（マタイによる福音書、第一二章七節）が述べているとおり、黄金律（ゴールデン・ルール）であり、倫理的に全く正しいことです。そして、それは同時に、他者に対して何かを行う者にとっても本当の喜びがもたらされることを意味しており、このため非常に強固な命題ということができます。黄金律をこの側面にまで言及した書面を私はまだ目にしたことがありませんが、今日述べた考え方から導かれることとして、ここで付け加えておきたいと思います。

私にとっては二〇年という年月がかかりましたが、「受けるよりは与えるほうが幸いである」という真理に次第に気づかせてくれた大きな力に深く感謝しています。

（明治学院大学「チャペルアワー」における奨励の言葉、於横浜キャンパス・チャペル、二〇〇九年六月二五日）

第四部　慶應義塾大学ＳＦＣ（湘南藤沢キャンパス）を去るに際して

一　ＳＦＣ退職のことば

私、岡部は（二〇〇七年）八月末をもって慶應義塾を退職いたします。そこでひとことごあいさつ申し上げます。

ここで申し上げたいことは一つであり、その一つにつきます。それはＳＦＣ（湘南藤沢キャンパス）に着任して以来この一三年半、ＳＦＣという環境が私を大きく育ててくれたということです。「人はいくつになっても成長できる。」ＳＦＣはそのことを私に示してくれたということをいま改めて噛みしめており、それを心から感謝しております。

同僚の教員の皆さん、そして事務担当の皆さんから教わったこと、励ましをうけたことはとても数えきれません。本当にありがとうございました。

九月以降は隠居生活をするのか、といえばそうではなく、他の大学に移ります。明治学院大学の国際学部です。横浜市戸塚区にありSFCから約一時間で行けます。今後、折りに触れて皆様にお会いする機会があるかもしれませんが、その際にはまたどうぞよろしくお願い申し上げます。

ありがとうございました。

（慶應義塾大学SFC合同教員会議、二〇〇七年七月四日）

二　ＳＦＣは学生と教員が共同成長できる場所

ＳＦＣを去り、明治学院大学に着任して半年が経過しました。いま私は明治学院大学の国際学部に所属し、フレッシュな気分で大学教員として再出発しているところです。

国際学部のキャンパス

この学部はＳＦＣから一時間程の場所（横浜市戸塚区）の高台にあり、富士山の眺めが見事です。また男女半々の学生を擁していたＳＦＣとはやや異なり、ここでは女子学生が全体の約三分の二を占めるのでキャンパスに華やいだ雰囲気があります。

また国際学部の名称にふさわしく海外からの留学生（ことに米カリフォルニア大学からの交換留学生）も学部レベルで相当数在籍しているので、ＳＦＣとは異なったコミユニティの色合いが感じられます。私も英語による講義を一つ担当しており（科目名 Contemporary Japanese Economy）、一五年前に海外の大学で担っていた任務を思いもよらずここで再び果たしているわけです。

また、昼食休憩時間を設けずに授業科目が設定されているSFCでは、かつて「授業中の飲食は認めるべきかどうか」をめぐってかなり議論がなされましたが、ここではそれとは縁遠く、昼食休み時間がきちんと一時間設けられています。そしてこの時間帯には、学期中毎日チャペルで礼拝が行われています。昼休みになると礼拝参加を呼びかけるアナウンスがキャンパス内に流れます。時間を超えたもの、そしてより普遍的なものを大切にするという思想であり、大学自体が「Do for Others（他人のためにしなさい）」をモットーに掲げています。

こうした環境は、明治学院あるいはその国際学部に特有のことも少なくありませんが、ここでは日本の大学で普通に見られることがらももちろん多々あります。

SFCのユニークさ

この学部での生活にどっぷりとつかるにつれ、ひるがえってＳＦＣをみると、それは大学としてかなり異質な面があることを次第に感じるようになりました。

第一に、ＳＦＣでは教員と学生の間の心理的かつ物理的な距離が非常に近いことです。国際学部では、おそらく日本の普通の大学がそうであるように「教員は教える人、学生は教わる人」という発想が強く、教員であれ、学生であれ、事務スタッフであれ無意識のうちにそれが身に染みついているように私にはみえます。いわば古典的な大学像です。こうした状況に比べるとＳＦＣにおける平等さあるいは水平的な関係は、ＳＦＣに在籍しているうちは余り感じませんでしたが実にユニークだと思います。

また国際学部では、一般の大学（慶應三田キャンパスを含む）がそうであるように、教員の個人研究室は教室群から隔離されて配置されています。これに対して、教員の個人研究室、共同研究室、教室などが余り区別されることなく配置されているＳＦＣは、この点、教員と学生の一体感を高めるうえで大きな意味をもっており、現にそれは両者のインターアクションを促進するうえで重要な環境を提供していると思います。

第二に感じることは、ＳＦＣでは履修カリキュラムが非常に柔軟なことです。国際学部では、他の多くの大学もそうであるように、学生の年次に応じて履修可能な科目が規定されています。またゼミも同一年次の学生が一つのゼミクラスを構成するような制度になっています。さらに、他学部科目の聴講や自由科目（進級卒業単位としては計算されない科目）としての聴講はここでは認められていません。ＳＦＣのように、ほとんどの科目が学年に関係なくいつでも履修可能であり、他学部（慶應三田キャンパス）科目も比較的自由に履修でき、さらに同一のゼミクラスに二年生と四年生が同時に座っている、などということはここではちょっと想像できないことです。なお、私のＳＦＣでの経験によれば、とくにゼミでは学生が先輩年次から学ぶことが非常に多い（半学半教の精神が大きな意味を持つ）ので、ゼミの学年規制を廃止する提案を国際学部のカリキュラム担当委員に先般申し入れ、検討してもらっているところです。

第三に、ＳＦＣでは、たいへんありがたいことに学部学生も自由に勉強や議論ができる共同研究室が提供されていることです。国際学部では、学生がキャンパスで勉強できる場所は、たいていの大学がそうであるように図書館のほか、学生ラウンジ、学生食堂ないし喫茶スペースといったところです。学部学生が共同研究室を自由に使えるというＳＦＣは、ほんとうに贅沢だと思います。

私がＳＦＣに在籍していたとき、私のゼミ生がK先生のゼミ生と共同で使えるように設置してあった共同研究室は、毎日夜九時ないし一〇時まで学生がフルに活用していました。私のゼミ生が書く卒論の謝辞の部分をみると、在学中この部屋がいかに重要な位置を占めたかが必ず記述されており、ゼミ生にとってこの空間がＳＦＣ在学中に大きな意味をもったかがわかります。

学生と教員の共同成長

以上述べた三つの点、すなわち教員と学生の距離の近さ、カリキュラムの柔軟性、そして共同研究室の存在は、他大学に類例のないＳＦＣらしさではないでしょうか。そしてそれは二つの意味でとても重要な意味を持っているというのが私の見方です。一つは、多くの学生がこれら三つの環境を活かして現に伸び伸びと勉強できていることです。そしてもう一つは、教員が（少なくとも私の場合についていえば）自分自身の研究を進めるうえで、そうしたバイタリティあふれる学生から常々大きな刺激を受けていることです（とくに統計データを使った社会現象の解析など）。

教員であるにもかかわらず学生から発想力やエネルギーをもらっているというのは、見方によってはやや情けないことかもしれません。しかしそのことを白状せざるを得ません。でもそれで良いのではないか、あるいは学部教育のあり方としてむしろその方が望ましいのではないか、というふうに私は開き直っています。

現に、ゼミ学生が書いたタームペーパー（学期論文）を私が手直しし、共著論文として日本金融学会で発表する機会がこれまでに二度ありました。同学会は格式の高い学会なので、発表できる論文は原則として大学院博士課程学生以上の研究者に限られていますが、学部学生を著者として含む論文を発表するというかたちでＳＦＣの学生が新しい前例を作ることができたわけです。また、私の近刊書籍『日本企業とＭ＆Ａ』（二〇〇七年、東洋経済新報社）の核心部分は私のゼミ生が行った三編の実証分析論文であり、三名の学生はこの書物の事実上の共著者です（そのことを序文で明記）。

「教員こそ最良の学生でなくてはならない。教員が学んでいないような大学では学生は何も学ぶことができない」。これは私がかつて教壇に立った米プリンストン大学のある教員が、同大学の優れた性格として表現した文言です。私も同感です。ＳＦＣに一四年間在籍したおかげで私は、当初予想しなかったほど成長できたのではないか、そして人はいつになっても成長できる、という実感を持つことができました。ＳＦＣは学生と教員が共同成長できる場所だ、と思います。

ただし、一つだけ留保条件を付けておきたいと思います。それは学生であれ教員であれ、漫然と在籍していたのではＳＦＣが何かを与えてくれることは期待できないことです。その意味では、ＳＦＣというコミュニティに加わるのはリスクの大きい選択かもしれません。しかし、自分のやりたいことがすでにある場合、あるいは入学後にそれを見つける努力をする決心がある場合にはＳＦＣはそれに応えてくれます。「求めなさい。そうすれば与えられる。探しなさい。そうすれば見つかる。門をたたきなさい。そうすれば開かれる。」逆に、自ら求めなければ何も与えられない。それがＳＦＣに在籍する場合の条件になるのではないでしょうか。

（慶應義塾大学メールマガジン「ＳＦＣ　ＣＬＩＰ」二七六号、二〇〇八年三月八日）

三　SFCから新しい世界へ飛び立って

本日はこの会（SFC退職者送別パーティ）にお招きくださり、ありがとうございます。

「去る者は日々に疎し」ということわざがあります。英語では「Out of sight, out of mind」と言われるように「目に触れなくなった者は、次第に忘れ去られて行く」というわけです。半年前にSFCを退職した私は、皆さんの意識の中から消えてしまっているのではないかと思っていました。しかし、幸い「さにあらず」この会にお招きくださり、とてもありがたく存じ、そしていたく感激いたしております。

私は昨年（二〇〇七年）八月末に慶應を退職したあと、九月から明治学院大学に奉職しております。所属学部は、国際学部（Faculty of International Studies）です。明治学院大学は、五つの学部が都内港区白金台の本部キャンパスにあり、国際学部だけは横浜市戸塚にあります（同学部はここから約一時間たらずのところです）。慶應の場合でいえば、ちょうど大学本部のある三田キャンパスとＳＦＣの関係に似ており、私はいわば明治学院大学のＳＦＣ（横浜校舎という名称です）に所属しているわけです。この国際学部（横浜校舎）が開設されたのは一九八六年であり、都心に本部のある大学の郊外キャンパスとしては、ＳＦＣよりも四年ほど先輩格であるといえます。そのキャンパスは高台にあるため研究室の窓からは見事な富士山を望むことができ、お蔭様で毎日、とても気分よく仕事ができる環境に恵まれています。

担当科目は「日本経済論」、そして英語科目の「Contemporary Japanese Economy」、この二つが中心であり、そのほかに当然、ゼミナールなどもあります。これらの授業科目は私が海外の大学やSFCで担当した授業内容をいわば総まとめするような内容のものです。SFCを離れたあと、それまでの経験を全部統合して活かせる任務に就くことができている自分はこのうえなく恵まれていると感じております。

それにも増して明治学院で居心地のよさを感じている大きな理由がもう一つあります。

昨年九月に着任したとき、一冊の大きな書物を受領しました。それは人生についての智慧と洞察が書かれた二千年近く前に書かれた書物、すなわち聖書です。その表紙を開けたとき、驚くとともに、とてもありがたいことだと思いました。というのは、見開きの冒頭に何と学院長（慶應でいえば塾長に該当する）の直筆で次のように書かれていたからです。

岡部光明　先生

わたしたちは　見えるものではなく　見えないものに目を注ぎます。

明治学院　学院長　久世　了

二〇〇七年九月一日

この言葉「わたしたちは　見えるものではなく　見えないものに目を注ぎます」はこの書物の中にある一節です。この語句のあとさらに「見えるものは過ぎ去りますが、見えないものは永遠に存続するからです」という表現が続いています。

これは大学のあり方を深く示唆していると私は思います。大学において学生が本当に学ぶべきことは「人間社会には次々に新しいことが生まれている」ということよりも、むしろ「時代を経ても変わらないもの」がどういうものなのかを知り、それをしっかりと身に付けることである、というのが従来からの私の考え方です。つまり、永続性のあるもの、普遍性のあるもの、したがってそれらは国際的にも通用する価値といえますが、それらの追求と習得にこそ大学の本質がある、という見方です。

明治学院は、大学自体がそれを一つの理念として掲げる一方、学院長自身がそのことを新任の教員に理解してもらおうという姿勢を示されており、このことにいたく感激したわけです。このような大学において教員の末席を汚す機会を与えられた自分は、何と幸いなことかと思っています。

ＳＦＣに一四年間勤務したあとこのような道が私に与えられたのは、一つは我々の力を超えた大きな力によるものかと思います。それと同時に、いうまでもありませんがＳＦＣが私を大きく育ててくれた結果に他なりません。私をここまで成長させてくれたＳＦＣに対して私は心から感謝しております。それらのことは私の最終講義において述べさせていただき、その講義録『日本経済と私とＳＦＣ——これまでの歩みとメッセージ』（慶應義塾大学出版会）をかつて皆さんにお届けしたとおりです。

かつての同僚教員の皆さんや事務スタッフの皆さんから教わったこと、励ましをうけたことはとても数えきれません。本当にありがとうございました。本日は時間の関係もあり、私の皆さんに対する感謝の言葉はごく簡単なものになってしまい恐縮ですが、もっぱら私の近況報告をすることによって、心からのお礼といたします。

ありがとうございました。

（慶應義塾大学ＳＦＣ退職者送別会におけるあいさつ、二〇〇七年二月二七日）

四　総合政策学確立への情熱――小島朋之氏の思い出

小島先生が、学部長として最も力を注がれたことの一つは総合政策学の確立と普及にあったのではないかと思います。そのために同先生は、総合政策学部の全教員に呼びかけてほぼ全員が参加するかたちで書籍『総合政策学の最先端』を刊行するという大プロジェクトを二〇〇二年の秋に立ち上げられました。その全四巻は強いリーダーシップのもとでわずか一年足らずで完成、これによってＳＦＣ総合政策学の内容を世間に示されました。

幸いなことに、私は小島先生と共同でそのシリーズ第一巻の冒頭に「総合政策学とは何か」という一〇ページ余りの序文を執筆する光栄に浴しました。原稿の文書ファイルを電子メールで小島先生に送信すると、見事に朱筆が加えられた文章や追記された原稿が返送されてきて、このプロジェクトに対する小島先生の思い入れを熱く感じたことでした。総合政策学についての理解は、その後「二十一世紀COE」の活動成果もあって次第に深まってきていますが、当時としてはこの序文が最も網羅的かつ体系的なものであったと私は考えています。

この書物が刊行されたころ「われわれ二人はいずれ同時にSFCを卒業するね」と話し合っていました。小島先生と私は同年生まれであるので、二〇〇九年三月末でともに慶應を定年退職することになっていたからです。その後、事情があって私は昨年秋にSFCを「中途退学」しました。非常に残念なことに小島先生も中途退学されました。ぜひ卒業してほしかったです。学部長としてのリーダーシップ、そして同僚として賜ったご厚誼、ありがとうございました。小島先生、いまはただ安らかにお眠りください。

（慶應義塾大学メールマガジン「SFC CLIP」二七六号、二〇〇八年三月八日）

五　ＳＦＣ教職員テニスクラブ

本日は私（岡部）のためにわざわざ送別テニス大会と食事会を開催してくださり、ありがとうございました。

土曜日にもかかわらずＳＦＣまで来てコートにでてくださった皆様、食事会（いつもの味彩レストラン）に参加してくださった皆様、都合がつかず欠席する旨をわざわざ私にご連絡くださった皆様、これまでＦＴＣ（ファカルティ・テニス・クラブ）でプレーをともにしてくださった皆様、そして今回のアレンジをしてくださった鎌田（智子）さん、ありがとうございました。

また食事会のあときれいな花束をくださり、ありがとうございました。

ＦＴＣは、利害を越えて永続するＳＦＣ内のユニークな団体だと思います。ここに所属することができたことを幸いに思っています。このような私の心情はかつて「パンテオン」に書いた雑文のとおりです（「研究能率を上げる一方法」、拙著『大学教育とＳＦＣ』に所収）。ＦＴＣがＳＦＣ内でさらに根を張って行くことを期待しています。

以上、感謝の気持ちとともにメールを一つしたためました。

（慶應義塾大学ＦＴＣメンバーあて電子メール、二〇〇七年七月二一日）

第五部　大学生と大学院生へのメッセージ

一　スライドを用いた効果的な発表方法――一〇か条――

概　要

プレゼンテーション用ソフトウエア「パワーポイント」は、各種組織の内外における報告や学会発表をはじめ、大学の授業などでも広く使われており、いまやコミュニケーションにおける強力かつ不可欠な道具になっている。しかし、その使い方に配慮を欠くことから、効果的とはいえない使用例がSFC大学院生の場合を含め少なくない。本章は、単に著者の経験やアイデアを踏まえるだけでなく、最近の認知心理学やデザイン論をも援用し、パワーポイントを的確かつ効果的に使うための実践的な指針を「一〇か条」というかたちで整理したものである。

大学院生（慶應義塾大学大学院 政策・メディア研究科）の皆さん、こんにちは。本日は香川敏幸先生、渡邊頼純先生、秋山美紀先生のほか、大学院セミナーであるにもかかわらず学部学生の姿もみられるなど多くの皆さんがこのセミナーに参加してくださり、うれしく思います。

二つの部分からなる発表

本日は「効果的なパワーポイント・プレゼンテーション――『日本のコーポレート・ガバナンス』の発表とそれを踏まえて――」というテーマでお話します。つまり、今回の発表は二つの全く異質の内容からなっています（資料一）。

第一部は、最近における私の研究成果の発表「日本のコーポレート・ガバナンス――その特徴、変遷、今後の課題――」です。そして第二部は「効果的なパワーポイント発表の仕方」であり、スライド（発表用ソフトウエアであるパワーポイント）を用いた発表の仕方について私なりの問題提起ならびに提言を示したいと思います。第一部で行う私の発表を注意深く見ていただければ汲み取っていただけることでもありますが、スラ

本日の発表は２部構成

第１部　研究発表「日本のコーポレートガバナンス」

・報告者の最近における研究成果を踏まえて一つのパースペクティブを提示

第２部　効果的なPowerPoint発表の仕方

・第１部の発表スタイルの理念と理論
・PowerPoint発表に関する「岡部の10か条」

資料１

イドを使用して発表する場合には重要な原則が潜んでいます。第二部では、それを改めて整理するとともに、私からのメッセージをより具体的にして「効果的なパワーポイント発表に関する岡部の一〇か条」としてまとめた指針を提示することにします。

大学院生の皆さんは、研究成果をセミナーや学会で発表したり、あるいは大学の授業において学生諸君に説明したりする機会が非常に多いはずですから、パワーポイントを使った発表を効果的に行う力量は最も重要な知的スキルの一つということができましょう。本日このように多くの方々に集まっていただけたのも、おそらく私の説明からそうした知恵を得ることができるのではないかと考えた方が多いからだと思います。

ところで、本日の発表は二部構成になっているので「一粒で二度おいしい」アーモンドグリコを想起される方もいるかと思います。一九五五年に発売されたアーモンドグリコは「一粒で二度おいしい」というキャッチフレーズで爆発的に売れたキャラメルです（本日はその箱をいくつか回しているのでどうぞ試食してください）。これと同様、本日の発表はまさに「一回で二つのことが学べる」セミナーというわけです。ご期待ください！

第一部の研究発表

さて、第一部は「日本のコーポレート・ガバナンス」に関する私の研究報告です。以下では、昨年出版した書籍（岡部 二〇〇七a）を基礎とし、それにその後の研究（岡部 二〇〇八、英文論文 二〇〇九）を加味しつつこの領域に関する研究を展望する報告をいたします。すなわち、（一）企業とは何か、コーポレート・ガバナンスとは何か、（二）従来の日本企業のガバナンス——二つの要素、（三）環境の変化とその影響、（四）日本の企業ガバナンスの現状、（五）今後の展望、政策課題と研究課題、です。
［第一部の報告内容の記載は割愛］

第二部「効果的な PowerPoint 発表の仕方」

さて次に、お待ちかねの「効果的なパワーポイント発表の仕方」に入ります。まず、発表用ソフトウエア「パワーポイント」については、二つの点を指摘すべきでしょう。第一に、パワーポイント（略してＰＰＴ）は、迫力（Power）を伴って要点（Point）を提示できる強力な手段であることです。国内外を問わずいろいろな場面においてこれを用いたプレゼンテーションが大流行しているのは、まさにそのことを裏付けています。第二は、但書きとして述べる必要がある点ですが、ＰＰＴはその用途、使い方に十分な留意が必要であることです。本日の重点はもっぱらこの点にあります。

例えば、多くの利用者はＰＰＴのテンプレート（既成の画面様式）にそのまま文章を書き入れたり、統計を組み込んだりして利用していますが、そうした使い方は無神経に過ぎる、といわれても仕方のないケースが実は少なくないのです。例えば、テンプレートは、発表者の満足感だけを指向する一方、発表内容への配慮や聴衆の立場に立った配慮が乏しいので使うべきでない、という批判的な意見（タフティ 二〇〇三）もあります。

そして、大学学部における教育手段としてPPTは使うべきでない、というのが従来からの私の意見です。情報化時代の最先端を行くSFC（慶應義塾大学湘南藤沢キャンパス）の授業においては、まさに「PPT万能」とでもいう授業風景がみられます。確かに、PPTを使えば見栄えのある講義ができる一方、講義担当者にとって明らかに手間が省ける面もあります。しかし、私は自分の担当授業でPPTを一切使わなかったので、その点では全く例外的な教員でした。私はPPTを使う代わりに講義内容に関連するデータや図表を盛り込んだ配布資料を毎回一枚配布し、講義はその一枚紙のほかはすべて板書を活用して行いました。なぜ私がそうした考え方をしたのかは別途述べた（岡部 一九九九）のでここでは立ち入りません。

良いＰＰＴ発表の三条件とその根拠

ところで、ＰＰＴを用いて発表を行う場合（ここでは学会等での研究発表をもっぱら念頭におきますが）それが「良い」発表であるためには何が求められるでしょうか。私は、次の三つがその条件であると考えます（資料一）。

第一に、スライド発表が明快さ（clarity）、正確さ（precision）、効率性（efficiency）を伴った内容伝達になっていることです。この三つの基準は、文章であれ、図表であれ、講演であれ、何かを第三者に伝達する場合の基本的な条件であり（タフティ 一九八三）、ＰＰＴの場合にも当然適用されるからです。

明快さとは、整然としていてわかりやすいことです。正確さとは、誤りがなく正しく確かなことです。ＰＰＴを用いた発表においてもこの二つが重要なのは明らかです。これに対して効率性ということは余り聞かないかもしれませんが、それは「一定の情報を伝えるうえで必要最小限の文字や図表を用いること」を意味しています。機能が同等な文字や図表あるいはデザインのなかでは、最も単純なものを選ぶべきである、という要請です。デザイン論では「節約の原則」あるいは「単純さの原則」と称されており、もっとも基本な考え方になっています。

第二に、聴衆（ＰＰＴを見る側）の負担、専門用語でいえば認知負担が最小であり、そして快適に受け取ることができる発表になっていることです。聴衆指向の発表といってもよいでしょう。認知負担とは、提示されたものを理解するために必要になる精神的活動の量です（リンドウェル他 二〇〇三）。それを減らすには、後で具体例を示しますが、不必要な情報つまり視覚的ノイズをできるだけ小さくすること、情報をチャンキング（グループ化）すること、などが大切になります。

第三に、聴衆にとって印象深い発表になっていることです。つまり、ＰＰＴ発表に接する場合には、知的刺激を受ける面が大きいことのほか、美しさ、驚き、楽しさ、そして品格を具備し、聴衆にとって強く印象に残るものであることが望ましいと考えます。

では、なぜこの三条件が求められるのでしょうか。それは単に私の思いつきというよりも（私の直感もむろん含まれますが）むしろ人間の情報処理能力や認知心理学などに関する多くの研究成果に合致するからです。

すなわち、第一に、人間の情報処理能力は無限大ではなく、量的側面ならびにスピ

■良いPPT発表の三条件

1．明快さ(clarity)、正確さ(precision)、効率性(efficiency)を伴う伝達。

2．聴衆（見る側）の負担が最小で快適。

3．聴衆にとっての印象深さ。
・知的刺激が大きいうえ、美しさ、驚き、楽しさ、そして品格を具備。

資料2

ード面において明らかに限界が存在するからです。つまり、人間にとって情報は多ければ多いほど望ましいというわけではないからです。人間は、常に限られた情報をもとにして判断し行動する存在です。これは「限定された合理性」（サイモン 一九四五）として知られる現象です。だから、聴衆にとっては、目でゆっくりと追いきれないほどのスピードで画面を次々に出すようなこと（現実にそのようなケースが少なくありません）は避ける必要があるのです。また必要性が劣後すると判断される情報は、提示するスライド画面において当初から削除しておくことがとても大切です（タフティ二〇〇三)。スライド上には、厳選された情報ないし文字だけを記載することが重要なのです。これは「切り詰めの美学」ということができるかもしれません。

また、スライド上にスペース(余白)があるからといって、むやみにそこに情報を記載することも回避すべきです。余白は余白でない部分(文字等)を浮立たせる機能があるので、空白自体大きな効用があるわけです。

第二に、スライド発表が深く印象に残るものとなるかどうかは、いうまでもなく発表内容が知的刺激に富むかどうかですが、それに加えて発表自体の清涼感、美感、意外性、楽しさ、品格、さらには発表会場の緊張感、なども聴衆の印象を形成するうえで重要な要素といえましょう。

ここでは、それらのほか「スライド画面と口頭説明が一体化していること」がそうした要素の一つであることを指摘したいと思います。新しい画面(スライド)が提示される場合、聴衆はその見せられた画面をまず(目で)読み始めます。だからその行動を尊重しつつ説明することが大切になります。専門用語でいえば「アフォーダンス」(affordance)を充足することです。アフォーダンスとは、環境が人に対して何かの行

■効果的なパワーポイント発表の仕方
岡部の10か条
(Ten Commandments)

資料3

動を誘発する現象（ギブソン　一九七七、ノーマン　一九八八）であり、もともと認知心理学の用語ですが最近はデザインの領域でも利用者指向の意味でこの概念が一般化し、また重視されています。スライドの提示ならびに口頭説明においても、この原則に準拠することが大切になるわけです。

さて、以上がいわば理論編ですが、効果的なパワーポイント発表の仕方とは具体的にどのようなことでしょうか。ここでは、旧約聖書における「モーゼの十戒」になぞらえ、効果的なパワーポイント発表についての「岡部の一〇か条」（十戒）というかたちでそれをまとめてみます（資料三）。

一　発表内容の構造を明確にせよ

第一条は「発表内容の構造を明確にせよ」です（資料四）。発表に用いるスライドが全体としてどのような構造になっているか、それを聴衆に対してまず明確に示す必要があります。このため、発表のはじめの部分で「目次」を提示することが必要です。ただ、それはたいていの場合なされているので、ここではスライド一枚ごとについてその点を強調したいと思います。

つまり、各スライドにおいては「提示されている項目の階層を明確にせよ」というアドバイスです。スライドでは、たいていの場合、まず見出しがありその中に一つあるいは幾つかの項目が記載されており、さらにそれら項目についての説明が記載される、といった構造になっています。そうした階層構造を強く意識するとともに、それをスライドの文面記述のうえで鮮明に示すことが決定的に重要なのです。

また、これに関連して「行間スペース（論点のかたまりを明確化する機能を持つ）を十分活用せよ」ということも同時に強調しておきます。行間スペースを設けることは、数多くの情報単位を束ねて一つのかたまりにし、与えられた情報を処理しやすくし、記

1　発表内容の構造を明確にせよ。

—全てのスライドにおいて項目の「階層」(levels of hierarchy)を明確にせよ。

—行間スペース（論点のかたまりを明確化する機能）を十分活用せよ。

2　文字は大きく打て。文字サイズは2-3種類に限定せよ。

—書体の種類（斜字体・太字等）も1-2つに限定せよ。

—「画面の文字が小さくて読みにくいですが」は禁句。

資料4

憶しやすくする方法の一つです。すなわち、画面上、情報をグループ化することが大切です。デザイン論の用語を用いるとチャンキング（chunking）といわれる対応方法です。

ここで私が言おうとすることは、実例を示すことで容易に理解していただけると思うので、幾つかの「悪い」実例を提示し、それがどう改善できるかを示すことにしましょう。私の経験によれば、悪い実例はどこにでも容易に見つけることができますが、今回は「ＰＰＴ」（パワーポイント）ならびに「ガバナンス」という二つのキーワードでグーグル（Google）検索した結果でてきたものを選びました。この検索によって出てくるパワーポイントのスライドはおよそ二万八千件に達しますが、それらのうち初めの方に出てくるものをサンプルとしました。

最初の見本はこのスライドであり（資料五）、比較的よく見かけるタイプです。ここでは、節のタイトルや項目、そしてその説明などが多量に、そして大きな活字でところ狭しとばかりに記載されています。非常にごたごたした感じがします。これを見せられて重要なポイントが素直に頭に入るでしょうか。決してそう思われないのは、このスライドが四つの階層に位置する項目によって構成されているにもかかわらず、そのことが強く意識して記載されていないからです。これが最大の問題です。

具体的にいえば、この画面では資料六に示した四段階の事項が扱われています（それぞれの項目はその上位に位置する項目の中における一つの事項になっています）が、それが画面のうえで十分明確になっていないわけです。この階層を明確化した書き方にすべきです。そのためには、まずインデンテーション（字下げ）を行うことが不可欠であり、さらに活字サイズの使い分け、必要な行間スペース挿入、色彩文字、などを活用する必要があります。これらに配慮して改善すると、例えば資料七のような比較的見やす

14.1 国際政治経済学の理論的枠組

b 国民国家体系から覇権国による組織化への変貌

- 国益をめぐる諸国家間の対抗と妥協
- 第2次大戦後は,「冷戦対抗」
- パクス・アメリカーナ：主権国家アメリカのヘゲモニー（覇権）行使. 政治・経済・軍事・イデオロギー. 門戸開放政策や市場原理の提唱
- 国際機関による補完的機能：IMF, 世界銀行, ガット
- 2国間投資保証協定, 二重課税防止協定

資料 5

- 14.1 国際政治経済学の
  - b 国民国家体系から
    - ・パクス・アメリカーナ：
      - 主権国家アメリカのヘゲモニー

■前出スライドは、上記4つの階層（levels of hierarchy）から構成されているが、このことが強く意識されていない。

→ それを明確にした書き方にする必要あり。活字サイズの大小、行間スペース、色文字などを活用すべし。

資料 6

14.1 国際政治経済学の理論的枠組

b 国民国家体系から覇権国による組織化への変貌

- 国益をめぐる諸国家間の対抗と妥協
- 第2次大戦後は,「冷戦対抗」
- パクス・アメリカーナ
  -主権国家アメリカのヘゲモニー（覇権）行使，政治・経済・軍事・イデオロギー，門戸開放政策や市場原理の提唱
- 国際機関による補完的機能
  -IMF，世界銀行，ガット
- 2国間投資保証協定，二重課税防止協定

資料7

く理解しやすい画面になります。なお、この画面における項目名や文章は原画面のものをそのまま使っていますが、これらについても工夫や改善の余地が少なくありません。しかし、それはスライドの内容に入ることなのでここではあえて扱いません（この点は以下のサンプル画面とその改善結果についても同様です）。

もう一つ例をお目にかけましょう（資料八）。この画面は、おそらくパワーポイントのテンプレート（あるいはMSワードの自動様式機能）をそのまま使って作成したものと思われ、これまた非常によく目にするタイプです。この画面での項目は、前例

1　コーポレート・ガバナンスの展開と課題
Ⅰ　コーポレート・ガバナンスとは

1　一般的な定義
(1) コーポレート（corporate)は上場企業等の大企業
(2) ガバナンス（governance)は
①大企業における「意思決定の仕組み」
②企業を取り巻くステークホルダーとその企業へのかかわり方
(3) コーポレート・ガバナンスとは
①経営者の不正行為を防止（健全性）する仕組み
②企業の収益性・競争力を向上（効率性）させる仕組み
2　英米の定義の差異
(1) アメリカでは、経営または経営者に対する監視、すなわち「モニタリング」という定義
②ヨーロッパでは、経営または経営者からみて「アカウンタビリティ」（説明責任）、すなわち経営者がステークホルダーに対してどのように「アカウンタビリティ」を果たすかという定義

資料8

- 1 コーポレート･ガバナンスの
  - Ⅰ　コーポレート･ガバナンスとは
    - 1 一般的な定義
      - (2)ガバナンス(governance)は
        - ①大企業における｢意思決定

資料9

1　コーポレート・ガバナンスの展開と課題
Ⅰ　コーポレート・ガバナンスとは

1　一般的な定義
(1) コーポレート（corporate)は上場企業等の大企業
(2) ガバナンス（governance)は
①大企業における「意思決定の仕組み」
②企業を取り巻くステークホルダーとその企業へのかかわり方

(3) コーポレート・ガバナンスとは
①経営者の不正行為を防止（健全性）する仕組み
②企業の収益性・競争力を向上（効率性）させる仕組み

2　英米の定義の差異
(1) アメリカでは、経営または経営者に対する監視、すなわち「モニタリング」という定義

(2) ヨーロッパでは、経営または経営者からみて「アカウンタビリティ」（説明責任）、すなわち経営者がステークホルダーに対してどのように「アカウンタビリティ」を果たすかという定義

資料10

よりも一つ多く五つの階層から構成されています（資料九）。この階層数自体やや多すぎるので問題ではありますが、ここではそれを所与として前述の考え方に沿って改善してみます（資料一〇）。これをみれば、発表者が強調したい点、とくにコーポレート・ガバナンスの一般的定義と英米における定義の差異、そしてその内容がともにくっきりと浮かび上がってきています。

二　文字は大きく打て。文字サイズは二－三種類に限定せよ

第二条は「文字は大きく打て。文字サイズは二－三種類に限定せよ」です（前出の

資料四）。少人数のセミナーなどの発表では、画面に比較的小さい活字が入っていても参加者がそれを読める以上問題はありません。しかし、大きな会場で多数の聴衆を前にした発表では、ともすれば活字が小さすぎ、聴衆にとって非常に読みにくいといったケースが少なくありません。現に「画面の文字が小さく読みにくくて申し訳ありませんが」という言い訳をしつつ発表をする場面によく遭遇します。しかし、そうした言い訳は禁句です。そう言わなくてはならないのであれば、最初から十分大きな活字によって画面を作成しておけばよいのです（それが聴衆に対する思いやりです）。

　また活字の書体については、標準的な字体（例えばゴチック体あるいは明朝体）をベースにして発表スライド全体を記載する必要があり、それ以外の種類（斜字体・太字体・下線等）は一つ程度に限定すべきです。なぜなら、活字の種類も、内容面における広義の階層を示唆するので、それが多すぎれば聴衆にとって認知負担が増えるからです。

　パワーポイント画面で使う字体としては、**一般にボールド体（太字）が最も好まれます。これはデザインに最小のノイズしか加えずに対象となる要素を明確に強調できるからです。** *一方、イタリック体（斜字）は、デザインに最少のノイズしか加えないものの、*

*ボールド体よりも見つけにくく読みにくいという難点があります。*また、下線または傍線は、デザインに相当なノイズを加えて読みやすさを減じるので、用いるとしても控えめにすべきです（リンドウェル他　二〇〇三）。

三　一枚のスライドにおける情報（文字や表）過多を避けよ

第三条は「一枚のスライドにおける情報（文字や表）過多を避けよ」です（資料十一）。一枚のスライドであってもたくさんの情報が書き込める、あるいはできるだけたくさんの情報を提供するのが親切である、などと発表者は考えているのでしょうか、現実には文字や表を詰め込み過ぎているケースが少なくありません。否、むしろ非常に多いというべきでしょう。

しかし、人間の情報処理能力には一定の限界がある（必要情報だけを選択的に拾う傾向がある）わけですから、一枚の画面には必要不可欠な情報だけを記載すべきです。各画面には、発表の流れに直接関係する文字や図表あるいは写真等だけを表示すべきであり、二次的なものは思い切って削除するのが発表者にとって得策であり、またその方が

3　１枚のスライドにおける情報（文字や表）過多を避けよ。

—各画面には直接関係する図や文字だけを表示せよ。

—ヘッダー等（発表タイトル等）を全ページには入れるな。

—地色には不要な図柄を付けるな。白がベスト。

—表紙ページには日付を入れよ。

4　カラー文字は効果的だが多用しすぎるな。

—黒字のほか、せいぜい二色程度が適切。

資料11

聴衆に対して親切でもあります。

これに関連することですが、最初から最後まで全部のスライドの画面の上方あるいは下方（ヘッダーあるいはフッター）に発表論題あるいは発表者氏名などを入れているケースが少なくありませんが、これはやめるべきです。確かに、発表途中から参加した聴衆は、それをみて誰が何について発表しているかを直ちに知ることができますが、その配慮はノンセンスというべきでしょう。そうした配慮はほとんどの聴衆にとって無意味であるばかりか、むしろそれは不要な情報でありわずらわしいだけです。発表論題あるいは発表者氏名は、冒頭の画面だけに入れることで十分であり、それらを全ページには入れるな、というのが私のアドバイスです。

また、スライドの地（背景）には不要な図柄を付けるべきではありません。地の図柄は基本的にはノイズ（雑音）であり、どうしても入れる場合にはできるだけ薄い色にすべきです。そうすることによって認知負担が少なくなり、聴衆は本来の情報に集中できるようになるからです。地色は一般に白地がベストです。

さらに、多くの情報を記載した一枚の画面を一度に提示するよりも、ある時点で必要となる情報を順次追加して提示する方法が望ましいと思います。本日私は一枚の画面に次々に情報を追加するかたちで説明しているのは、こうした配慮からです。このやり方はデザイン論で「段階的開示」と称される手法であり、情報の複雑さに対処する一つの方法です。そうすることにより、聴衆は情報負担が一度に過剰になることを回避でき、また情報を順次スムーズに理解してゆくことができる（学習効率が向上する）からです。

なお「表紙ページには発表日付を入れよ」という留意点を追加しておきます。これは、発表に使うスライドは、その日その機会のために作成したということを明示する（別の機会に作成したものを繰り返して使っているという印象を払拭する）のが望ましいからです。

さて次に、前の例と同じ方法でインターネット上で見つけた事例を四つほど取り上げ、第二条および第三条の原則に照らして評価と改善を試みてみましょう。まずこのスライド（資料一二）では、確かに各項目の階層は十分意識されており、それを配慮したうえで内容を提示ようとする姿勢がうかがわれます。例えば、明確なインデンテーション（字下げ）がなされており、活字の色やサイズも階層に応じて使い分けられています。これらは好ましいことです。

しかし、内容と関係のない意味のない地柄が全スライドに使われていること、これが第一の問題点です。この例のように全スライドに同一の地柄を配している例は非常によく見かけますが、第三条の原則に照らせば、そうした図柄は不要です（必要ならば冒頭の画面だけに付ければ十分です）。もう一つの問題点は、活字がその色（二色）、サイズ（四種類）、書体（二種類）と多様であり合計八種類にも達していることです。わずか一つの画面に八種類もの活字を使って論理の階層を識別してもらおうとしても、無理といわざるを得ません。このため、せっかく意識されている階層が容易に識別できない結果を招いています。

このスライドを第二条および第三条の原則に照らして改善した一例は、資料一三のとおりです。ここでは、発表者が最も強調したいこと（条件が三つあることならびにその内容）を明確にするため、三つの項目に番号を付すとともに、それらの間に一行のスペースをとってある（グループ化ないしチャンキングしてある）ので、ポイントが明確に表現できていると思います。

次の例（画面一四）も比較的よく見かけるタイプです。ここでは画面全体が何と四種類もの地柄によって覆われています（左端の模様、中央部の壁紙、上部の建物の写真、その右の図案）。さらに、全スライドを通してヘッダー（右上部）が入れられています。これらはすべて、この画面で提示しようとする情報と基本的に関係ないものであり、聴衆にとって煩わしいノイズ（雑音）です。これらを削除して必要な調整（とくに項目間へのスペース挿入）を行えば、当初の画面よりもよほど見やすいものになります（資料一五。なお上方の図柄と表題は一体化しているのでこの改善例では図柄を取り除けませ

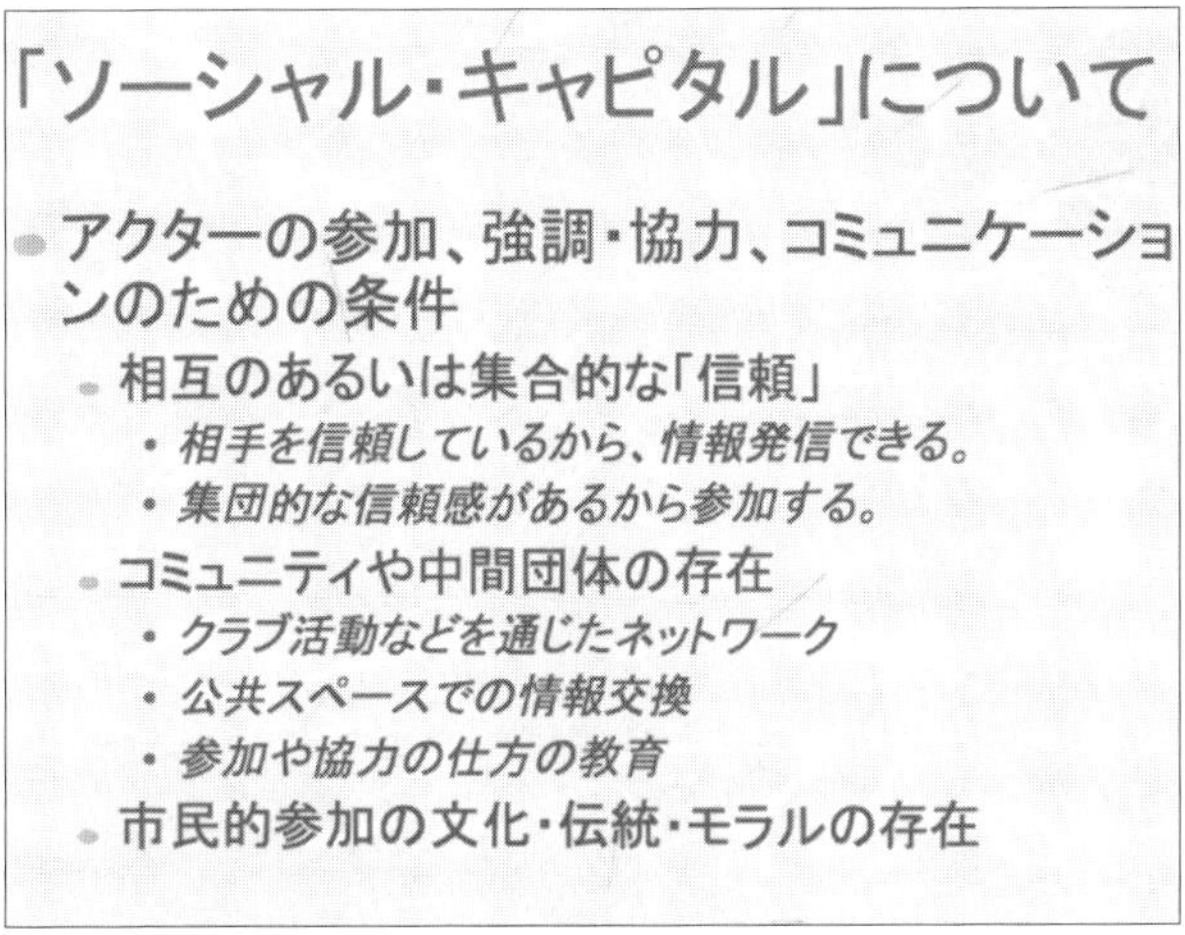
「ソーシャル・キャピタル」について
アクターの参加、強調・協力、コミュニケーションのための条件
相互のあるいは集合的な「信頼」
相手を信頼しているから、情報発信できる。
集団的な信頼感があるから参加する。
コミュニティや中間団体の存在
クラブ活動などを通じたネットワーク
公共スペースでの情報交換
参加や協力の仕方の教育
市民的参加の文化・伝統・モラルの存在

資料12

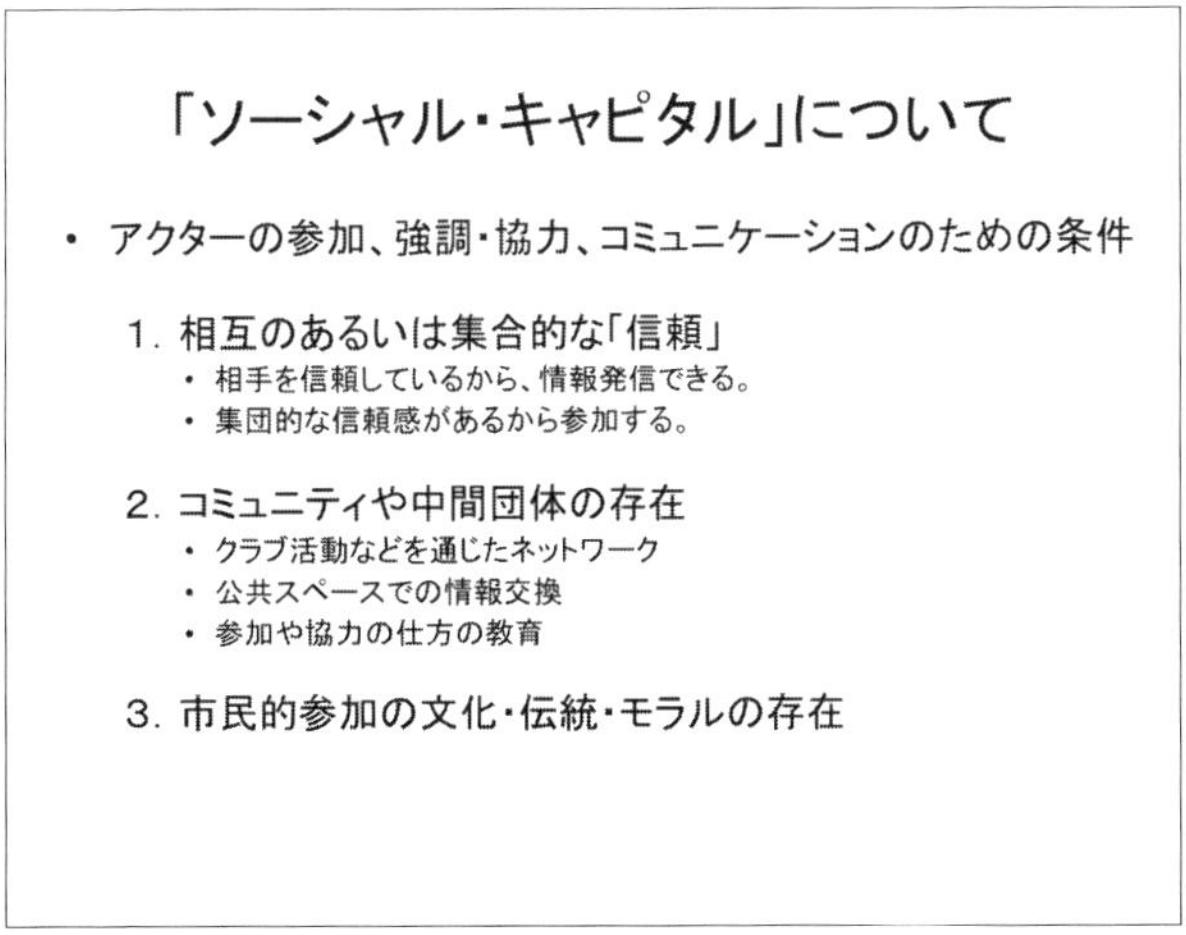
「ソーシャル・キャピタル」について
アクターの参加、強調・協力、コミュニケーションのための条件
1. 相互のあるいは集合的な「信頼」
相手を信頼しているから、情報発信できる。
集団的な信頼感があるから参加する。
2. コミュニティや中間団体の存在
クラブ活動などを通じたネットワーク
公共スペースでの情報交換
参加や協力の仕方の教育
3. 市民的参加の文化・伝統・モラルの存在

資料13

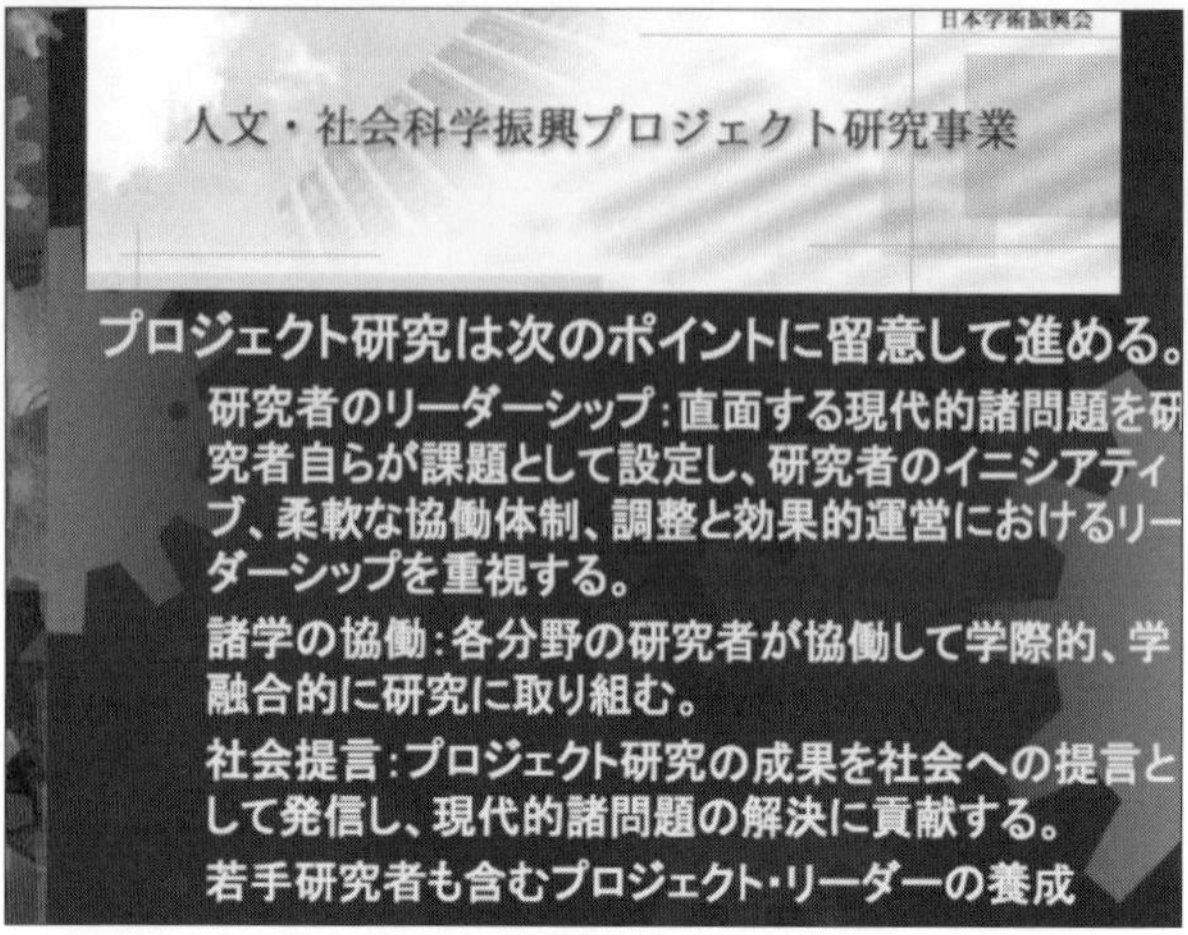
日本学術振興会
人文・社会科学振興プロジェクト研究事業
プロジェクト研究は次のポイントに留意して進める。
研究者のリーダーシップ：直面する現代的諸問題を研究者自らが課題として設定し、研究者のイニシアティブ、柔軟な協働体制、調整と効果的運営におけるリーダーシップを重視する。
諸学の協働：各分野の研究者が協働して学際的、学融合的に研究に取り組む。
社会提言：プロジェクト研究の成果を社会への提言として発信し、現代的諸問題の解決に貢献する。
若手研究者も含むプロジェクト・リーダーの養成

資料14

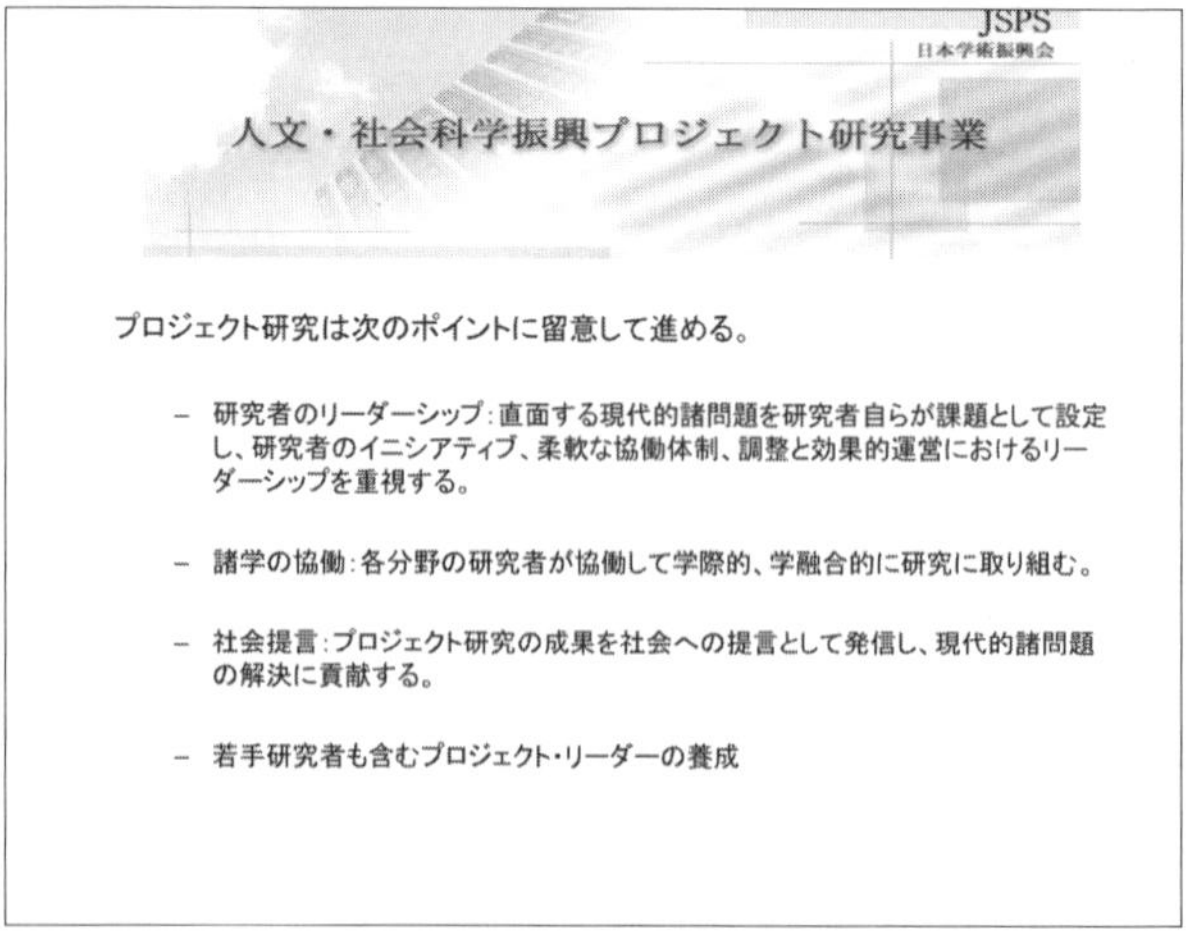
JSPS
日本学術振興会
人文・社会科学振興プロジェクト研究事業
プロジェクト研究は次のポイントに留意して進める。
– 研究者のリーダーシップ：直面する現代的諸問題を研究者自らが課題として設定し、研究者のイニシアティブ、柔軟な協働体制、調整と効果的運営におけるリーダーシップを重視する。
– 諸学の協働：各分野の研究者が協働して学際的、学融合的に研究に取り組む。
– 社会提言：プロジェクト研究の成果を社会への提言として発信し、現代的諸問題の解決に貢献する。
– 若手研究者も含むプロジェクト・リーダーの養成

資料15

んでした)。

三つ目の例をみましょう(資料一六)。ここでは、前の例と同様、意味の乏しい地柄が付けられているほか、画面いっぱいに大きな活字で文章が記載されています。また、出典の記載においても、本文と同じ大きさの活字が用いられています。確かに、活字サイズは大きい方が一般に読みやすいことは間違いありません。しかし、それよりもむしろ論点をどう整理して記述しているのか、を明確にすることによって一層読みやすくするべきです。

これらの点に留意して画面を改善すると、例えば資料一七のようになります。ここでは、論点(文章)を明確に二つに分けて示す、その間にスペースを入れる、そして出典の表示(その情報は本文よりも劣後する)は格段に小さい活字を用いるとともに本文から少し離れた位置に置く、などの工夫をしています。出典表示など本文に無関係な要素や関係があいまいな要素は少し離して配置する必要があります。これは、近くにある要素同士は一つのかたまりとして認識されるという人間心理(近接効果)があるからです。以上の改訂により、内容がより的確に伝達できるものになっていることを理解していた

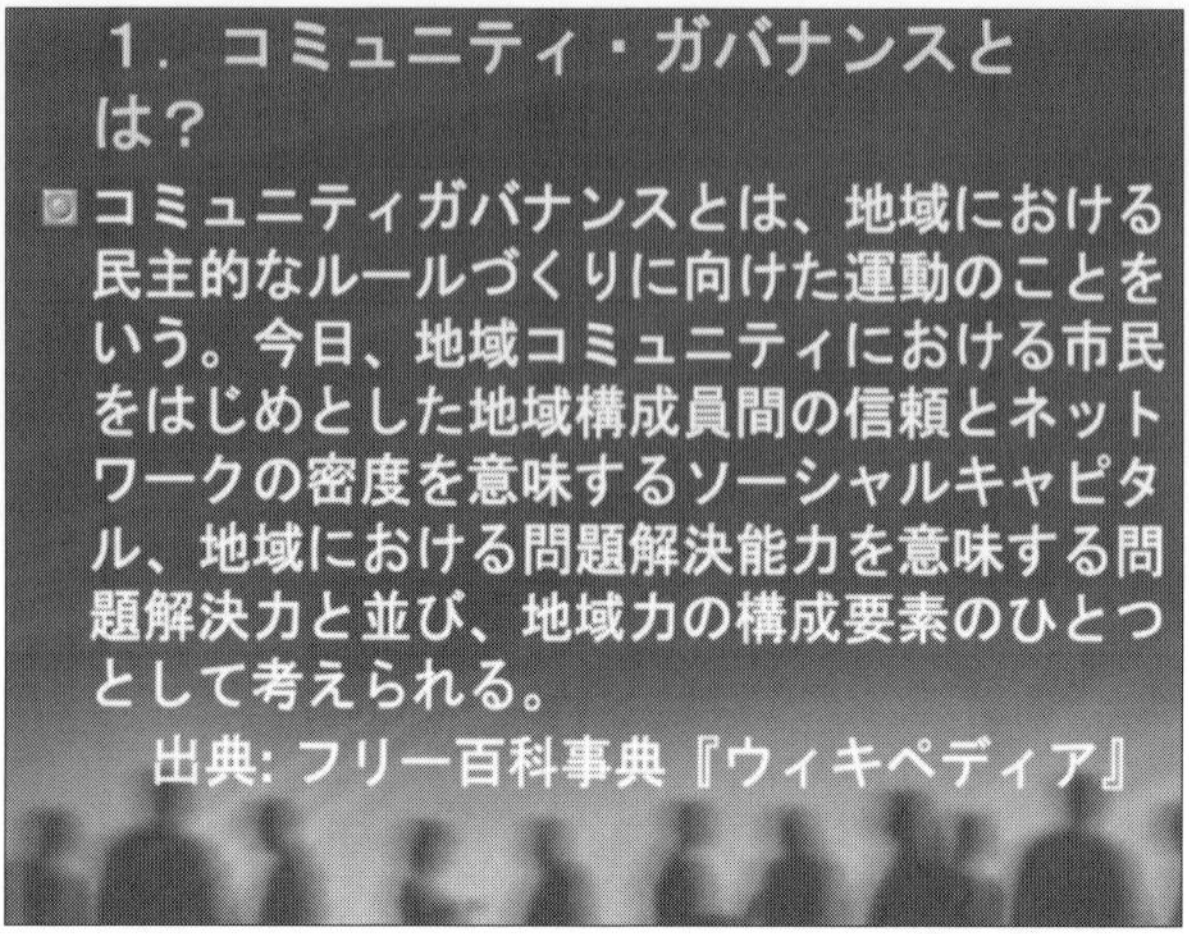
1. コミュニティ・ガバナンスとは？
コミュニティガバナンスとは、地域における民主的なルールづくりに向けた運動のことをいう。今日、地域コミュニティにおける市民をはじめとした地域構成員間の信頼とネットワークの密度を意味するソーシャルキャピタル、地域における問題解決能力を意味する問題解決力と並び、地域力の構成要素のひとつとして考えられる。
出典: フリー百科事典『ウィキペディア』

資料16

1. コミュニティ・ガバナンスとは？

- コミュニティガバナンスとは、地域における民主的なルールづくりに向けた運動のことをいう。
- 今日、地域コミュニティにおける市民をはじめとした地域構成員間の信頼とネットワークの密度を意味するソーシャルキャピタル、地域における問題解決能力を意味する問題解決力と並び、地域力の構成要素のひとつとして考えられる。

出典: フリー百科事典『ウィキペディア』

資料17

だけると思います。

なお、誰でも自由に書き込みと編集ができるオンライン百科事典「ウィキペディア」は、便利な参考資料としては使えますが、そこでの記述をこの例のように研究上の根拠として引用することは適当ではありません。

四つ目の例は資料一八です。「見慣れた画面が出てきたな」と思われる方が多分いらっしゃることでしょう。学会での発表であれ、企業等における企画案の発表であれ、左上方にこの図柄の入ったパワーポイントのテンプレートは非常に頻繁に使われています。この図柄は、確かにデザインとして良くできていると思いますが、余りにもありふれているためこれを図柄として用いると発表自体の個性が乏しくなり、何ら印象に残らない（場合によっては嫌気がさす）可能性があります。だからこの図柄の利用は避けるのが得策でしょう。また、この発表例では、すべてのスライドの上下両方に著作権等の表示が入っています。それを主張したい気持ちを理解できなくはありませんが、聴衆にとっては大きなノイズになりますから、すべての画面にそれをいれるのは適切とは思えません（表紙ページだけに入れることで十分でしょう）。

FRANTECH®

講演目次

1　はじめに
(1)成熟社会とは
(2)コンプライアンスとは

2　インターネットの発展における法制度の改正
(1)インターネットの普及による著作権法の改正
①インターネットの普及前の著作権法
②インターネットの発展後の著作権法
③ブロードバンド時代での法的問題
映像配信と音楽配信
放送と通信の融合

1

資料18

講演目次

1　はじめに
(1)成熟社会とは
(2)コンプライアンスとは

2　インターネットの発展における法制度の改正
(1)インターネットの普及による著作権法の改正
①インターネットの普及前の著作権法
②インターネットの発展後の著作権法
③ブロードバンド時代での法的問題
映像配信と音楽配信
放送と通信の融合

資料19

これらの点を改善したほか、各節の見出しの活字サイズをやや大きくして色彩活字を利用し、また行間スペースも多少広げた結果が資料一九です。聴衆の立場からみた場合、どちらが好まれるかは明らかだと思います。

四　カラー文字は効果的だが多用しすぎるな

第四条は「カラー文字は効果的だが多用しすぎるな」です（前出の資料十一）。一般的には、黒字のほか、せいぜい二色程度を使うのが適切といえましょう。それより多くの色文字を使っても、聴衆は各色にどのような性質を持つ項目ないし概念が対応しているのかを理解する負担が大きくなる（あるいは区分できなくなる）だけだからです。

例えば、既出の資料一三では、強調すべき大項目を色付き活字（しかもより大きな活字）で示す一方、その説明は黒字（しかもより小さな活字）で示しているので、強調度合いの差異ならびに階層の差異がくっきりと示されています。使用した色は、黒のほか青だけです（なお本書はモノクローム版であるため色彩の区別は表示されていない）。

また、一つの画面が同一階層の文章から成る場合、文章の大半を色付き活字にするといったことは回避すべきです。なぜなら、そうすればどの部分を強調しようとしているのかが不明確化する可能性が大きいからです。その場合には、キーワードだけに色を付ける、あるいは同一の性格を持つ用語に同じ色を付ける、といった対応をすべきです。

五　ウイットに富む画面（サプライズ、息抜き、関連写真等）を一－二枚入れよ

第五条は「ウイットに富む画面（サプライズ、息抜き、関連写真等）を一－二枚入れよ」です（資料二〇）。これはプレゼンテーションにおけるやや高級な配慮というべきかも知れませんが、発表の冒頭あるいは適当な場所に、何かウイットに富む画面を一つあるいは二つ埋め込むような配慮をするのが望ましいと思います。

「何だそれは?」「あれ!」と思わせるような画面、あるいはユーモアを含んだ画面などが一枚あれば、聴衆を引きつけて発表全体を印象的なものにする効果があるからです。ただ、その画面は発表内容と何らかの関係を持つことが条件であり、またそうした画面が多すぎないようにすることにも留意する必要があります。その意味でこれは諸刃の剣とでもいうべき高級技術です。

5　ウイットに富む画面（サプライズ、息抜き、関連写真等）を1-2枚入れよ。

—発表全体を印象的なものにする効果あり。

6　配布資料は簡潔なレジメとして作成せよ。

—A４用紙に６画面の場合、拡大して読みやすく印刷せよ。

—全画面を配布印刷する必要はない（画面数を節約せよ）。

資料20

ちなみに、本日の私の発表では、すでにご覧いただいたとおり「一粒で二度おいしい」アーモンドグリコの写真、そして私が米国の大学で講義をしている写真を差し込んだ次第です（ここではそれらの掲載を省略）。

六　配布資料は画面を簡潔にまとめたレジメとして作成せよ

以上、第五条まではスライドの作り方についての教訓を述べましたが、第六条は発表時に使う配布資料の作り方についてです。すなわち「配布資料は画面を簡潔にまとめたレジメとして作成せよ」というのがそのアドバイスです（前出の資料二〇）。

配布資料には二つの役目があります。一つは、発表を聞く際に発表スクリーンと配布資料を付き合わせつつみることによって、発表内容を一層容易に理解する手段になることです。もう一つは、後日、発表内容を正確に活用するための手段になることです。前者については、発表時に大きなスクリーンを見つつ聞いているのでレジメの機能に大きくこだわる必要はありません。したがって、むしろ後者の役割を一層重視すべきです。その場合、二つの点に配慮する必要があります。

第一に、スライドの各画面を読みやすくするように配慮することです。これまで色々なパワーポイント発表に接した経験によれば、A４サイズ用紙を横位置に使ったり（その場合は四つの画面を大きなサイズで印刷する結果になる場合が多い）、あるいは縦位置に使って六画面を拡大せずにプリントしたり（その場合には画面が小さくなりすぎて読みにくい場合が多い）するケースをよく見かけますが、聴衆の立場からいえばこれらには改善できる余地があります。そこで、私は具体的に「A４用紙を縦位置に使って六画面を印刷すること、そして各画面は標準印刷サイズの一二〇パーセント程度に拡大して読みやすく印刷すること」を主張したい。このようにすれば、他の多くの資料（縦位置）と同様に縦位置になるので見やすいうえ整理もしやすくなります。また、各画面の活字サイズが幾分小さくても、配布物のうえでは容易に読めるというメリットもあります。

第二に、実際に使用するスライドを始めから終わりまで全てを機械的に印刷して配布するよりも、むしろ要点を適切に編集したもの（ただしなるべく実際に使用する画面に近いかたちのもの）を配布資料とすることです。確かに、全画面をプリントしたものは発表時の画面と同一であるため、発表がどこまで進んでいるかを正確に知るうえでは役立ちます。しかし、そのような配布物は、資料としてやや冗漫であり、また一覧性に乏しいものにならざるをえません。だから、重要点がもれなく入るように画面をある程度編集したもの（画面数が節約されるとともに一覧性が高まる）を配布資料とするのが良いと考えます。

ちなみに、私が本日の発表で使用するパワーポイントの画面は合計一四三枚に上りますが、配付資料としては、上記二つの留意点に従いA４用紙で四ページ（両面印刷で二枚）に収めるべく合計二四画面にまとめたものをみなさんに配布しました（各画面は一二〇パーセントに拡大してA４用紙一枚には六画面を配置）。［なお本章で提示した画面はそれらを多少再編集してある。］

七　先ず画面の文字をそのまま読め。その次に説明を加えよ

さて、ここからは実際に発表する場合の戒めです。すなわち、第七条は「先ず画面の文字をそのまま読め。その次に説明を加えよ」です（資料二一）。

新たな画面（スライド）がスクリーンに映し出された場合、聴衆はその見せられた画面をまず（目で）読み始めるのが自然な行動です。画面が目に入れば、それは聴衆に読むという行動を誘発するわけです。認知心理学の用語でいえば、これはアフォーダンスの一例です。アフォーダンスとは、前述したように環境が人に対して何かの行動を誘発する現象であり、最近では各種デザインの領域でも利用者指向を重視する観点からこの概念が広く使われるようになっています。

この原理に従えば、発表者は聴衆のそうした（無意識のうちに引き起こす）行動を尊

7　画面の文字を先ずそのまま読め。その次に説明を加えよ。

—聴衆は見せられた画面をまず読み始めるのでその行動を尊重せよ(Affordance)。

—画面と同一でない説明の言葉をいきなり聞かされるのは負担が大。

8　英語のスライドを日本語で説明するな。

—英語スライドを見せられて日本語で説明を聞かされるのは著しい負担。(発表者に傲慢さを感じる)

—聴衆が日本人であれば日本語のスライドを作成して使え。

資料21

重するかたちで説明をしてゆくことが必要です。つまり、発表者は、画面の文字を先ずそのまま（聴衆と同時に）ゆっくりと声に出して読むこと、そしてその次に初めて追加的な説明を加えること、これが心理学の観点から適切な発表の仕方といえます。

逆に言えば、新しい画面がスクリーンに映し出された場合、その画面に記載されている文字と同一でない各種の説明をいきなり聞かされる（現実にこれをよく経験する）のは聴衆にとって認知負担が大きく、それは聴衆への思いやりに欠ける行動である、といえます。そうした説明方法では、結局のところ発表内容を聴衆に十分理解してもらうことができなくなる可能性があるので、発表者にとっても得策でないのです。

八　英語のスライドを日本語で説明するな

第八条も発表に関することであり「英語のスライドを日本語で説明するな」です（前出の資料二―）。

最近は、国内の学会においても英語で書かれた論文が発表される場合が増えてきています。その場合、日本語の発表スライドを作成し、それを用いて（当然日本語で）発表するケースが多くあります（これは望ましい対応です）が、英語論文をもとにして作成した英語スライドを用いつつ日本語で口頭発表するケースも少なくありません。こうした発表をする方々は「自分の論文は英語で書かれている（国際性があるのだ）」ということを強調したいのでしょうか。

しかし、英語の画面を見せられながら説明は日本語で聞かされるというのは、聴衆にとって負担が著しく大きいものです。発表内容を英語と日本語の両方でしかも同時並行的に理解せよと求められるのはいわば曲芸が要請されるに等しく、聴衆にとって容易なことでありません。またそうした発表においては、多くの場合、発表者の日本語も滑らかでない場合が多いように思います。そのような発表に接した場合、私は（語弊がある言い方かも知れませんが）発表者の傲慢さを感じてしまいます。

日本国内の学会等であっても、英語論文を英語で発表する場合にはむろん英語スライドで何ら問題ありません。しかし、聴衆が日本人の場合には、発表論文が英語論文であってもそれを日本語で発表する場合には、発表用スライドとして日本語版を別途作成し、それを使うべきです。それが聴衆に対する思いやりである、と私は考えます。

九　画面を逆戻しするな（複製して使え）。レーザービーム（ポインター）は使うな

第九条は「画面を逆戻しするな（複製して使え）。レーザービーム（ポインター）は使うな」です（資料二二）。

パワーポイントを使った説明ないし表示の方法には、色々な方式があります。私は、一枚のスライドにおいて項目ないし説明を順次追加して提示してゆく方法が聴衆にとって自然であり、また効果的な方法だと考えます。これはＯＨＰ（オーバーヘッド・プロ

9　画面を逆戻しするな（複製して使え）。
レーザービームは使うな。

―1枚のスライドで項目を順次提示するのは効果的。

―画面の逆戻し、過大な動的要素は聞き手をいら立たせる。

10　発表前に十分リハーサルをせよ。

―どんなにインフォーマルな発表でも3-4回は必要。

―大切な場合（博論公聴会等）では10回行え（できれば発表現場において）。

資料22

ジェクター）を用いて発表する場合、画面下方のカバーを少しずつ下にずらせることによって新しい項目を提示する方法（前述した段階的開示）と原理的に同じです。

一方、発表においては、既出の画面に言及する必要が生じる場合が少なくありません。その場合、画面を逆戻しして当該画面に戻る（そのプロセスでは途中の画面が早送りしてスクリーンに出てくる）ことによって既出画面を呼び出す場合をよく見かけます。そうした場面に出会うと、聴衆は不必要な動的要素を目にせざるを得ないので気分が落ち着きません。こうした問題は避けるべきです。

そのためには、再度提示したい画面をまず複製し、それを現在スクリーンに出ている画面の次に挿入すればよいのです。そうすれば聴衆はいらいらせずに済みます。また、提示の奇抜さを狙ってでしょうか、不必要なアニメーション（動画）によって項目を提示するといったケースもしばしば見られます。むろん程度問題ではありますが、不必要な動きを伴った表現は聴衆を疲れさせる面があり、発表の品格を保つ上でもほどほどにするのが望ましいと思います。

また、レーザービーム（赤い光で示すポインター）も、スクリーン上あまり動かさずに使う（ないしゆっくり動かして使う）のであれば効果的ですが、非常に忙しく動かして使っているケースに頻繁に遭遇します。それでは聴衆の気持ちを落ち着かせませんから、そのような使い方をするのであれば、レーザービームの使用は見送るべきでしょう。それに代え、コンピュータによるポインター（矢印）を画面上ゆっくりと動かして必要な箇所を示すのが一つの望ましい方法だと思います。

一〇　発表前に十分にリハーサルをせよ

最後、第一〇条は「発表前に十分にリハーサルをせよ」です（前出の資料一二二）。これは説明不要でしょう。

どんなにインフォーマルな発表の場合でも、三–四回はリハーサルすることが必要です。リハーサルを重ねることによって、発表内容全体の流れに不自然さはないか、重複はないか、などの点が点検でき、よりよい発表に向けて画面を改善することができるからです。また、そうすることによって説明に用いる言葉が滑らかに出てくるようになります。

とくに大切な場合、皆さんに関していえば例えば修士論文の最終発表、あるいは博士論文の公聴会発表では、少なくとも一〇回くらい入念なリハーサルをすべきです。一〇回というのはことさら大げさな数字ではありません。そのような大切な発表をする場合には、実際に発表現場（指定された教室等）に出向き、そこにあるスクリーンに画面を映し出したうえで実際に声を出して発表してみることが大切です。例えば、博士論文の公聴会は皆さんにとって一生に一度しかない機会です。そこではそれまで長年にわたって行ってきた研究成果を説得的に、そして印象に残るような発表をする必要があるので、こうした努力をしてほしいと思います。

参考までに私の最近の経験を申し上げれば、昨年（二〇〇七年）七月に行った慶應義塾大学における私の最終講義（岡部 二〇〇七b）は、まさに一生に一度の機会でした。このため、全体構想に約半年、パワーポイントの作成と手直しに約二か月をかけました。そして、その発表リハーサルは一〇回以上行いましたが、そのうち少なくとも四－五回は最終講義を行う教室（オメガ十一番大教室）に自分のコンピュータを持って出向き、スクリーンを見ながら活字サイズを調整したり、画面のトーンを変えたりする作業を併せて行いました。

むすび

大学院生の皆さんにとっては、今後パワーポイントを用いて研究成果を発表したり、あるいは教壇に立って授業を行うといった機会が非常に多いはずです。情報技術で先端を行くとされるSFCですが、SFCにおけるパワーポイントの利用法は世の中から見て「模範的」といわれるにはまだ相当距離がある、というのが厳しいようですが私見です。この面でもSFCは先導役をはたしてほしいと思い、本日は批判的な観点を率直に提示するとともに、かなり大胆な言い回しによって私なりの提案をいたしました。異論、反論、その他のコメントを大いに歓迎いたします。

ご清聴、ありがとうございました。

（慶應義塾大学 大学院セミナーにおける発表、二〇〇八年一〇月一五日）

二　研究の取り組み方について

本日の私の研究発表「企業の本質は何か――一般的理解とその問題点」は最近書いた論文（岡部 二〇〇八）に基づくものでした。その議論は以上で終わります。

最後に、いつものことですが、ひとつ簡単な説教をさせてください。それは大学院生の皆さんにとって最大の仕事、すなわち研究活動と論文の執筆をする場合に参考にしていただくため、私が有用であると考え、また体験的に信じていることを皆さんにお伝えすることです。それは、これまたいつものことですが「三点」からなっています。それらを私の体験を踏まえつつ紹介いたします。

第一は「継続は力なり」、第二は「量は質に転化する」、そして第三は「すべてのことに時がある」です。

継続は力なり

まず、継続は力なり。これは、簡単なことでもよいがそれを継続していくことの大切さを意味しています。

例えば、論文や書物を読もうとする場合、いつの日にかまとめて全部を読む予定でコピーをとって積んでおくのではなく、論文を一本づつでもよいから毎日こつこつと継続して読み進めて行くことです。その場合、単に読みっぱなしにするのではなく、必要なことをメモし、それを（例えば私の場合）テーマ毎に封筒に入れていくなど、荒っぽくてもよいからある程度の整理を同時に行ってゆくことが大切だと思います。人間の記憶能力には限界があり、また記憶は知らず知らずのうちにゆがんで行くことが知られているので、こうしたメモは不可欠です。そうしたメモ自体が研究の蓄積となり、またそれを作りだそうという習慣を付けることが研究者の実力の一つになるといえます。

これに関連して、私の仕事スタイルを一例として紹介しましょう。私は、特別な事情や公務等のない限り（一）朝一〇時に大学の研究室に到着すること、そして（二）午前中の二時間はエネルギーを要する仕事（論文執筆、各種の企画、論文の読み込みなど）

に割り当てること、この二つを最優先した生活パターンを習慣づけています。こうした生活を毎日継続しているおかげで、大学教員として充実した毎日を送ることができている、と考えています。

簡単なことでも毎日続けるのは予想以上にたいへんです。しかし、何ごとに取り組むにせよ、それは最も基本的なことなのです。

量は質に転化する

二番目は、量は質に転化する。単純なことがらでも、それが多量になればもとの要素とは別の性質をもつもの（通常はより次元の高いもの）に変質すること、それがこの意味するところです。まさに「塵も積もれば山となる」、すなわちとりたてていうべき特徴を持たないチリでも、多量になれば山という全く異次元のものに変質する、というわけです。

私が身をもって経験しているのは、単発的な論文を書きそれをワーキングペーパー（暫定論文）として残すという作業を積み重ねて行くことです。そうすれば、最終的には予想外にもそれが一冊の書物になる、といった発展を遂げるのです。つまり、ワーキングペーパーであっても、それが四～五本たまれば自然に何らかの相互関連を持つ一つの研究成果のかたまりとなり、あとは総論ないし序章を付け加えるだけで一冊の本になることが不思議にも見えてくるのです。

当初から「一冊の本を書いてやろう」という意気込みで出発すると、私の場合、途中で挫折するのがこれまでの例でした。しかし、一つの研究作業を終えた段階で、とりあえずワーキングペーパーというかたちで区切りをつけておく、という対応をするだけならば、まずずいぶん気が楽になります。そして、そうした作業を継続して行けば、そのうちにワーキングペーパーの集積体ができていきます。そして、驚くべきことに、その段階になればそれはもはやワーキングペーパーではなくなり、書物といういわば一つ次元が高いものに自然になってしまうのです。これは実に不思議な体験であり、いつも驚かされています。

私の経験をより具体的にいえば、昨年（二〇〇七年）出版した研究書『日本企業とM&A』（東洋経済新報社）がこれに該当します。私は、これまで金融システムや企業行動といったテーマに関してワーキングペーパーを何本か作ってきました。一方、研究会（ゼミ）の学生諸君が執筆したタームペーパー（学期論文）のうち、周到な統計的分析がなされているものをゼミ生と私との共著論文のかたちでワーキングペーパーにする、ということも二－三年継続してきました。

すると二〇〇六年の春頃、これら両方のワーキングペーパーが合計五本蓄積しただけでなく、これら相互間を自分がかつて出版した書物の内容を援用してつなぎ合わせれば、体系的な日本企業論になるのではないか、というアイデアをふと思いついたのです。そこでそれらを一体化する作業を七－八か月間かけて行うことによって、四百ページ近いこの書物を刊行することができたのです。当初からこのような大冊を計画していたとすれば、荷の重さに耐えかねてとても完成はおぼつかなかったと思います。まさに、量は質に転化した、というのがこの本の刊行に関する最大の感想です。

すべてのことに時がある

三番目は、すべてのことに時がある。これは旧約聖書（コレヘトの言葉）にある言葉であり、以前ここでも紹介したことですが、私が大切にしている考え方です。

皆さんにとって修士論文を書く「時」としては、修士課程二年生にとっては今年一年限りであり、一年生にとっては来年一年限りです。また博士後期課程の皆さんにとっては在学期間が三年間ありますが、博士論文を書く「時」は一生に一度です。

いずれの場合でも、体力と思考力が皆さんの年齢におけるほど充実している時は、長い人生において他にありません。物理的には同じ一年間であっても、二〇歳代の一年間と三〇歳代あるいは四〇歳代の一年間を比べると、質的に全く異なります。皆さんにとって、ほんとうに研究成果を思う存分伸ばすことができるのは、この時期をおいて他にありません。このことを決して忘れないで精進してほしいと思います。

そのような努力を重ねていれば、ある日突然、思いもかけずに良いアイデアあるいは発見が訪れる可能性があるのです。私もこのことを頻繁に経験しています。前述したように、それまでの成果を一冊の書物にできるのではないかということが、ある日ひらめいたわけです。こうしたひらめく力量は最近、セレンディピティ（serendipity）としてよく話題にされるようになりました。

これに関して、フランスの細菌学者ルイ・パスツールの有名な言葉があります。すなわち"Le hasard ne favorise que les esprits préparés"、英語では"Chance favors only the prepared mind"です。日本語では「幸運の女神は準備された心にのみ訪れる」という表現がぴったりと当てはまります。ここで重要なのは、何かを単にまったく「偶然に」あるいは「幸運にも」発見するというのではなく、その前段階として非常に多量の勉強、思考、ないし情報インプットをしておけば、そしてその場合に限って、突然に発見がありうるという点です。

最近の脳科学の成果によれば、脳は人間が眠っているときにも情報の整理を進める作業を継続しており、その結果として何かのきっかけで新しい気づきないし発見が生じる、とされています。逆に言えば、何もインプットしていない頭に突然何か重要な発見がもたらされる、などということはあり得ないわけです。

結論

以上から明らかなように、研究は一日二四時間を通しての全力作業なのです。そのような認識に立ち、皆さんに具体的なアドバイスをしておきたいと思います。

一つは、猛烈なインプット、すなわち先行研究の渉猟をすることです。確かに、先行研究にこだわりすぎると良い発想が出てこない、あるいはそれは独創的な研究にとって弊害がある、という意見も時々聞かれます。しかし、そのようなことを問題にする前に、まず基本的な先行研究は全部きちんと理解し、批判的検討をしておくことがまず重要だと思います。

二つは、寝ても起きても、そして乗り物の中でも、あるいは歩行中でも常に研究課題のとっかかりを追求するという姿勢を持ってほしいことです。幸運の女神はどこで皆さんにほほえみかけるかわかりません。その準備をしておくことが大切です。メモできる用紙を常時身につけるなどして、アイデアを瞬時にメモする習慣をつけることです。

これに関して、私が採用している方法を一つ参考までに紹介しておきましょう。それは、鞄の中に常時白い大きな（A４サイズの）用紙を五～六枚入れて持ち歩いていることです。私の場合、なぜかわかりませんが（多分就寝中に脳が働いてくれた結果だと思いますが）あさ自宅から駅まで二〇分間歩いている時に、良いアイデアを思いつくことが少なくありません。そうした場合、アイデアはすぐに逃げてしまう場合が多く、メモしなかったのであとになって思い出せず苦い思いをすることがあります。このため私は、アイデアが浮かんだ場合、電車に乗ってからそれをメモするのではなく、ただちに歩くことを止めて道ばたに寄って立ち止まり、鞄のなかから用紙をとりだしてアイデアを走り書きをするようにしています。

以上、何かヒントになるかと思い、私の個人的な方法を述べました。皆さんにおかれては、それぞれ独自に有効な方法を見つけ出してください。そして研究成果を立派な修士論文あるいは博士論文として結実されんことを心より期待しています。

（慶應義塾大学　大学院セミナーにおける発表、二〇〇八年六月二五日）

三　三冊の本――私の場合

慶應義塾大学SFCメディアセンター（図書館）における企画展示――「教員が選ぶ三冊の書物」の展示とそこに付けられた説明文から――

【最近の著作】　岡部光明著『日本企業とM&A――変貌する金融システムとその評価――』東洋経済新報社、二〇〇七年五月。

企業の合併と買収（M&A）は、いま最も活発に議論されているテーマの一つである。本書ではこれを総合政策学の視点から取り上げ、実証的に分析するとともに、公共政策ならびに企業経営の課題を指摘した。日本企業をこのように網羅的に分析した書物はまだ他に例がないと思う。なお、本書の中核をなす統計分析は、著者の研究会に所属する

ＳＦＣ学部学生によるものであり、その意味で本書はＳＦＣでの研究ならびに教育の両面にわたる成果を示している。

［おすすめの本］　新渡戸稲造著、矢内原忠雄訳『武士道』（ワイド版岩波文庫三五、一九九一年六月。

本書は百年以上前に英語で出版され、日本語に翻訳された古典である。どの社会でも人と人あるいは個人と社会の関係を規定する行動基準がある。日本の場合、かつては武士道を構成していた様々な要素がそれに該当する。そこには、礼（思いやり）、誠（正直さと誠実さ）など普遍性の高い基準が多く含まれている。現代のわれわれは、果たしてどのような価値を意識し、また行動原則とする必要があるのか。これを考えるうえで本書は多くの示唆を含む。

［影響を受けた本］　鈴木淑夫著『金融政策の効果――銀行行動の理論と計測』東洋経済新報社、一九六六年十一月。

本書は、米国の新しい金融理論を日本に適合させた理論モデルを提示し、それを統計的に検証した書物である。刊行当時、日本の金融メカニズムの理解に関する画期的な業績と評価された書物であるが、私にとってはその著者が日本銀行の若手研究者であった点が大きな驚きであった。このような仕事ができる日銀に魅力を感じて私は日銀に入行、その後二〇年以上にわたって著者（鈴木氏）の指導を受けることができた。これは私の人生航路を決定した書物である。

（慶應義塾大学ＳＦＣメディアセンター企画展示パネルより、二〇〇七年九月）

四　ゼミ卒業生の結婚を祝す（一）

千野剛司君（平成一八年三月慶應義塾大学総合政策学部卒業、東京証券取引所勤務）、恭子さん（同年慶應義塾大学大学院法学研究科修了）、ご結婚おめでとうございます。ご両家、ご親族の皆様方のお喜びもさぞかしと存じます。こころからお祝い申し上げます。本日この晴れやかな祝宴にお招きいただきいただき、ありがとうございます。

わたくしは、自分の立場に鑑みると二つの任務を帯びているかと存じます。一つは、千野君が大学在学中いかにすばらしい学生だったかを、実例をもとに皆様にご披露することです。そしてもう一つは、新郎および新婦に対して、年長者の立場から何かふさわしいはなむけの言葉を贈ることではないかと思います。

岡部ゼミ学生としての千野君

まず岡部ゼミにおけるゼミ生としての千野君は、一言でいえば「こういう学生こそゼミ生として最もふさわしい人」という学生でした。研究会の会合では、彼は常に鋭い視点から議論を展開し、それによってゼミ全体のディスカッションを盛り上げるうえで大きな役割を果たしてくれました。この点、ゼミ会合での色々な場面をありありと思い出すことができます。当時の学生諸君の評判によると「岡部ゼミは厳しい指導が行われるゼミだが、それを通して先輩後輩の結びつきが非常に強い」というのがもっぱらのようでしたが、千野君はまさにこの両面から岡部ゼミの雰囲気作り、ないし伝統作りに大きな貢献をされました。これは教員としてたいへんうれしく、またとてもありがたいことだったと思っております。

千野君のこうした貢献を支えていたのは、やはり彼の力量です。研究遂行能力と論文執筆能力には抜きんでたものがあり、それだからこそゼミにおける彼の存在感が大きかったわけです。わたしは自信をもってそういうことができます。その証拠を一つあげておきたいと思います。

それは、千野君がわたしのゼミにおいてゼミ生の中での最優秀論文を実に三つの学期に亘って（つまり合計三本も）書いたことです。わたしのゼミでは、履修者に毎学期一本、タームペーパー（学期ごとの研究論文）を書くことを全員に要請しています。そしてその中でゼミ担当教員としての私が最優秀とみとめた論文は、湘南藤沢学会というキャンパス内の組織（すべての教員・大学院生・学部学生によって構成される）に申請すれば、その学会の審査を経て出版されるという制度があります。これは学生諸君の勉学を励ますことを意図した制度です。

千野君の論文は、現に二〇〇四年度春学期と秋学期、そして二〇〇五年度秋学期と三つの学期においてこのような優秀論文として評価され、出版されたわけです。優秀論文に選定されるのは、学生諸君にとってたいへん名誉なことです。私のゼミの履修者はだいたい二〇～二五名なので、優秀論文に推薦されるのは一度だけでも容易なことでないにもかかわらず、彼は実に三回もその栄誉に浴しているわけです。

これは事実であり、そのことをインターネット上で直接確認していただくことができます。このご披露宴のあと、皆様がご自宅にお帰りになってからグーグルで検索してみてください。キーワードは「千野剛司、岡部、優秀論文」この三つです。そうすると六件、ヒットするはずです。この中に千野君の三本の論文、「金融インフラストラクチャーに関する理論分析」、「協同組合組織のあり方に関する契約理論的分析」、「職務発明制度に関する理論分析」が間違いなくでてきます。

こうして出版された優秀論文は、印刷冊子として配布されるだけでなく、全てインターネット上でも公開され、全国（そして全世界！）どこからでも論文の全文（ＰＤＦ形式の文書ファイル）を読むことができるようになっています。

ちなみに、岡部ゼミでこうした優秀論文を在籍中に三本も書き上げたのは、わたしの一五年間に及ぶ慶應大学在職中わずか二人だけです。一人は千野君、もう一人は研究者の道を選択され現在ある大学ですでに准教授に就任している方であり、現時点ではアメリカのハーバード大学の客員研究員として活躍しています。

新郎新婦へのメッセージ

さて二つ目、新郎新婦へのメッセージですが、わたくしは、毎日実行できる非常に小さな具体的なメッセージを一つ、ご両名に贈りたいと思います。それは「毎朝自分が洗面台を使った後は毛髪を残さずきれいにして相手が使えるようにしておいてほしい」ということです。

「何だそれは」と思われるかもしれません。新郎新婦に贈る言葉としてそんなに卑近なことを言うのは聞いたことがない、といわれる方がいるかもしれません。確かに、わたし自身、結婚披露宴でそのようなことばを聞いたことがありませんし、わたくしもこれまでに言ったこともありません。しかしこれが今日のわたしのメッセージです。「相手に対しては礼儀を失することなく、そして思いやりをもってお互いに日常生活を送るようにしてほしい。」このことを言いたいのです。

そもそも「愛」とは何でしょうか。キリスト教の聖書にはよく知られた愛の定義があります。「愛は忍耐強い。愛は情け深い。ねたまない。愛は自慢せず、高ぶらない。礼儀に反することをせず、自分の利益を求めず、いらだたず、恨みを抱かない。不義を喜ばず、真実を喜ぶ。すべてを忍び、すべてを信じ、すべてを望み、すべてに耐える」（コリント人への第一の手紙、第一三章）。愛には実に多くの側面があることがこの部分で述べられていますが、このなかで非常に興味をそそられるのは「愛は礼儀に反することをしない」(Love is not rude) というくだりです。礼儀を失するのは愛のゆえんでない、それは愛になじまない、とうたわれています。

夫婦間で礼儀を保つべき場面としては、例えば朝の挨拶をお互いにすることなど、もちろん非常に多くありますが、そのうち、毎朝だれでもかならず使う洗面台について私は言いたいのです。「洗面台では自分が落とした毛髪をきれいに取り除き、相手が気持ちよく使えるようにして譲り渡してほしい」と希望しています。これは礼儀であり、思いやりであり、そして愛の一つの証しである、と私は思います。また毎日容易に実行できることでもあると思います。

でも、愛の一つの要素である礼儀についていうならば「なぜもっと高邁でこの宴にふさわしい例を挙げてそのメッセージを述べないのか」というご疑問を抱かれる方がいらっしゃるかもしれません。そうした疑問にも確かにもっともな面があります。しかし、それに対して私は「神は細部に宿る」(God dwells in the detail) といいたいと思います。つまり「物事の本質はそのディテールに表れる」という格言です。あるいは「小さいことの出来ない人は大きなこともできない」ということもできましょう。例えば、経済学の研究論文の場合でも、優れた論文は、小さいこと（脚注や参考文献リスト）が完璧にできているものです。「神は細部に宿る」、そして「愛は細部に宿る」、これが私の言わんとするところです。

新郎新婦におかれては、まず小さい日常的なことから始まりお互いに相手を思うこころを持って、楽しく信頼しあえる新しい生活を切り開いていったほしいと期待していきます。新しい人生のスタートを切られる明日の朝、洗面台に立った時に早速このことを思い出して実行してほしいと思います。この小さなメッセージをお二人に対するはなむけの言葉といたします。

本日はまことにおめでとうございます。

（ゼミ卒業生の結婚披露宴での祝辞、二〇〇八年九月二七日、於東京 ホテル西洋銀座）

五　ゼミ卒業生の結婚を祝す（一）

大内泰弘さん（東京大学経済学部卒業）、理恵子さん（慶應義塾大学環境情報学部卒業）、ご結婚おめでとうございます。ご両家、ご親族の皆様方のお喜びもさぞかしと存じます。こころからお祝い申し上げます。

先ほどガーデンチャペルで厳粛に執り行われた結婚式にも出席させていただき、私は感動で胸が一杯になりました。本日は、このようにお似合いのカップルが誕生したことを、わがことのようにうれしく思っております。

「わがことのように」と申し上げたのは、二つの意味からでございます。一つは、理恵子さんが大学時代に私のゼミナールに所属されたからです。しかし、それは単に岡部ゼミの学生であられたというだけでなく、理恵子さんが岡部ゼミの雰囲気づくりのうえでに大きな役割を演じられたため、私のゼミにとっても、そして私自身にとっても本日はまことにうれしくめでたい日だからでございます。もう一つの意味は、実は新郎の泰弘さんも、実は私にとって浅からぬご縁がある方であるからでございます。

ゼミ研究生としての理恵子さん

私は昨年（二〇〇七年）秋に現在の明治学院大学に移る前まで、長年慶應義塾大学で教壇に立っており、ゼミナールでは日本経済や金融問題をテーマとしておりました。理恵子さんがここに参加されたのは、約四年前のこと（理恵子さんが三年生のとき）でした。当時、ゼミ生には毎学期、全員にタームペーパー（学期論文）という研究論文を執筆することを課題として求めておりました。理恵子さんがご自身の研究課題として選ばれたのは「企業倫理」の問題であり、そのテーマで相当長編の研究論文を仕上げられました。

従来の標準的な考え方によれば、企業が利益を追求する行動をすれば、それが結果的に社会全体にとって最も望ましい状態をもたらす、ということになります。しかし、現在はそのような単純な発想ではなく、ＣＳＲ（corporate social responsibility）つまり「企業の社会的責任」という新しい要素を加えて企業行動を理解する必要がでてきており、それを無視して企業の行動を理解することは出来ない状況になっております。つまり、利潤追及のほか、法令遵守、環境問題への配慮、健康や安全への配慮などを意識して行動することが不可欠の条件になっているわけです。

そして、これに関連してＳＲＩ（socially responsible investment）つまり「社会的責任投資」というテーマが別途あります。つまり、社会的責任を果たしている企業に対しては、そうでない企業よりも資金がより潤沢に回るような組みを構築する、という発想に基づく金融の一つの仕組みです。

理恵子さんの論文はこの二つを関連づけ、それを文献調査と統計分析によって議論を展開するものでした。詳細は省きますが、大きな結論として第一に、日本では投資家がＣＳＲ（企業の社会的責任）を果たしている企業に優先的に資金を回していることは統計的にまだ確認できないこと、第二に、今後は資金がＣＳＲを果たしている企業に流れることが社会全体として望ましいので市場関係者の意識改革、制度改革が必要であること、この二点を主張するものでした。

この論文は、率直にいえば荒削りな面があり論文としては改善の余地が残されているものでした。しかし、その後一段と重要性が増しているCSRという問題を、すでに四年前に正面から取りあげて分析したのが理恵子さんのタームペーパーでした。私はその着眼点の新しさに当時いたく感心したことを覚えております。そして本日それを思い出すにつけ、彼女の視点の確かさを改めて感じている次第でございます。

理恵子さんのお人柄

ただ、このような意味で良い論文を書いたゼミ生諸君は、実は理恵子さん以外にも少なくありません。だから、本日私が強調したいのは、論文のことよりもむしろ理恵子さんのお人柄についてでございます。

理恵子さんは何とお美しい方でしょう。これは皆さまここでご覧のとおりです。さらに、ていねいな言葉づかいをされ、笑顔をたやさないという生き方を身に付けておられます。周囲を明るくし、そして楽しくしてくれるパーソナリティであり、これは彼女の天性の素質だと私には思えます。つまり、自然に人が集まってくる、あるいは、この人と仲間になりたい、と思わせるような存在ではないでしょうか。このため男女を問わずご友人が多く、私のゼミではこの面からゼミ生同士の結束を大いに強めてくれました。彼女が私のゼミ生だったことは、とてもありがたいことだったと思っています。

前に述べた着眼点の良さに加え、このように「一度話してみたいな」と思わせる魅力を併せ持っておられます。それは私のひいき目からではなく、衆目の一致するところだと思います。

だから、慶應大学卒業後に入社された野村証券における配属をみても、そのことが分かるように思います。すなわち、同社において配属された部署は、理恵子さんよりも遥かに年期の入った人ばかりで構成される法人営業部だったと聞いています。この部においては、金融の知識、そして説得力という力量はもちろんのこと、話していて楽しい、という素質も要請されると理解しています。この部に抜擢されたのはまさに今述べた理恵子さんのお人柄の証左だと私は考えております。

新郎との不思議なご縁

このように岡部ゼミ全体を居心地のよい場所にしてくれていたのが理恵子さんですが、こうした彼女についてだけではなく、その新郎の泰弘さんが、何とまた私にとってご縁浅からぬ方なのでございます。これが、今日のご結婚をわがことのようにうれしく感じている二つ目の理由でございます。

新郎ご出身の大学ゼミは、ご紹介あったように東京大学の奥野（正寛）ゼミです。その奥野さん（いま私の隣に座っておられます）と私は、学生時代に実は同一ゼミのゼミ生として共に勉強した仲間でございます。奥野さんとは大学を卒業してからも約四〇年間懇意にしていただいております。そのお弟子さんであられる泰弘さんが、私のゼミ生だった理恵子さんとご結婚されるというのは、いわば「弟子同士が結婚する」という言い方が許されるかもしれません。この巡り合わせは、むろん私どもが取り計らったわけではありません。しかし実に不思議なご縁と感じているわけでございます。

実は、新郎には私にとってもう一つ別のご縁もございます。現在は内閣府に勤務されているとのことであり、そこにおいてはこれまで相当長期間、月例経済報告や経済財政白書などに関するお仕事に従事されてきた、とお聞きしています。この仕事は、実はかつて私自身が二年間（一九七五－七七年）そこで担当していた仕事に他ならないものです。当時私は日本銀行に在籍しており、そこから政府（現在の内閣府、当時の経済企画庁調査局）に派遣され、まさにその仕事を担当しておりました。もしかすれば、三〇年前に私が座って仕事をしていた机に泰弘さんが最近まで座って仕事をされたのかも知れません。その意味で新郎の泰弘さんは、いわば「私の職業上の後輩」ともいえます。

このように新郎、新婦とも、私にとって非常に縁が深く、このため本日は「わがことのように」喜ばしく思っているわけでございます。

二つのアドバイス

さて最後に、理恵子さんから事前にご要望もありましたので、多少年長である者の立場から、お二人に対してアドバイスを述べておきたいと存じます。

それは、ご結婚後も「お互いに良き友人であれ」(Be a good friend to each other) ということです。結婚すれば当然、夫婦は最も近い仲になります。このため、毎日生活を共にしていれば、相手も自分も同じ、相手は自分の一部、などという考え方にともすれば傾きがちです。しかし、相手には相手の独立した人格があり、それを尊重することが重要になる場面が少なくないことを忘れてはなりません。結婚生活では、そうした認識スイッチの切り替えが必要となる場面が必ず出てくるものです。

このアドバイスは、私がかつてある機会に述べたことがあるので、本日はその他に一つ新しいアドバイスを付け加えて贈りたいと思います。それは「お互いに感謝の想いを忘れずに」(Be grateful to each other) ということです。

我々がいま生きているのは、よく考えてみれば、自分自身で生きているというよりも、有形無形の多くの助力を得ているからこそである、ということが容易に理解できます。例えば、本日ここでおめでたい披露宴がこのようになごやかにとり進められていることをとっても、それはこの場を準備してくださった方々、食材を調達し料理してくださった方々、それらの食材を自然界から獲得してくださった方々など、多くの方々がその背後におられるからです。

また新郎・新婦がこのように喜びの日を迎えることができたのも、ご家族の皆様、ご友人の方々、そしてその他数えきれないほど多くの方々のおかげがあったことに容易に気づかれるはずです。こうした様々なことがら、様々な方々への感謝の念をまず忘れないでいただきたい。

そしてわたしが今日とくに申し上げたいのは、このような第三者に対する感謝の念はもちろんのことですが、それに加えて、あるいはそれより以上に、泰弘さん、理恵子さんが、お互いに感謝する気持ちを忘れないでほしい、ということです。そうした想いを持つことによって、お二人のきづながより強まり、与えられた人生を心から喜べるようになる、と私は思います。偉そうなことをいうようですが、私自身、このことが最近ようやくわかるようになりました。それをここで告白するとともに、新しい人生のスタートを切られるお二人へのアドバイスといたします。

今後どうか楽しい、そして心なごむご家庭を築いてください。本日はまことにおめでとうございます。そしてお招きくださり、ありがとうございました。

（慶應義塾大学ゼミ卒業生の結婚披露宴での祝辞、二〇〇八年四月二〇日、於東京 八芳園）

第六部　卒業生からもらったメッセージ

以上の第一部〜第五部では、大学教育のありかたに関してもっぱら著者自身の考え方やその実践を記載したが、ここではそれとは全く逆の立場、すなわち学生からみた場合にそれがどう受け止められてきたかに関する文章を参考までに掲載することとしたい。具体的には、二種類の書面を転載する。

一つは、著者が、前任校である慶應義塾大学を退職するに際して卒業生が開催してくださった岡部研究会の同窓会（卒業生および現役学生の両方が参加し二〇〇七年七月に開催）において、まったくサプライズの贈り物としていただいた冊子「岡部研究会卒業生による文集」からの抜粋である。この冊子は本来、私の個人的な宝物というべきものであり、公にすべきものでないかもしれない。また、この文集には八〇名を越える卒業生が寄稿してくださっており、そのうちの一部だけを取り出すのは公平を失することも避けられない。しかし、私の考え方や教育方針がどう受け止められてきたかを示している文面が少なくないので、本書の趣旨にとくに関連の深い内容のものを四編選んでここに転載することにした（以下の一章～四章）。

もう一つは、現在の勤務先である明治学院大学における岡部ゼミナール（今年三月に初めて卒業生をだした）に所属していた学生から卒業式前後にもらった電子メールである。それらのうち二つを選び、以下に転載する（以下の五章および六章）。

明治学院大学国際学部では、米カリフォルニア大学からの交換留学生が常時三〇名在籍しており、これらの外国人学生に対する英語での授業が充実しているのが一つの特徴である。著者が担当する英語授業を履修した外国人学生からも、著者の授業スタイルや研究指導方法に関して帰国後に感想メールを受けることもある。それらは著者を勇気づけるものであるが、書物の体裁上それらはここに含めないこととした。なお、上記の六編を本書に掲載することに関しては、いずれの執筆者からも快諾を得ている（肩書きは執筆当時のものである）。

一　研究会名簿と岡部先生の人柄

小蕎秀臣

私は、一九九六年春学期に岡部研究会（ゼミ）に所属し、一九九八年に総合政策学部を卒業した小蕎秀臣という者です。現在は慶應義塾大学の法科大学院に学生として所属し、法律家を目指して勉強しています。

今回、岡部先生が慶應義塾大学ＳＦＣをご退任されるに際して「文集を作り先生にプレゼントしたい」という主旨の葉書を現役生幹事の方からいただき、是非とも一筆したためたいと即座に思いました。岡部研究会の名簿を見るとおわかりのように、私の欄は、ほぼ空白となっております。実家の住所だけがぽつんとあり、現在の連絡先もなく、どこの馬の骨ともわからないような人物となっております。この名簿の私の欄が語るとおり私が岡部研究会に所属したのはたった一学期間であり、また正直申し上げて何ら研究会あるいは研究会の皆様に貢献したことはないだろうと思っています。また、不遜で恥ずかしい限りですが、研究会卒業生の会に出席したことは全くなく、名簿改訂の際にも連絡先を伝えず、さらには熱心にご指導いただいた岡部先生に対して近況をしっかり報告することもありませんでした。しかし、そんな私でも一筆書いてどうしても先生にお伝えしたいことがありました。

毎年、私の実家には岡部研究会の名簿が郵送されてきます。それは大概、実家の本棚に他の私あての郵便物と一緒に置かれており、私が帰郷すると他の郵便物とともに開封して一読するという感じです。その名簿の序文では、先生直々にＳＦＣの近況が語られ、それに続いてゼミＯＢの方々の所属や連絡先がずらっと載っております。たいていの場合、私はそれをいちべつし、何事もなかったかのように自分の棚に仕舞ってしまいます。そしてその晩はだいたい家族と食事をしながら、家族の者が名簿を見て「へー慶應大学を出ている者はすごいところで働くんだね」といった発言をし、私は苦笑しながらＳＦＣの話をする、といったかたちになります。

つまり、まことに不遜ながら、私はあたかも他人事のように名簿を見ていたのです。

しかし、それでも毎年欠かさず名簿は送られてきます。そんなある日、私はいつものように名簿を見ていて、ふと感動を受けました。感動を受けたというと大袈裟でして、何かあったわけでもなく私が勝手にふいに感動したまでなのです。しかし衝動的に感銘を受けたということをすごく覚えています。

私は、大学時代、いまも存在するのかどうか存じませんが、アドバイザリー・グループ（通称アドグル）の学生幹事をしていました。幹事をすると、何か企画があった場合、当然グループ全員に連絡しないといけません。この企画には絶対に来ないだろうな、という方もおられましたが、かといって連絡しないわけにはいきません。不公平だからです。しかし、それは結構しんどい作業でして、来る気もない人に連絡してそっけない返事をもらっては落胆する、そんなことを記憶しています。

察するに、ひとつ名簿といいましても、これは大変な作業です。全員に葉書を出して近況を知り、名簿を改訂する。これは労力のいる作業です。しかも毎回人数が増えてゆきます。また、多数の葉書を送るとなるとかなり費用がかかるものです。しかも、毎年何の音沙汰のないものがいる。そんなものにも同じように葉書を出して、丁寧に改訂した名摘を丁寧に送る。相手は読んでいるのかどうかさえわからない。それでも送る。皆様、考えてみてください。なかなかできることではないように思います。普通の人にできるでしょうか。私には自信がありません。

以前、ＮＨＫのドキュメンタリー番組か何かで、とある教師のことを放映していました。確か教師だったと思うのですが、その点は主眼ではないので、違っていてもかまいません。その主人公は生徒に、ああしろ、こうしろ、とは一切言わないような教師だったようです。ただ自分の姿を生徒にみせて、そのうち生徒が気づくのをずっと待つ、そんな教育だったようです。何も諭さず黙って待つ。これこそ先生の中の先生でなければできないことではないでしょうか。たった一学期しか所属しておらず、しかも卒業して数年たっても何の音沙汰もない。ある意味、私はひどい学生でしょう。たとえそうであったとしても、卒業生みんなを自分の研究会の学生だとして大切に思われ、ＳＦＣや岡部研究会の近況が届くよう名簿をほんとうに丁寧に郵送してくださる。これこそ、岡部先生の素晴らしい人柄、まさに先生としての人柄を表しているのではないだろうか。私はそう思い、本当にいたく感動したのです。

上手く表現できたかどうかわかりませんが、私は自分が感動したこの出来事を岡部先生に直々に伝えたいと思っていました。いつでもよかったのですが、どうせなら一旗上げてから先生の研究室に行きたいな、と思っていました。むろんその一旗は司法試験の合格だったのですが、不勉強がたたり、これまたなかなか合格できません。そうこうしているうちにとうとう先生がＳＦＣを離れることを聞きました。ＳＦＣの先生の研究室で、この話をするのが僕のひそかな目標でした。残念ながら、そのささやかな目標は達成できませんでしたが、これも何かの機会ですので文集のひとつとして一筆したため、先生にお伝えしたいと思いました。と同時に、研究会ＯＢ・ＯＧ（卒業生）の皆様にも、先生の人柄を改めて知るいい機会にもなるだろうと思いました。こうして筆をとった次第です。

（慶應義塾大学　一九九八年三月卒業、慶應義塾大学　法科大学院在学中）

二　タームペーパーの思い出

鷹岡澄子

学期末の試験期間中のある夜、一本の電話が掛かってきました。それは、岡部先生からであり、私のタームペーパーを研究会優秀論文（湘南藤沢学会の審査を経て刊行される）に選ぼうと思っているので修正作業をしましょう、というお電話でした。後日「修正」の意味さえ分からないまま、研究会優秀論文に選ばれた嬉しさだけで先生の研究室に伺いました。

呑気だった私も、先生が準備されていた（修正の書き込みで）真っ赤になったタームペーパーを見た瞬間、事の重大さに気づきました。その日にいただいた細かい修正内容については覚えていません。ただ、先生から修正箇所をひとつひとつ教示される度に、自分の初稿のひどさを感じ、穴があったら入りたいとはこのことかな、と思いました。何しろ「この参考文献はどのような基準で並べましたか」と先生に問われても「さあ～。」といった具合でした。

タームペーパーの一連の作業を繰り返すうちに、苦しくも楽しい世界にはまっていくことになりました。月日が経ち、参考文献すら並べられなかった私が、大学で教鞭をとる立場になるとは。そして如何に岡部先生の教育が素晴しいものであったか。

学生のレポートを読む時、無意識に参考文献の並びに先ず目がいってしまいます。そして、参考文献の並びが間違っている時は、タームペーパー修正のために岡部先生を訪ねた日を思い出します。

以前の私にとっては、タームペーパーは大変ではあったが充実した学生生活の思い出でした。今、自分が逆の立場になって、参考文献も並べられない学生のレポートを、真っ赤になるまで修正してあげられるのか。授業期間後の夏休みや春休みは、先生にとって重要な研究期間であったはずです。貴重な時間を割いて、毎学期タームペーパーの修正を教示され続けてこられた先生の学部学生に対する熱心なご指導に感謝するのみです。

岡部研究会でタームペーパーと格闘した日々は良き思い出ですが、まだ過去のことにできません。数年前の日本経済学会で、岡部先生にお目にかかりました。手には学会発表論文要約集をお持ちでした。そして、その幾つかの論文要約の脇に先生ご自身でAやBといった評価を記載されているのが目にとまりました。その記号は、研究の独創性、論文の完成度、発表の明確さなどを総合して評価したものである、とのことでした。私自身が発表する場合、いつ岡部先生の目にとまっても良いようにと、気が引きしまりました。

このように思わせて下さる恩師に出会えた幸運に感謝します。

（慶應義塾大学　一九九八年三月卒業、成蹊大学経済学部准教授）

三　岡部研究会のユニークさ

高松良光

岡部先生と初めてお会いしてから七年が過ぎた今年（二〇〇七年）の春、先生がこの春学期末でＳＦＣを退任されると聞いた。そして偶然にも、その最後の学期に私がＳＦＣに舞い戻ることになった。私は今年の三月末で会社員を辞め、四月より大学院への進学準備をＳＦＣ研究員として在籍しながら行うことになったためである。これは何かの縁なのだろう。そんな私を先生は温かく迎えて下さった。本当に感謝している。

岡部研究会に関して私が以前より興味深く思っているのは、先生が研究や生活規律の面では「固い」方であるのに、研究会のメンバーは非常に多様でありそれを許容されていることである。学部四年生の時、先生のご自宅で卒業生の追い出しコンパが行われた際に先生のお嬢さんから「父（先生）は固い人だけど、生徒はポップな人が多いですね」というコメントを聞いた記憶がある。

メンバーは本当に多様であった。所属メンバーの研究テーマは金融論だけではなく多岐に亘っており、研究報告会（合宿）のたびに驚いたものである。またメンバーの経歴や選好もこれまた様々で、お互い公私ともども刺激を受けあっていた。それは、研究面だけでなく大学生活での貴重な経験につながったと思う。

その理由として、以下の二点があると私は考えている。一点目は先生の研究や教育に対する真摯な姿勢である。二点目は先生が多様性を認めて下さっていることである。

一点目の例は、先生が授業の前に研究室で時間をかけて十分に準備をされた上で授業に臨まれていることである。このように熱心に授業準備をする先生を私はほとんど知らない。またタームペーパーも、全員の作品を読みていねいなコメントを付しておられる（経済系の某研究会ではペーパーを書いても先生は読まず自動的にAの評価が付ついてくると聞いた事がある）。

二点目の例は（音楽という趣味の話で申し訳ないが）私のマーラー好きを何ら咎めることもなく、音楽の話になっても楽しく会話させていただいたことである。ご存知の通り、先生はモーツァルトに関する私論を数本書かれているほどのモーツァルト好きである。またこの二人の作曲家の作品を対比して「モーツアルトの音楽は、マーラーやブルックナーの茫洋とした音楽とは異なり、きちんと型に入った短い音楽であるが、密度が高く美しい」と随筆の中で書かれているくらい、私とは好みを異にしていた。しかしそれでも、先生と私がクラシック音楽の話をすることはそれなりの頻度であり、その場合も楽しい会話ができた。

そのような先生との出会いは、私の人生の進路決定（変更）で重要な要因となった。先生とその研究会に出会っていなければ、私がそれまでの職業から一転して研究者の道を志すことはなかった。また研究会の皆様との出会いがなければ、私の人生はもう少し凡庸であっただろう。

現在、私は研究者として自分が決めた道を究めようと動き始めたところである。その中で決して忘れないこと、そして忘れてならないことは、これまで岡部先生や岡部研究会で学んだことである。これは単に学問だけではなく、人間として必要な有形無形の多くのことがらである。こうして教わり学んだことを私は胸にいだき、海外の大学での

Ph.D.（博士号）取得を視野に入れて今後研鑽を積み、将来は岡部先生やその研究会の先輩方のように人を育てて行けるような人物に成長して行きたい。

最後に、岡部先生、岡部研究会の皆様、これまで本当にありがとうございました。

（慶應義塾大学　二〇〇三年三月卒業、慶應義塾大学ＳＦＣ研究所訪問研究員）

四　岡部先生へのお礼

関　晋也

長い間、慶應義塾で教鞭をお取りくださり、また岡部研究会という場を私達に与えてくださりありがとうございました。岡部先生に感謝していることを何か一つ選んで申し上げるのは、私にとっては大変難しいことです。そのため、先生に教えて頂いた通り「三つ」に要約して申しあげたいと思います。

第一に、論文を書くことを通じて、万事に通じる「姿勢」を教えてくださったことです。具体的には（一）論文のタイトルを明確にすること、（二）概要・目次から書き始めること、（三）グラフ・表などを活用してわかりやすさを追求すること、等です。このうち、（一）は論文の対象を正確に絞り込むことを意味しており、これは物事を実行する場合、それが一人の場合でも複数の場合でも最も重要なことだと思います。（二）

のうち、概要を書くことは目的と展望を明らかにすることであり、また目次を書くことは取組手法を明確にして作業全体をクリアにすることができます。(三)については、グラフ・表のほか、言葉使いもわかりやすくすることを意味しており、発表であれ論文であれ常に相手がいることを意識させて頂きました。

論文を書くという一見一人で行うように見える作業でも、発表の場や分析過程においては、必ず人のため・人のおかげという意識を持つことが大切だと思いました。研究会での勉強を通してこれらのことを自然に身に付けさせて頂いたことを、卒業してはじめて実感いたしました。この姿勢は今後とも持ち続けたいと思います。

第二に、岡部研究会という「場」を与えてくださったことです。私の大学時代の思い出の多くは岡部研究会に関連している、といっても過言ではありません。研究会には自分の手本となる先輩方が多くいらっしゃり、またその先輩方は私達後輩を大変親切にお世話してくださいました。先輩に対してお礼を言うと、その先輩方は「下(後輩)に返せ」といつもおっしゃっていました。私がどれだけ下に返せたかはわかりませんが、そういった家族的な場は岡部研究会特有のものです。サークル活動を含め学生時代から様々な組織に属してきましたが、いずれにおいてもその様な雰囲気はなく、今思えばそれは岡部研究会独特のものであったと思います。

第三に、この研究会の幹事をやらせて頂いたことにより、人との接し方や部屋の整理法、メールの書き方など、勉強以外のことでも多く学ばせて頂きました。岡部研究会の歴史で節目となる東京六本木でのＯＢ・ＯＧ会（卒業生同窓会、二〇〇五年十一月）、メンバーを増やすために横浜で催した蟹料理バイキング・パーティー（新入生勧誘会）、そして新入生の歓迎会などに係わることによって、先輩・同期・後輩のやりたいことやアイデアを調整する一方、岡部先生とご相談することを通して色々な勉強ができました。とくに、こうした催しを企画する場合、幹事役は単に関係者が行いたいことを把握するだけではなく、会合のあり方について当初から自分がどのようなイメージを持って臨むかが大切であることが良くわかりました。また、自分が研究会のタームペーパーとして執筆したＭ＆Ａに関する論文を先生との共著論文に仕上げるために、幹事役とは別の意味でも研究室に一層頻繁に出入りさせていただくことになりました。

このようにして私は岡部先生のお部屋にお伺いする機会が増えました。その際いつも驚くのは、先生のお部屋がとても整理されていることです。全ての研究資料はテーマ毎に付箋をつけて整理されており、また全ての書類には日付とその経過が記されており、自分が資料整理をするうえで大変参考になりました。また私が書いた電子メールについては、より簡潔かつ効果的なものにするにはどう改善すればよいかを具体的に添削して示して下さり、おかげで今では臆することなくメールが書けるようになりました。

岡部先生には感謝したいことがたくさんあり、とても書ききれません。夜遅くまで先生のお部屋のライトが照らされているのを見つつ触発されながら、キャンパスに夜間残留していた学生時代が懐かしく思いだされます。改めて振り返れば、岡部先生から生涯通じる「姿勢」を学び、また研究会での「仲間」を与えて下さったことを非常にありがたく思っています。

（慶應義塾大学　二〇〇七年三月卒業、日本銀行勤務）

五　岡部先生と岡部ゼミのみなさんへ

杉山智映

岡部先生と岡部ゼミのみなさんへこのメールを差し上げます。

先日（一月二三日）は私たち四年生を送る会を開催して頂き、本当に有難うございました。先生やみなさんから四年生全員に対してとっても素敵なプレゼントを頂いて、本当に嬉しかったです。

先生は、私たちの卒論やタームペーパーの添削そして試験の採点などでお忙しい中、また後輩のみなさんは試験やレポート、就職活動などで忙しい中、私たち卒業生それぞれあてにメッセージが入った色紙を作って下さって本当にありがとうございました。何度読み返しても、感動してしまいます。良い思い出を作って頂けたことに感謝申し上げます。

さて、私からは、岡部先生と後輩のみなさんに思い出の写真を何枚かお送りします。ちょっと写真の容量が多いので、メール二回に分けてお送りします（添付を省略）。どうぞご覧下さい。最後に、先生と後輩そして四年生のみなさんに私からメッセージを送ります。

岡部先生へ
私は、岡部ゼミの一員になれて本当に良かったです。
書籍や論文の輪読を中心とする「ゼミA」では、難しくよく分からないと思って避けていた経済について分かりやすく丁寧に教えて頂くことができ、それが自分の身近にある重要な事柄にもつながっているのだと気が付くことができました。このゼミを通して、今までとは違う角度で経済をとらえることができるようになりました。
また、研究論文の書き方や発表の仕方を学ぶ「ゼミB」では、レジュメや口頭発表、タームペーパーの作成などに関して基礎から学ぶことができ、非常に重要な知識を得ることができました。大学時代にこのような基礎的な知識をしっかり身につけることができたことは、今後社会に出て大きな力の源になると思います。私は岡部ゼミに入り、このような点も身につける機会に恵まれたことにとても感謝しております。

さらに、就職活動で悩んでいた際に有益なアドバイスを多々頂いたこと、示唆に富む先生のご著書をたくさん頂いたこと、そして私がチャペルアワーで話をする機会にはチャペルにご参加くださったことなど、本当にお世話になりました。心から感謝申し上げます。今後、卒業した後も、ご指導のほどよろしくお願い申し上げます。

後輩のみなさんへ

まずは寄せ書きが入った色紙をどうもありがとう。いただいた素敵なメッセージを大切にします。研究発表のための合宿でも思ったことだけど、みなさん一人のひとり個性が、だんだん時間が経つにつれてこの集団にうまく溶け込んできているんじゃないかな～と感じました(^-^)。新四年生は、これから就職活動に多くの時間を費やす時期だとは思うけど、まずは心身ともに健康に生活してね。

こんなこと言うと、私のことを「おかあさん」とか言われるかもしれないけど、私の経験からいって、食事と睡眠をしっかりとって元気でいることが本当に大切。健康なら体力も集中力も続く（会社説明会でも眠くならない）し、顔色も良くなるなど、非常に重要です。新三年生・新四年生みなさんが、ゼミをはじめこれからも充実した大学生活を送れるように応援しています。

現四年生（同期生）のみんなへ

一年間、一緒に岡部ゼミで学ぶ中で、本当にたくさん刺激を受けました。タームペーパーや、卒業論文に関する意見をはじめ、ゼミAで聞かせてもらった色々な発言はとても勉強になりました。どうもありがとう。

卒業後も、明治学院大学の岡部ゼミ卒業生（第一期生）としてどうぞよろしくね。お互いに健康で元気に頑張りましょう。皆さまにまたお会いできるのを楽しみにしています。

（明治学院大学　二〇〇九年三月卒業）

六　卒業式を終えて

麦島玲香

岡部光明先生

岡部ゼミ所属の麦島玲香です。卒業できた喜びと、これまで一年間ご指導いただいた感謝の気持ちをお伝えしたいと思い、このメールを差し上げます。

昨日（三月二一日）の卒業式で、国際学部総代として卒業生のうち最初に卒業証書を手にすることができたことを、うれしく思います。大学時代最後の一年間、勉学に励み、総代になることができたのは、岡部先生のゼミに所属したからこそだと思っています。

無事に卒業論文を書き上げ、しかも優秀卒論に選んでいただけたのは、締切日間近に慌てて仕上げるということがなかったからです。春学期タームペーパー、秋学期タームペーパーという形で着実に進めることによって卒論を完成させたからこそそれは無理のない作業となり、また推敲を重ねることもできました。

また、ゼミ合宿で、タームペーパーや卒論を発表し、意見を交し合ったことは、人前で話すことや、人の意見に耳を傾けることを学ぶ上で、非常に有益だったと思います。国際学部では、いずれのゼミもそれぞれの教授の色が表れた面白いものだと思いますが、私は、岡部先生のゼミに所属したことを正しい選択をしたと思っていますし、また自分に最も合っていたのではないかと、思っています。

岡部先生の日本経済以外の講義（話し方や考え方について）は、私を人間的に成長させましたし、今後も成長させ続けると思います。社会人として、どのように仕事と向き合えば良いか、人と接していけば良いかに直接かかわることを数多く教えていただきました。

一年間という短い間でしたが、丁寧で、親切なご教授をしてくださり、本当にありがとうございました。心から感謝しています。そして、尊敬しています。

直接お会いし、しっかりとお礼を申し上げられずに、申し訳ありません。

今後、岡部ゼミの仲間と再び集まり、先生と、そして皆とゆっくりとお話をする機会があればと思っております。その折りには、まだ会ったことのない、岡部ゼミの新しいメンバーとも話をし、ゼミの様子を聞けることを楽しみにしております。

（明治学院大学　二〇〇九年三月卒業）

引用文献

（第一部一章および二章関連）


阿満利麿（一九九七）「国際学部一〇周年記念『国際学研究』の発刊に寄せて」、明治学院大学『国際学研究』（第一六号、国際学部創立一〇周年記念号）三月。

太田愛人（二〇〇八）「希望を誇りにして」津田塾大学卒業礼拝、*Tsuda Today*、六七号。<www.tsuda.ac.jp/pdf/tsuda_today67.pdf>

岡部光明（一九九九）『現代金融の基礎理論――資金仲介・決済・市場情報――』日本評論社。

岡部光明（二〇〇〇）『大学教育とＳＦＣ』西田書店。

岡部光明（二〇〇六ａ）「総合政策学の確立に向けて（一）伝統的「政策」から社会プログラムへ」、大江守之・岡部光明・梅垣理郎（編）『総合政策学――問題発見・解決の手法と実践――』慶應義塾大学出版会。

岡部光明（二〇〇六b）「総合政策学の確立に向けて（二）理論的基礎・研究手法・今後の課題」、大江守之・岡部光明・梅垣理郎（編）『総合政策学――問題発見・解決の手法と実践――』慶應義塾大学出版会。

岡部光明（二〇〇七）『日本企業とM＆A――変貌する金融システムとその評価――』東洋経済新報社。

岡部光明（二〇〇九）「経済学の新展開、限界、および今後の課題」、明治学院大学『国際学研究』三六号。［本書第一部三章として掲載］

勝俣誠（二〇〇八）「『南北問題』教育方法序説――校外実習（一九九一－二〇〇七）を振り返って――」、明治学院大学『国際学研究』三三号。

加藤普章（二〇〇〇）「序章　地域研究とは何か」、加藤普章（編）『新版エリア・スタディ入門――地域研究の学び方――』昭和堂。

川本卓史（二〇〇一）『なぜアメリカの大学は一流なのか――キャンパスを巡る旅』丸善ブックス。

慶應義塾大学湘南藤沢学会（二〇〇七）『*KEIO SFC JOURNAL*』総合政策学特別号、七巻一号。

慶應義塾大学湘南藤沢学会（二〇〇八）『*KEIO SFC JOURNAL*』総合政策学特別号、八巻一号。

経済産業省（二〇〇六）「社会人基礎力に関する研究会」中間取りまとめ報告書。

司馬純詩（一九九八）「民族と国家を超えて――International Studies における経済学的手法による地域研究と題材研究について――」、明治学院大学『国際学研究』一七号。

杉山智映（二〇〇九）「戦時下のキリスト教系学校の対応――明治学院の特異性――」、明治学院大学国際学部　卒業論文。二〇〇八年度優秀卒業論文 <http://www.meijigakuin.ac.jp/~kokusai2/article.html>

大学コンソーシアム京都（二〇〇九）「学生が身につけるべき力とは何か――個性ある学士課程教育の創造――」（レジメ・資料集）、二〇〇八年度・第一四回ＦＤフォーラム、二〇〇九年二月二八日－三月一日。

高谷好一（一九九三）「第二章『地域』とは何か」、矢野暢（編）『講座現代の地域研究　第一巻　地域研究の手法』弘文堂。

竹内啓（二〇〇七）「序章『国際学』とは何か」『現代史への視座――二一世紀世界変革の可能性――』東洋経済新報社。

竹尾茂樹（二〇〇八）「地域研究と校外実習の接点」、国際学部付属研究所フォーラム発表資料、十一月一二日。

坪内良博（一九九三）「第三章　専門分野と地域研究」、矢野暢（編）『講座現代の地域研究　第一巻　地域研究の手法』弘文堂。

都留重人・福田歓一・豊田利幸・坂本義和・宮崎義一（一九八七）「座談会　国際学の課題と展望」、明治学院大学『国際学研究』創刊号（第一巻第一号）、一－一七ページ、三月。

新渡戸稲造（一九九一）『武士道』（矢内原忠雄訳）ワイド版岩波文庫三五。［原書 *Bushido, The Soul of Japan*, 1899］。

野中郁次郎・泉田裕彦・永田晃也（編著）（二〇〇三）『知識国家論序説――新たな政策過程のパラダイム――』経済産業研究所経済政策レビュー七、東洋経済新報社。

半澤朝彦（二〇〇九）「『西洋音楽』演奏のグローバル化――音楽は『普遍的な言語』か？」、国際学部付属研究所フォーラム発表資料、五月一三日。

福澤諭吉（二〇〇二）『福澤諭吉著作集　第五巻　学問の独立　慶應義塾之記』慶應義塾大学出版会。

福田歓一（一九八七）「創刊のことば」、明治学院大学『国際学研究』創刊号（第一巻第一号）序文、三月。

藤原正彦（二〇〇五）『国家の品格』新潮新書、新潮社。

宮川公男・大守隆（二〇〇四）『ソーシャル・キャピタル――現代経済社会のガバナンスの基礎――』東洋経済新報社。

明治学院大学国際学部（一九八七）『国際学研究』創刊号（第一巻第一号）三月。

文部科学省（二〇〇八）「学士課程教育の構築に向けて」中央教育審議会答申。

矢野暢（一九九三a）（編）『講座現代の地域研究　第一巻　地域研究の手法』弘文堂。
矢野暢（一九九三b）「第一章 地域研究とは何か」、矢野暢（編）『講座現代の地域研究　第一巻　地域研究の手法』弘文堂。
山口博一（一九九一）『地域研究論』地域研究シリーズ一、アジア経済研究所。
Benedict, Ruth (1946) *The Chrysanthemum and the Sword: Patterns of Japanese Culture*, Mariner Books edition in 2005.（邦訳、ルース・ベネディクト『菊と刀――日本文化の型――』長谷川松治訳、講談社学術文庫）
Masson, Paul (2001) "Globalization: Facts and figures," IMF Policy Discussion Paper, PDP/01/4.
OECD (2008) *OECD Factbook 2008: Economic, Environmental and Social Statistics*, Paris.
OECD (2005) *Measuring Globalisation: OECD Economic Globalisation Indicators 2005*, Paris.
Page, Scott E. (2007) *The Difference: How the Power of Diversity Creates Better Groups, Firms, Schools, and Societies*, Princeton University Press.

（第一部三章関連）

岡部光明（二〇〇六a）「総合政策学の確立に向けて（一）伝統的「政策」から社会プログラムへ」、大江守之・岡部光明・梅垣理郎（編）『総合政策学』慶應義塾大学出版会。

岡部光明（二〇〇六b）「総合政策学の確立に向けて（二）理論的基礎・研究手法・今後の課題」、大江守之・岡部光明・梅垣理郎（編）『総合政策学』慶應義塾大学出版会。

岡部光明（二〇〇七）『日本企業とM&A』東洋経済新報社。

岡部光明（二〇〇八）「歪曲された企業理解――人間を重視した企業論の確立を――」『MARR』（M&A専門誌）八月号。

岡部光明（二〇〇九）「国際学の発展――学際研究の悩みと強み――」、明治学院大学『国際学研究』三六号。［本書第一部一章として掲載］

セン、アマルティア（二〇〇二a）『経済学の再生――道徳哲学への回帰――』（徳永ほか訳）麗澤大学出版会。（*On Ethics and Economics*, Basil Blackwell, 1987.）

セン、アマルティア（二〇〇二b）『貧困の克服――アジア発展の鍵は何か――』（大石りら訳）集英社新書。

高橋佳子（二〇〇六）『新 祈りのみち――至高との対話のために――』三宝出版。

ドーア、ロナルド（二〇〇五）『働くということ――グローバル化と労働の新しい意味――』（石塚雅彦訳）中公新書一七九三、中央公論新社。

堂目卓生（二〇〇八）『アダム・スミス――「道徳感情論」と「国富論」の世界――』中公新書一九三六、中央公論新社。

二宮尊徳（一九三三）『二宮翁夜話（福住正兄筆記）』岩波新書、昭和八年。

野口悠紀雄（二〇〇七）『野口悠紀雄の「超」経済脳で考える』東洋経済新報社。

広井良典（二〇〇六）『持続可能な福祉社会——「もう一つの日本」の構想——』ちくま新書六〇三、筑摩書房。

藤原正彦（二〇〇七）「国家の堕落」『文藝春秋』一月号。

宮川公男・大守隆（二〇〇四）『ソーシャル・キャピタル』東洋経済新報社。

Akerlof, George A. and Robert J. Shiller (2009) *Animal Spirits: How Human Psychology Drives the Economy, and Why It Matters for Global Capitalism*, Princeton University Press.

Backhouse, Roger E. and Steven G. Medema (2009) "Retrospectives: On the Definition of Economics," *Journal of Economic Perspectives* 23:1, Winter, 221-233.

Dixit, Avinash (2009) "Governance Institutions and Economic Activity," *American Economic Review* 99 (1), March, 5-24.

Glaeser, Edward L. (ed.) (2003) *The Governance of Not-for-Profit Organizations*, Chicago: University of Chicago Press.

Krugman, Paul, and Robin Wells (2004) *Microeconomics*, New York: Worth.（『クルーグマンミクロ経済学』東洋経済新報社、二〇〇七年）

Lazear, Edward P. (2000) "Economic Imperialism," *Quarterly Journal of Economics*, February, 99-146.

Luks, Allan (1988) "Helper's High: Volunteering Makes People Feel Good, Physically and Emotionally," *Psychology Today*, October.

Myerson, Roger B. (2008) "Perspectives on Mechanism Design in Economic Theory," *American Economic Review* 98(3), June, 586–603.

Woodford, Michael (2009) "Convergence in Macroeconomics: Elements of the New Synthesis," *American Economic Journal: Macroeconomics* 2009, 1:1, 267–279.

Zak, Paul J. (ed.) (2008) *Moral Markets: The Critical Role of Values in the Economy*, Princeton University Press.

(第二部二章関連)

猪木武徳（二〇〇九）『大学の反省』（日本の現代十一）ＮＴＴ出版。

岡部光明（二〇〇〇）「美しさの追求」『大学教育とＳＦＣ』西田書店。

岡部光明（二〇〇二）『大学生の条件　大学教授の条件』慶應義塾大学出版会。

岡部光明（二〇〇六）「米国プリンストン大学の学部教育」『私の大学教育論』慶應義塾大学出版会。

岡部光明（二〇〇七）『日本企業とＭ＆Ａ』東洋経済新報社。

経済産業省（二〇〇六）「社会人基礎力に関する研究会　中間取りまとめ報告書」。

国立教育政策研究所（二〇〇八）『平成二〇年度 全国学力・学習状況調査』。

鈴木孝夫（一九七三）『ことばと文化』岩波新書C九八、岩波書店。

高橋佳子（二〇〇八）『12の菩提心――魂が最高に輝く生き方――』三宝出版。

ハヤカワ、S．I．（一九八五）『思考と行動における言語』原書第四版（大久保忠利訳）岩波書店。

福沢諭吉（二〇〇六）『童蒙おしえ草　ひびのおしえ』岩崎弘訳・解説、慶應義塾大学出版会。

藤原正彦（二〇〇五）『国家の品格』新潮新書、新潮社。

文部科学省（二〇〇八）『学士課程教育の構築に向けて（答申）』中央教育審議会。

McLeery, William (1986) *Conversations on the Character of Princeton*, Princeton University Press.

Shimoff, Marci (2008) *Happy for No Reason: 7 Steps to Being Happy from the Inside Out*, Free Press.

（第三部一章関連）

杉田幸子（二〇〇六）『ヘボン博士の愛した日本』（改訂新版）いのちのことば社　フォレストブックス。

（第三部七章関連）

高橋佳子（二〇〇八）『12の菩提心』三宝出版。

二宮尊徳（一九三三）『二宮翁夜話（福住正兄筆記）』岩波新書、岩波書店。

successinspired.com (2009), "Law of Giving— Give and You Will Receive." <http://www.successinspired.com/?s=Law+of+giving>

（第五部一章関連）
岡部光明（一九九九）「最適授業メディア私論」、慶應義塾大学ＳＦＣニュースレター『パンテオン』一〇巻一号。（所収、岡部光明『大学教育とＳＦＣ』西田書店、二〇〇〇年）
岡部光明（二〇〇七ａ）『日本企業とＭ＆Ａ』東洋経済新報社。
岡部光明（二〇〇七ｂ）『日本経済と私とＳＦＣ——これまでの歩みとメッセージ——（慶應義塾大学最終講義）』慶應義塾大学出版会。なお、この講義のビデオ録画は湘南藤沢学会のウエブサイトに掲載されている。<http://gc.sfc.keio.ac.jp/class/2007_gc00001/slides/01/intro.html>
岡部光明（二〇〇八）「歪曲された企業理解」『ＭＡＲＲ』（Ｍ＆Ａ専門誌）八月号。
Gibson, J. J. (1977) "The theory of affordances," in Robert Shaw and John Bransford (ed.) *Perceiving, Acting, and Knowing: Toward an Ecological Psychology*, Hillsdale, N.J.:

Lawrence Erlbaum Associates.

Lindwell, William, Kritina Holden, and Jill Butler（2003）*Universal Principles of Design*, Massachusetts: Rockport Publishers.

Norman, Donald A.（1988）*The Design of Everyday Things*, New York: Basic Books.

Okabe, Mitsuaki（2009）“Corporate Governance in Japan: Evolution, Policy Measures, and Future Issues,” in F. J. L. Iturriaga, ed., *Codes of Good Governance Around the World*, New York: Nova Publishers, forthcoming.

Simon, Herbert A.（1945）*Administrative Behavior: A Study of Decision-Making Processes in Administrative Organizations*, New York: The Free Press.

Tufte, Edward R.（1983）*The Visual Display of Quantitative Information*, Cheshire, Conn.: Graphics Press.

Tufte, Edward R.（2003）*The Cognitive Style of PowerPoint*, Cheshire, Conn.: Graphics Press.

（第五部二章関連）

岡部光明（二〇〇七）『日本企業とＭ＆Ａ』東洋経済新報社。

岡部光明（二〇〇八）「歪曲された企業理解」『ＭＡＲＲ』（Ｍ＆Ａ専門誌）八月号。

著者紹介

岡部 光明（おかべ みつあき）

経　歴

1968年 東京大学経済学部卒業。1973年 米国ペンシルバニア大学修士課程修了（MBA）。日本銀行金融研究所研究第１課長、米国プリンストン大学客員講師、豪州マックオーリー大学教授、慶應義塾大学教授などを歴任。2007年 明治学院大学教授（国際学部）に就任、現在に至る。この間、英国オックスフォード大学上級客員研究員、米国ミネソタ大学客員教授などを兼任。政策・メディア博士。慶應義塾大学名誉教授。大学基準協会評価委員。

著　書

『日本企業とＭ＆Ａ』（東洋経済新報社、2007年）
『総合政策学』（共編、慶應義塾大学出版会、2006年）
『総合政策学の最先端Ｉ』（編、慶應義塾大学出版会、2003年）
『経済予測』（日本評論社、2003年）
『株式持合と日本型経済システム』（慶應義塾大学出版会、2002年）
『現代金融の基礎理論』（日本評論社、1999年）
『環境変化と日本の金融』（日本評論社、1999年）
『実践ゼミナール 日本の金融』（共編、東洋経済新報社、1996年）
『日本経済と私とＳＦＣ（最終講義録）』（慶應義塾大学出版会、2007年）
『私の大学教育論』（慶應義塾大学出版会、2006年）
『大学生の条件 大学教授の条件』（慶應義塾大学出版会、2002年）
『大学教育とＳＦＣ』（西田書店、2000年）
『Cross Shareholdings in Japan』（英国エドワード・エルガー社、2002年）
『The Structure of the Japanese Economy』（編著、英国マクミラン社、1995年）

ホームページ

http://www.okabem.com/

大学生へのメッセージ
——遠く望んで道を拓こう

2009年11月５日　初版第１刷発行

著者／発行者 — 岡部光明
制作・発売 —— 慶應義塾大学出版会株式会社
郵便番号　108-8346　東京都港区三田２-19-30
TEL〔編集部〕03-3451-0931
〔営業部〕03-3451-3584〈ご注文〉
〃　03-3451-6926
FAX〔営業部〕03-3451-3122
振替　00190-8-155497
http://www.keio-up.co.jp/
装丁 ———— 鈴木衛
印刷・製本 —— 株式会社太平印刷社

Printed in Japan　ISBN 978-4-7664-1696-1